负责任创新（RRI）译丛

译丛主编：陈凡　副主编：曹东溟　姜小慧

卷五

The Hermeneutic Side of
Responsible Research and Innovation

负责任研究与创新的解释学面向

【德】

阿明·格伦瓦尔德

Armin Grunwald

著

姜小慧

译

辽宁人民出版社

版权合同登记号06-2020年第100号

图书在版编目（CIP）数据

负责任研究与创新的解释学面向 /（德）阿明·格伦瓦尔德（Armin Grunwald）著；姜小慧译.—沈阳：辽宁人民出版社，2023.1
（负责任创新（RRI）译丛 / 陈凡主编）

书名原文：The Hermeneutic Side of Responsible Research and Innovation by Armin Grunwald, ISBN 9781786300850

ISBN 978-7-205-10564-8

Ⅰ.①负… Ⅱ.①阿…②姜… Ⅲ.①技术革新—研究 Ⅳ.①F062.4

中国版本图书馆 CIP 数据核字（2022）第 165913 号

出版发行：辽宁人民出版社
　　　　　地址：沈阳市和平区十一纬路 25 号　邮编：110003
　　　　　电话：024-23284321（邮　购）　024-23284324（发行部）
　　　　　传真：024-23284191（发行部）　024-23284304（办公室）
　　　　　http://www.lnpph.com.cn
印　　刷：辽宁新华印务有限公司
幅面尺寸：145mm×210mm
印　张：9
字　数：210千字
出版时间：2023 年 1 月第 1 版
印刷时间：2023 年 1 月第 1 次印刷
责任编辑：阎伟萍　孙　雯
装帧设计：留白文化
责任校对：郑　佳
书　号：ISBN 978-7-205-10564-8
定　价：88.00元

序 言

　　本书的作者在理解和应用负责任研究与创新（RRI）方面具有三方面的优势。他接受过物理学训练，是一个哲学家并且还是技术评估（TA）领域以及更具包容性的参与式技术评估（PTA）领域的重要参与者。基于最后一方面的原因，我们认为这本书很好地扩展了《预防原则、多元主义和商议：科学与伦理学》的内容。这两本书都从实践上和理论上解决了同一些问题，这些问题对于 PTA 和 RRI 来说都是共同的。阿明·格伦瓦尔德认为 RRI 跟 PTA 相比并没有增加新的内容。如此一来，他至少用欧洲有着近 30 年传统的公共制度（public institutions）取代了 RRI 的新颖性，在这一时期，很多实验都主要是由私营部门或本领域以外的大学进行的。

　　作为掌管最大的 TA 和 PTA 机构的物理学家，他本应该专注于发现新兴技术风险的不同计算方法。然而他更热衷于对话的形式。的确，在进入研究计划之前，新技术产生于不同的叙事（narratives）当中。政治对话的新趋势是什么？"给我们讲个有关这个项目的故事"，从很小一个研究计划到欧盟的建设，在创新与研究中也是如此。就像他所写的，这本书的写作目的就是要破译新兴科学与技术（NEST）的意义。当所谓的后现代哲学到处宣扬意义的终结，这些大故事（the big stories）就像回旋镖一样飞回来了。对于故事的需要也许是出于发展新技术所必需的知识的碎片化以及其后产生的社会—政治影响。技术在全球化进程中是处于中心地位的。没有技术就没有全球化，技术就是交通、信息或者通信以及人类生物学（human biology）。RRI对于开放性科学的迫切诉求只为知识碎片化问题提供了部分解决方案。就像一种药——正如法国哲学家德里达（Derrida）在斐多篇（Phaedrus）中所发现的，既可以理解为药（pharmakon）也可以理解为治疗（remedy）、毒药（poison）以及替罪羊（scapegoat）——它能够治愈疾病，但同时也会使问题更严重。

意义归属的行动过程作为本书的中心非常接近责任的核心。责任的含义之一是问责，正如索菲·佩尔和伯纳德·雷伯所著的本系列的第三卷《从伦理审查到负责任的创新与研究》中所阐述的。的确，对社会和交往语境中的意义（比如，本书第2章中责任的意义）进行归属论证是众望所归，但也颇具争议。

阿明·格伦瓦尔德在本书中表达了另一种哲学传统：解释学传统。从研究文本的神学领域，到海德格尔（Heidegger）、伽达默尔（Gadamer）、利科（Ricoeur），这个多产的哲学子领域专注于解释的问题。由于第四卷主要关注于论证，这一卷大大开放了解释的空间。叙事的问题是RRI论争的"未知领域"。新兴技术领域并不关注那些技术本身。一个具有突破性的技术或科学成就自身并不具有任何的社会意义。因此，看清这些意义是如何被创造出来并传播出去是非常重要的。新技术的责任归属在非常早期的开发阶段就开始了。意义的归属与分配对于技术的社会接受还是拒绝甚至具有决定性的意义。

利科对同一性问题更有兴趣，他将人类能力划分为 5 个维度——语言、行动、叙述、伦理（责任）和记忆——阿明·格伦瓦尔德在他的解释学的三种形式中还引入了一些被技术所调解的行动，当其中某些维度的能力被复杂化（sophisticated）的时候，就进入了未来。

本书从以下四个方面对未来的研究予以呼应。

第一，它处理的是前四卷中所指出的不确定的未来。产品和意义归属的主要根源在于技术远景未来（techno-visionary futures）以及定义和表征科技新领域的方式，就像阿明·格伦瓦尔德详细指出的那样（尤其是在第 1—3 章中）。确实，这些叙述在决定"什么是新的"属性方面起着决定性的作用。在伦理理论中这也是一个重要的因素（参见第四卷）。它在这里遵循的是一种实用主义的路线，对某人（接收者）来说意味着某事（物）（对象）。

第二，这些技术远景未来在某些被称为预期治理（anticipatory governance）的过程中起着重要的作用。本系列的第四卷更加支持著名的预防性原则。虽然这里我们引入了关于预期与预防之间的争论。但基于后果主义推理的传统路径再也起不了作用了。我们正面临着可靠性问题。如果预防性原则被用于那些我们无法获得可靠概率的情况，那么这些关于未来的愿景（visions）就应该在评估当中起作用。

在关于预期治理的争论中，阿明·格伦瓦尔德着重强调了愿景作为当今诊断、感受、预期、态度、希望以及恐惧表达的投射所具有的含义，而不是把它们解释为预期。我们可以用另外一种方式来谈论哈贝马斯的交往预期，即少一些规范性，多关注于对象而不是参与互动的人。

第三，阿明·格伦瓦尔德认识到他主要关注的是对 NEST 发展的意义形成理解的解释学循环的开端之处。然而，这个意义归属的初始地位非常关键，因为它限制了候选项的多样性。这里我们会发现为多样性的可能性进行辩护以及对被质疑的未来的认知，都在第一卷中被作为重要问题解决了。

第四，阿明·格伦瓦尔德回到了协商层面。我们在本系列的第三卷和第四卷可以看见民主协商被以另外的方式揭示和评判。阿明·格伦瓦尔德想要澄清 RRI 的根源和为有关技术进步定向和应用提供更加透明民主的辩论创造条件。这是一项需要公众参与的任务。

这本书所勾勒的解释学路径将有望在超越传统后果主义的层面上，为有关未来技术的辩论、开发和应用提供一种新的推理和政策建议的方法作出贡献。本书将通过这种跨学科的解释学路径研究不同的新兴技术：纳米技术、合成生物学、人类和动物增强、自主技术、机器人以及用来对抗全球变暖的技术。本书的观点非常有创造性，表述也非常清晰并且对现有方法加以改进，它开启了一项雄心勃勃的研究计划并且为哲学发展作出了非常有价值的贡献。

伯纳德·雷伯

2016 年 10 月

前　言

　　负责任研究与创新（RRI）因为能够型塑未来科学、技术和创新的原因而成为被热议的概念。本书通过关注与日俱增的RRI辩论的最初阶段，致力于对这个概念进行解释学的阐释。在书中我主要想传达的信息是责任的对象范围必须扩展：除了要考察新兴科技（NEST）的运用在将来可能产生的后果之外，在科学技术研发初期，审慎地考察新兴科技的意义归属（the assignment of meaning）同样具有十分重要的意义。意义的归属是通过将新兴科技与社会的（通常是技术的）愿景未来以及这些新兴领域中的定义和表征关联起来而完成的。本书的目的是揭示意义归属的过程，把它们放在责任的范畴内，并将解释学的方法作为跨学科研究的手段，以便于对这一概念有更明晰的理解。

　　这本书是在作者近年来所取得的研究成果的基础上进一步发展而来的。本书的末尾对各章节的由来及其与前期工作的关系的说明使诠释学这种新颖的方法更加易懂，并且清楚地表明我参考了哪些文献。我在过去几年所研究的解释学观念就像是一个概念伞（a conceptual umbrella）。

　　我要从多方面表达我的谢意。首先，我要真挚地感谢伯纳德·雷伯邀请我在负责任研究和创新丛书中出版这本书。其次，我在和来自美国科技评估与系统分析研究所（ITAS）的同事以及来自世界各地的许多同事关于 RRI 的讨论中获益匪浅。再次，感谢希奥克·温茨（Sylke Wintzer），迈瑞安·米克里兹（Miriam Miklitz）和迈克·威尔逊（Michael Wilson）在翻译和校对方面的出色工作使这本书得以顺利出版。最后，我要感谢妮娜·凯瑟瑞纳·豪尔（Nina Katharina Hauer）为这本书提供众多的参考书目。

阿明·格伦瓦尔德

2016 年 9 月

目　录

第 1 章　什么使新兴科技对社会有意义

　　关于新兴技术的密集且有时充满争议的辩论，特别是那些包含愿景视角（visionary perspective）的辩论，已成为过去几十年科学、技术和社会之间沟通交流的主要领域。它们在负责任研究与创新（responsible research and innovation，以下简称"RRI"）领域的辩论中占据了最大比例。在这篇导论中，我会提出这样的疑问，新兴技术是如何引起社会和伦理关注的——换句话说，实验室或建模中的科学和技术发展是如何被赋予真正的社会意义的。我在本书中的研究方向是植根于现实社会背景下的。其目的是梳理负责任研究与创新研究与讨论的根源，从而使关于科技发展与利用问题的讨论更加透明和民主。我的观点是，科技的社会意义的产生使负责任研究与创新辩论对新兴技术领域产生兴趣至关重要，而这并不仅仅是科学家和工程师们的任务，更需要公众的参与。

1.1 ｜ 动机和目标

　　关于负责任研究与创新［OWE 13a，VAN 14a］的辩论迄今一直集中于对创新的全面深入理解［BES 13］，使利益相关者、公众和受影响人士参与设计进程和决策［SYK 13］，了解产业方面的责任［IAT 16］以及与责任有关的伦理概念［GRI 13，GRU 14a，GIA 16］。此外，它还在很大程度上涉及明确负责任研究与创新的具体特征，以区别于现有的科技反思方法［GRU 09a］，如技术评估，价值敏感性设计［VAN 13a］，科学、技术和社会研究（STS）［WOO 14］以及应用伦理学［CHA 97］。负责任研究与创新的大量工作都集中在这些路径中［OWE 13b，GRU 11a，VON 12］。

这些话题无疑是负责任研究与创新进一步发展的核心。然而，其他方面也是非常重要的，不应该被忽视。到目前为止，几乎没有引起任何人注意的一个问题是，在负责任研究与创新语境中，从不同的角度分析、讨论和反思这些问题和挑战如何可能。我认为，对于负责任研究与创新来说，这个问题是一个未知的领域，在理论和实践层面上都没有被涉及。这本书的目标是采取一些初步的方法来探索这个未知的领域。为了在一开始提供一个简短的大纲，首先我要提出 5 个基于经验观察的观点，这些观点应该能够推动本书中的分析工作：

（1）激发本书写作的第一个观点是，负责任研究与创新在新兴科技 ①（new and emerging science and technology，以下简称"NEST"）领域的讨论没有集中于这些技术本身。但是，想要引发负责任研究与创新辩论，合成生物学、人类增强或自主机器人

---

① 负责任研究与创新显然不仅限于新兴科技领域，还包括更成熟的技术领域的创新，例如改造能源基础设施的技术。但是，在本书中，我将关注于新兴科技领域，并仅考虑该领域内的案例研究（见第 5-8 章）。

等新出现的科学和技术的发展，必须在伦理、文化、经济、社会或政治方面显示出相关的意义［VAN 14b］。纯粹的科学突破或实验室研究的巨大成功本身并不具有任何的社会意义。它们可能在科学上或技术上令人瞩目，但除非采取进一步的措施，否则将不会引起共鸣：只有科学技术进步及其预期与它们可能产生的社会后果和影响之间构成的社会技术结合物（sociotechnical combination），才能引发负责任研究与创新的辩论。如果没有与预期的、承诺的或令人担忧的社会后果和影响有关的技术进步的相关故事，负责任研究与创新就不会对新兴科技的发展产生任何兴趣。只有这第二步才能使新兴科技具有社会意义，才会在社会中引发一个既激动人心而又饱受争议的问题，才会引发负责任研究与创新辩论。然后，就会出现如下问题：对于我们或未来的社会可能会发生什么，在道德、政治或社会方面可能面临什么风险，以及新兴科技发展对于人类和社会的未来在不同方面可能意味着什么。正是这些经常引起争议的关于新兴科技的社会意义的问题构成了负责任研究与创新辩论的首要目标。显然，我们必须明确这些意义是如何被创造和归属（created and attributed）的，它们的内容是什么，是如何交流和传播的，以及这些意义归属在负责任研究与创新讨论中以及之后会产生什么后果，例如对公众舆论和政治决策的影响。

（2）引发本书分析的第二个观察结论涉及"未来"在创造和归属意义方面的作用，特别是 NEST 领域中的技术远景未来的作用。近年来大量研究文献表明，归属新兴科技意义的一个主要机制是讲述它们对未来的影响和后果，以及基于社会、人类和个人未来发展的考虑来评估新技术的预期收益和风险。技术未来

（Techno-futures），特别是技术远景未来，在新兴科技发展的意义归属方面发挥着关键作用。在这些愿景中，对新技术的预测通常是以一种纯粹的假设和猜测的方式与人类和社会的未来形象相联系：

这些预测都是意义归属行为，它们的作用是阻止人们盲目地选择，或者是基于对未来行动过于狭隘的幻想，而这些幻想只关注于可能的后续行动的选择，忽视了重要的利益相关者群体。［VAN 14b，p.102］

这一观察（第 3 章）使我们能够有效地利用在过去 10 年中获得的关于技术未来和愿景的作用的知识，以便通过将新技术与未来的叙事联系起来，来研究新技术的意义是如何被归属的［SEL 07，ROA 08，GRU 12a，COE 13，NOR 14］。这些叙事包含了各种观念、各种被视为问题的问题、各种期望和希望以及各种引起问题和争议的忧虑和焦虑。这一领域的"有争议的未来"为负责任研究与创新辩论提供了大量的实质内容［BRO 00］。

（3）虽然过去几年来，对未来（futures）在意义归属中的作用已经有零星的讨论，但尚未明确考虑新兴科学技术是如何界定和表征的，以及关于其意义归属的充分表征是如何界定与辩论的。尽管我们目睹了定义纳米技术［SCH 03，DEC 06］、在与生物和生物技术［PAD 14］的其他领域相对比中理解合成生物学以及理解人类增强［GRU 12b］过程中广泛而复杂的辩论，但对于这些辩论和过程在意义归属中的作用，并没有理论上的探讨。这一点令人惊讶，因为很明显，对于这些问题的回答，例如新兴科技发展与现有研究和发展方向之间的差异，对于将社会意义归属赋予它们（第4章）至关重要。因此，在本书中，第三个被证实的观点是关于新兴科技定义和表征的过程及其争论对于它们的意义归属有重大作用。

（4）在这一点上，第四种观点对这本书的促进作用就很明显。通过将未来故事与新技术联系起来或提出具体的定义来归属一项新技术意义，通常是在发展的早期阶段进行的。在大多数情况下，它将先于各自的负责任研究与创新讨论，或伴随它进入其初期阶段，但可以有力地促进讨论的进一步发展。例如，增强技术既可以被认为具有抵消不同人的生理和心理属性中的不平等，从而导致更公平的意义，还可以认为它有可能被用来在促成超人的意义上加剧重要职位的竞争，这二者的差异十分明显。根据优势方的不同，新兴科技的各个领域将被置于不同的语境中并归属到完全不同的讨论中。这个例子表明，意义的分配（assignment）可以极大地影响公共讨论，并可能通过强调机会或风险的问题影响公众的看法和态度。到头来，意义的分配甚至可能对社会接受或拒绝这一技术以及对促进或管制研究发展的政策和决策具有决定性作用。因此，为新兴科技发展分配意义就至关重要，而这需要对意义分配过程、分配结果及其传播交流进行早期批判性的重建、分析和评估，以便启发讨论，并揭示这些进程和讨论的盲点（第1.2节）。

（5）为本书中论证提供支持的最后一个基本观点是，揭示新兴科技发展的意义归属过程会涉及相当大的概念和方法挑战。一方面是通过技术远景未来进行的意义归属，另一方面是通过定义和表征过程进行的意义归属，二者都是在进行解释、联想，尤其在涉及技术未来的情况下，意义归属就变成了由于认识的不确定性以及缺乏客观证明方法而导致的猜测。大多数情况下，很难或甚至不可能说清任何关于这些意义归属（meaning-given）的观点的有效性和可靠性，然而，在上述第4项观察之后，这些命题可能会产生重大影响。这一观察提出了如何为参与新兴科技讨论和政策制定的公众和决策者提供一个明确方向的问题。提供定向知识是负责任研究与创新的核心——然而，在缺乏有效知识的情况下，基于后果主义推理的传统方法不再有效（第3章）[GRU 14b]。如果负责任研究与创新和技术评估仍然要通过分析意义归属的过程来为"在一个更好的社会中实现更好的技术"作出实质性的贡献，就必须能够提出新的方法和路径。这本书中所阐述的解释学方法将有助于发展和应用一种新型的推理和政策建议，以便在关于未来技术的讨论中超越传统的后果论。它的目标是使人们能够尽早了解新兴科技发展的含义，以便允许和支持更加透明和开放的讨论。

图1.1说明了这五个观察结论，其中显示了两个基本要素：

第一，意义的产生和发展及其归属，无论是通过技术远景还是通过表征，都被视为解释学循环：现有意义得到交流和讨论，并在此过程中加以补充或修改。纳米技术定义的历史[SCH 03]就是一个很好的例子（第5章）。

第二，这个解释学循环本身一定是在某个时间点建立起来的。一定是在某些行动中意义被归属了，这代表第一步已经开始，上述解释学循环就可以独立发展起来了。对于纳米技术，理查德·费曼（Richard Feynman）著名的演讲[FEY 59]或著作《创造引擎》[DRE 86]可能是意义创造过程中的第一步，或者至少是早期的一步。

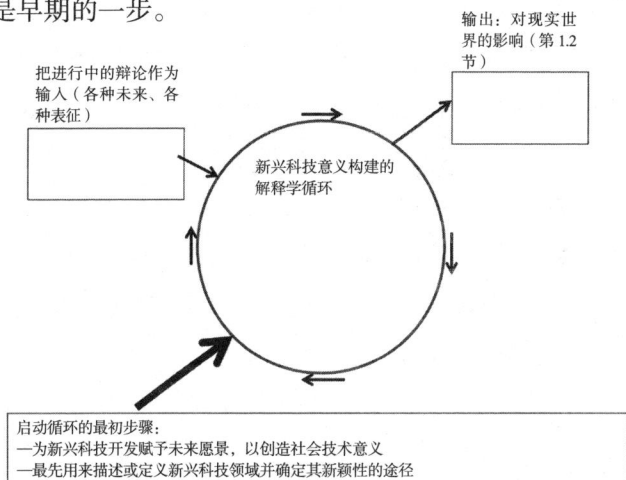

把进行中的辩论作为
输入（各种未来、各
种表征）

输出：对现实世
界的影响（第1.2
节）

新兴科技意义构建的
解释学循环

启动循环的最初步骤：
——为新兴科技开发赋予未来愿景，以创造社会技术意义
——最先用来描述或定义新兴科技领域并确定其新颖性的途径

图1.1   在解释学循环及其刺激中创造新兴科技的意义

　　图示明确地显示出初始这几步具有多么重要的作用，因为它
们从根本上塑造了接下来的讨论，而在这个解释学循环中，这些
步骤只能通过其他替代意义逐步加以调整。在图像的另一面，可
以说是解释学循环在某一时间点的输出，这是真正的后果（第
1.2节），例如在研究经费或型塑社会辩论方面。因此，澄清解释
学循环的运作方式，特别是其开端，是我们能够以尽可能透明的
方式（比如在公共辩论的框架内）讨论实际输出的中心任务。

　　有趣的是，解释学的概念——对理解和意义本身的研究——
在过去几年的负责任研究与创新讨论中不时被提到，尽管不是
经常提到。或许，这既不是巧合，也不是一时的流行。相反，
在处理新兴科技问题时，使用"解释学"一词意味着从技术评
估（TA）、科学、技术和社会研究（STS研究）、期望社会学
（sociology of expectations）［VAN 93］、应用伦理学和技术哲学中

获得的知识和评价在不断积累。这一结果尤其是对未来技术远景预测研究的结果［NOR 07a, SEL 08, FER 12］，这些预测的意义更多地被强调为当前的评价、感知、期望、态度、希望和恐惧的表达，而不是将它们解释为对未来或可能带来的未来的预期。特别是，"解释学"一词用于以下情况：

——重新解释未来主义愿景的本质：设想可以预见我们必须为之做好准备的未来世界的想法，被重新解释为这些愿景对我们当前生活的意义是什么的问题［GRU 14b］。这种重新解释，是关于愿景评估的讨论的结果［GRU 09b, FER 12］，将注意力转向理解技术远景未来，以此作为准备对当下进行评价的一种手段；

——理解而不是预测：正如一再提到的那样，要是期望技术评估在预测未来发展方面有些准确性，这往往无法实现，特别是在新兴科技领域。必须首先进行定性理解。黑格·陶格森（Helge Torgersen）［TOR 13］在分析新兴科技时看到了技术评估的解释学任务；

——为新技术领域归属意义：西蒙·范·德伯格（Simon Van der Burg）［VAN 14b］把愿景未来看作新兴科技归属意义的手段，比如通过预见技术发展在未来社会集群（social constellations）中的嵌入来归属新兴科技的意义。他认为，这种意义的产生而不是对未来发展的预期，是不确定的和思辨性的未来愿景的主要功能。

虽然这些提法多少有些孤立，但它们将作为出发点在本书中加以扩展，以便能够在新兴科技讨论中更系统地研究解释学问题。解释学方法，为了更好地理解归属新技术意义的过程和内容，将为负责任研究与创新关于处理技术远景未来的讨论以及关于新兴科学技术发展的定义和表征过程的讨论增加元信息。这一元信息包括关于各个新技术在当前世界的信息，技术远景未来在其中被创造和交流，而不是一个关于即将到来的未来现实的陈述。解释学的转向［GRU 14b］改变了我们的观点：理解技术远景未来的意义，使我们回到现在。正是这种元信息增强了辩论的反思性和透明度，从而有助于使辩论在民主协商的意义上公开和公正。同样，对新兴科技的定义和表征过程的解释学分析应该有助于揭示当前一些诊断及其产生的观念背景。

这一观点基于在设计和管理新技术的开发和使用方面民主协商的规范性理想，该理想声称到目前为止，这一观点为负责任研究与创新辩论增添了新的侧重点。上文的五个观察结果作为问题或假设，引导了本书中的分析和论证。简单地说，它们可以概括为主要的几点：

（1）新技术的意义归属在新兴科技辩论以及相关的协商过程和争论中起着很大的作用［VAN 14b］；负责任研究与创新辩论的主题不是新技术本身，而是分配给它们的社会技术意义（sociotechnical meanings）。

（2）技术远景未来和其他类型的叙事构成了分配新技术意义的主要媒介；它们通常无法预测未来的发展，而是推动当前和正在进行的辩论和争论，以形成意见和作出决策。

（3）关于新兴科技定义和表征的争论不仅关系到科学和技术的意义，而且关系到它们的伦理和社会意义，因此应该从解释学角度去理解其呈现出的意义。

（4）需要为社会和决策者确定方向，因为尽管缺乏对可预见的未来后果的了解，但意义归属可能会产生重大后果。

（5）解释学的观点将研究和揭示这些意义以增加透明度，以期有益于民主协商和基于论证的推理。

这意味着我们不仅可以而且必须在负责任研究与创新关于新兴科技领域的辩论中，从概念和方法上思考意义的产生和分配。识别意义的产生和分配的两个主要来源——一方面是技术远景未来，另一方面是定义和表征新的科学技术领域的方法——对本书具有根本性的影响。这两个意义的根源将在对应的章节（第3章和第4章）进行更详细的概念描述，而关于各种新兴科学技术领域的案例研究（第5—8章）将应用解释学的观点沿着这两个方向同时进行。

这本书扩展了关于新兴科技未来及其定义的解释学观点的最前沿内容，不同行动者在概念和方法上应用这些解释学视角为负责任研究与创新辩论增加了一些新的内容，本书将在这个方向上进一步地探索和推理。作为负责任研究与创新解释学方面的第一本专著及其伴随的与新兴科技相关的争论，它将集中关注迄今所做的研究，通过应用更为全面的和比较的视角提供见解，并为进一步研究与新兴科技相关的技术远景交流提供方向。

1.2 ｜ 新兴科技领域的定向需求

虽然这本书完全是理论导向的（正如它所探究的问题表明的那样），它的起源却在于实践旨趣。其背景在于我所支持的［GRU 09a］技术评估和负责任研究与创新的实际诉求中，提供基于知识和研究的定向，以使研究和创新能够以负责任的方式进行，并在道德层面和社会层面上产生良好的影响［VON 13, VAN 13a］。考虑到这一目标和责任，以上所作的观察表明，它们的实现需要更深入地了解新兴科学技术发展的意义产生和归属过程。一方面是涉及意义及其起源的哲学问题，另一方面是被理论驱动和经验支撑的答案，二者都与追求知识的实践旨趣有着根本的联系：目的是改善负责任研究与创新的前景，以满足人们对实践定向的期望。为了巩固实践的首要地位，我将首先具体说明为什么在新兴科技领域中定向是必要的这一核心论点。

根据定义，新兴科技处于发展的早期阶段（第 1.3 节），而且仍然深深植根于基础研究。要求公众就这些议题进行辩论，并期望获得政治和社会定向，这是否有意义？难道我们不应该让从事基础研究的科学家继续他们的研究吗？与他们有关的正面和负面的看法，是否只是简单的猜测呢？这些定义和表征的基础，是否仅仅为相关机构管理新现象服务的惯例，而对这个问题本身没有任何贡献呢？

因此，当然就不需要基础研究以外的任何定向。人们可能会说，许多新兴科技辩论是如此带有思辨性成分，以至于它们几乎没有任何实际意义，就像在讨论思辨性的纳米伦理学时，一些观点所认为的那样［NOR 07a］。因此，在抽象的哲学意义上，讨论一些明显的思辨性问题，例如如何克服死亡，可能是非常有趣的，但这仅仅只限于学术意义上。学术界或专栏杂志上的讨论可能会引起一些有趣的问题。然而，鉴于这些问题带有的思辨性质，有人严肃地表示，在智力上所花费的努力和资源在实际意义上可能完全无关紧要［NOR 09］。此外，在定义和划界（scoping）过程中所花费的精力（第 4 章）可能被视为仅仅由学术利益驱动而没有任何实际后果的行为。然而，这种论证是具有误导性的［GRU 10a］。

在新兴科技领域内，尽管那些囊括了从高期望值到对世界末日的恐惧的未来主义式的愿景和其他类型的技术未来在内容上多少有虚构成分，但关于可能未来（possible futures）的故事能够而且经常会对科学和公众讨论产生切实的影响［SEL 08］。即使是缺乏所有真实性的未来图景，也会至少从两方面［GRU 13a］影响辩论、观点的形成、接受度甚至决策的制定［GRU 07a］：

——技术未来主义（techno-futuristic）故事和图景可以改变我们对当前和未来技术发展的看法，就像它们可以改变未来社会集群的前景一样。关于与新兴技术相关的机遇和风险的社会和公众辩论往往在很大程度上围绕着这些故事展开，例如纳米技术领域的情况（第5章）［SCH 06］和人类增强方面的情况（第7章）［COE 09］。愿景和期望激发和助长了公众辩论的热情，因为相关的叙事可能对日常生活以及对军事、工作和健康等重要社会领域的未来产生影响。此外，它们还与文化模式有关［MAC 10］。积极的愿景可以促进吸引公众的注意和公众的接受程度，也可以吸引有创造力的年轻科学家参与其中，就像消极的愿景和反乌托邦（dystopias）会引起关注，甚至会引发阻力，尤其是在早期关于纳米技术的辩论中［GRU 11b］；

——技术未来对科学议程产生了特别大的影响，因此，科学议程在一定程度上决定了未来哪些知识是可以获得和应用的［DUP 07］。它们直接或间接地影响研究人员的观点，从而最终也对政策扶持和研究资助产生影响。例如，即使是关于改善人类机能（human performance）［ROC 02］的思辨性故事也很快引起决策者和研究资助者［NOR 04，COE 09］的极大兴趣。因此，根据新兴科技预期对未来发展作出的预测可能会对支持和确定科学进步的优先次序以及分配研究资金的决定产生重大影响，而这将对进一步的发展产生真正的影响。

在这种情况下，我可以借鉴近几年来取得的一些实际经验来说明决策者非常了解技术远景交流所具有的实际影响力并在其中寻求有关领域的政策建议。作为一个早期的例子：德国联邦议院技术评估办公室（TAB）汇编的关于人类增强、会聚技术（纳米生物信息－认知会聚）和其他未来愿景的一章内容（a chapter）非常受德国联邦议院成员的欢迎，这是技术评估（TA）关于纳米技术的全面研究的一部分［PAS 04］。作者们就此得出的结论是，这种技术远景对话在科技治理中发挥了重要作用，至少在民间研究和开发中发挥了重要作用，同时也给技术评估带来了新的挑战。有趣的是，几位决策者以及纳米科学和纳米技术方面的专家与德国联邦议院的技术评估小组进行了交流，甚至公开评论说，他们认为这项研究关于未来主义愿景及其促进网络的讨论是非常有用的。德国联邦议院技术评估办公室团队最初担心，在一项将成为议会正式文件和一份有影响力的纳米技术早期出版物的研究中讨论这些往往遥不可及的愿景，可能会引发不满情绪，而事实证明这是没有根据的［GRU 11b］。随后，技术咨询委员会被要求开展其他几个项目，更详细地探讨汇聚技术领域的各种问题：关于国际间会聚技术政策的研究［COE 08a］、关于大脑研究［HEN 07］、关于改进效能的药理和技术介入［SAU 11］和关于合成生物学［SAU 16］的研究。2015年，根据议会成员的要求，德国联邦议院技术评估办公室基金会（成立于1990年）庆祝成立二十五周年的典礼就致力于解决人类和技术之间的界限问题，例如通过发展人类增强和自主机器人技术来解决。

在整个欧洲层面，决策者对技术远景未来的兴趣也很明显，在那里，相当多的项目已经解决了新兴科技发展问题〔例如，参见克嫩（Coenen）等人著作［COE 09］〕，还有其他咨询活动，如欧洲科学和新技术伦理小组（European Group on Ethics in Science and New Technologies）进行的关于纳米技术、合成生物学和信息通信技术（ICT）植入的反思［EGE 05］。美国的情况大致相同，例如，参见总统生物伦理问题研究委员会（Presidential Commission for the Study of Bioethical Issues）所做的工作［PRE 10］。因此，显然需要就新兴科技发展提供政策咨询，近年来，为满足这一需求，各领域都进行了大量的研究。

纳米技术、合成生物学的定义以及自主机器人系统中"自主"一词的含义一直是饱受争议的话题。我们可以从这些和其他有关定义的故事中了解到，对新技术发展的定义和表征绝不仅仅是一种创造规则（creating order）的纯学术活动。相反，定义和表征在确定新事物的性质方面起着决定性作用。然而，无论某事物被归类为全新的事物，还是从熟悉的事物中一点一点地发展出来的，都会对意义的社会归属产生直接的影响。定义和表征以及未来愿景也能具有明显的影响力（第4章），因为这类联系往往与意义的关联直接相关。例如，生物体的基因改造无论是被归类为一种在人类历史上没有任何先例的新型生物技术，还是被视为育种技术的进一步发展，都可能对社会辩论过程产生影响并导致争议，而这些争议肯定也会影响到新兴科技的意义。

本书的实际目的可以概括为把焦点（spotlight）放在理解新兴科技发展的意义的解释学循环的开端上（见图1.1）。正是在意义归属的这些初始位置上，作出了可能具有路径依赖的深远决定，这些决定可以（或应该）在随后的负责任研究与创新辩论中限制替代方案的多样性。源自民主理论的想要澄清这些源头的兴趣蕴含了这样一个事实：意义的归属可以产生真正的后果，它们与权力是一致的，而且鉴于新兴科技可能产生的深远后果，它们应当成为透明的民主辩论的对象。解释学视角的目的是使这样的辩论成为可能。

对未来的科学和技术及其可能的意义进行公开、民主的辩论，是形成关于未来研究议程、规章和研究资金投入的建设性以及合法方案的先决条件。另一方面，愿景和定义对于科学治理和公共辩论的实际意义和力量是一个强有力的论据，支持在新兴科技领域提供早期公共和政策咨询的必要性。决策者和社会应更多地了解这些积极或消极的看法及其起源和背景，以及定义和表征的含义。打开意义创造和归属的"黑匣子"并使蕴含其中的意义明确的假设得到那些对科学和技术进行更加民主治理的呼吁者的支持［SIU 09］。它的实现需要揭示隐藏在技术未来中的意义、价值和利益，需要交流讨论有关定义的建议。因此，全面了解正在审议的新兴科技发展的意义，是反思责任的必要基础，是负责任研究与创新进程不可或缺的一部分（第2章）。由于使用技术远景来归属科技发展意义是一个由许多行动者进行的社会建构过程，对技术未来的意义的充分理解（经常有争议和辩论）必然包括关于战略行动者集群的知识，意义就是在这些集群中进行分配的。类似的情况也适用于各种不同的、相互竞争的和争议性的尝试，都试图对新的领域进行充分的表征，并努力制定一个有意义和可操作的并尽可能明确的定义。

因此，本书中提出的解释学方法的主要目的是技术评估传统

[GRU 09a]中一个实践性目的：它旨在通过提供一种具体的知识和方向来支持甚至实现在科技发展的早期阶段就进行关于负责任研究与创新公开透明的民主辩论[GUS 14a]。

1.3 ｜ 基本概念简介

新兴科技的发展（第 1.3.2 节）和技术远景未来（techno-visionary futures）（第 1.3.3 节）的观念是意义创造过程的核心，需要预先加以澄清。在作出这些澄清之前，需要简要介绍"社会技术意义"本身这一重要概念（第 1.3.1 节）。

1.3.1"社会技术意义"的含义

本书的主题领域是作为负责任研究与创新辩论主题的新兴科技发展的社会技术意义。其目的是考察意义的起源及其对科学技术论争的影响。与本章开头的第 1 个观察结论（第 1.1 节）相对应，新兴科技领域只有在涉及这种社会技术意义时才会引起负责任研究与创新辩论的兴趣。这些辩论的主题不是科学领域和技术领域，而是它们的社会技术意义。反过来，这些意义既可以指向未来科技预测与社会发展之间的联系，也可以通过这些领域中的定义和特征来表达它们自己。在概念层面，这本书致力于理解这些社会技术意义的产生和交流。

从这个角度来看，这本书构成了关于科学技术综合性文献的一部分，在这些文献中，科学技术不再被视为社会的外部事物，而是从一开始就被视为社会的固有组成部分。诸如技术和社会的共同演变[BIJ 94]或嵌入社会的技术[WOO 14]等概念以及谈论基础设施的社会技术变革[GEE 02]都是这种综合观点的代表，正如谈论"社会中的科学"（science in society）而不是"科学和社会"（science and society）[SIU 09]一样。

"社会技术意义"的概念可以从语用学的角度进一步展开。因此，意义并不是抽象的，但必须始终使其更加精确，如某一特定语境中某物（对象）对于某人（接收者）的意义。只有在这样一个集群中，才有可能询问关于特定意义归属的论据。这也清楚地表明，意义不是一种客观地与其对象相关联的本体论属性，而是通过论证来归属意义的。因此，意义的概念——例如，就像责任的概念（第2章）——是处于社会和交往语境中的，在这种语境中，对意义归属的论证是预料之中的，但也可能是有争议的。解释学是理解意义和意义归属过程的艺术，因此必须以跨学科的方式来理解（第9章）。

1.3.2 NEST：新兴科学和技术

新兴科技的概念是指过去大约20年内出现的几条新的科学研究和发展路线，如纳米技术、合成生物学、增强技术、机器人技术、不同的"组学"技术和气候工程。它们有几个方面的共同点，其中三个对于本书的主题具有特别的意义：（1）新兴科技的发展模糊了科学技术的传统界限，导致了技术科学的出现；（2）新兴科技发展提供了使能技术（enabling technologies），但对其未来后果知之甚少；（3）围绕新兴科技领域形成了特定的交流模式。

首先，过去几十年的科学技术发展使得技术和科学之间的传统界限更加具有渗透性。一个例子是，分子生物学领域的技术介入导致了基因工程，这可以被理解为一门经典的（自然）科学，但也可以理解为技术。这一观察引出了技术科学的概念[LAT

87，IHD 09］，它描述了科学和工程领域最近的发展正在突破传统的界限。这一结论也适用于合成生物学［KOL 12］。特别是，由于传统的以技术为导向的应用科学和以认知为导向的基础研究之间的界限正在消失，这对责任分配产生了影响。传统上，基础研究只承担研究过程本身的责任，而不对技术和创新方面可能的后果负责，而应用科学的情况则不同。由于它的目标是发展可使用和应用的知识，例如技术方面的知识，因此对与这些应用有关的责任问题的思考也就属于应用研究。在新兴科技领域被认定为同时属于这两个领域的技术科学之后，就产生了适当分配具体责任以及提出特定新兴科技伦理路径的问题［RIP 07］。

其次，新兴科技的发展促进了使能技术的出现。它们的目标不是在特定的应用领域创造产品和创新，而是向不同领域开放大量的应用。它们使这些应用成为可能。例如，纳米技术被认为是一种使能技术［FLE 08］。有一些原始的纳米技术产品，如纳米粒子被应用于医疗。但在更多的情况下，纳米技术将是更为复杂的产品的决定性部分，在这个产品中，纳米含量可能难以区分或识别。这些产品正在并将继续越来越多地应用于一些领域，如能源技术、信息和通信技术或生物技术。因此，对于许多纳米技术来说，将其后果归咎于纳米技术（仅限于）可能会变得越来越成问题。另一个例子是合成生物学。尽管实验室研究提出了一些远离具体应用的基本问题，但合成生物学的某些研究者还是很有希望创造出人工生物，生产出生物物质或新材料［BEN 05］。然而，即使可能，这些愿景的可行性和实现时间也是难以评估的。这是新兴科技的普遍属性：它们的"使能"特性与大量可能的未来联系在一起，这些未来在认识论上是很难评估的（第3章）。

再次，正是那些难以评估的未来（例如高科技的未来）导致了一种特定形式的交流：一方面是极高的期望，另一方面是同样强烈的焦虑感，使这些技术成为希望、炒作和恐惧的候选对象。它们被认为有可能解决全球性问题（希望），并与影响深远的未来愿景和过度的期望（炒作）联系在一起，因为它们的影响很难预测，甚至不能控制，所以无论是准备好了（well founded）还是没有（恐惧），都会引发关注。因此，这些技术受到了公众和政治家的高度关注，这可能会对意见的形成和决策产生巨大的影响（第 1.2 节）。

新兴科技发展的这三个特征显然是本书核心主题。它们影响着科技新发展的问题界定，并与科学、社会和政治辩论中技术远景未来的出现有关。

1.3.3 技术远景未来

自从工业革命以来，依靠技术和创新的移动和消费社会（mobile and consumer society）取得了成功，现代社会主要是在技术的媒介中寻求进一步的发展。科学和技术的进步及其所带来的机会和局限、挫折和意外后果往往是社会辩论的主题。这些反过来又塑造了工程科学的发展，并成为一个更可持续的社会概念的一部分。社会的未来通常是未来的社会技术图像，例如以纳米技术的愿景和乌托邦的形式出现，或者以能源供应的未来形式出现。它们进入社会辩论，就机会和风险问题发起、组织和架构相关交流，并影响公众对技术、研究资助和政治决策的看法。甚至关于新技术类型的早期想法也取决于评估，而评估取决于在各自技术类型的范围内对未来发展的理念——目标、潜力、愿景、风险等。它们必须与技术未来合作。因此，从哲学到工程科学，技术未来构成了为评估以及在极其多样的领域中为设计提供基本方法的参考框架。

这些技术的未来在性质上可能是非常不同的，例如能源场景、技术路线图、愿景甚至计划。技术远景未来是本书的重点，它侧重于新兴科技的意义归属问题。在过去 10 年中，关于未来技术及其对社会影响的愿景式交流有了大幅增加。特别是在纳米技术［SEL 08、FIE 10］、人类增强和融合技术［ROC 02、GRU 07a、WOL 08a］、合成生物学［SYN 11］和气候工程［CRU 06］等领域一直如此。具有远见卓识的科学家和科学管理者提出了意义深远的愿景，这些愿景通过大众媒体得以传播并在科学和人文学科中加以讨论。我将其称为技术远景未来［GRU 13a］。

这一具有远见的和部分未来主义色彩的交流新浪潮的出现［COE 10，GRU 07a，SEL 08］，重新激起了人们对想象的未来愿景所扮演的角色的兴趣［JAS 15］。显然，在这些领域交流的不同类型的愿景与其他想象中的未来之间并没有明显的界限，比如那些已经在政策建议中被分析过的指导形象（Leitbilder）或指导性愿景［GRI 00］。然而，以下特征可以限制技术远景未来的具体性质：

——技术远景未来是指更遥远的未来，至少是几十年以后，并在技术和文化、人类行为、个人和社会问题方面表现出革命性的特征；

——科技进步以一种新的技术决定论的形式被认为是现代社会迄今为止最重要的驱动力（技术推动观点）；

——这些未来和其他未来一样也是社会建构的——有他们自己的创作者（第 3.2 节）；

——技术远景未来的创作者大多是科学家、科学作家和科学管理者，如埃里克·德雷克斯勒（Eric Drexler）[DRE 86]，雷·库兹韦尔（Ray Kurzweil）[KUR 05]和克雷格·文特尔（Craig Venter）；还有非政府组织和产业也在创作和交流不同的愿景；

——里程碑和技术路线图将用来桥接当前状况与未来愿景状况之间的差距[ROC 02]；

——蕴含高度的不确定性；这不仅在社会问题[DUP 07]上引起了严重的争议，而且在有应用前景的技术的可行性上也引起了激烈的争论[SMA 01]。

技术远景未来在科学和技术发展非常早期的阶段讨论未来可能出现的科学前景及其对社会的影响。一般来说，我们关于各种技术可能如何发展、这种发展可能产生的产品以及使用这种产品的潜在影响，几乎没有任何知识（如果有也少得可怜）。根据控制困境[COL 80]，想要型塑技术，即使不是不可能，也是极其困难的。相反，缺乏知识可能导致一场仅仅是思辨性的辩论，然后是武断的（arbitrary）探讨和结论（第3章）。

关于技术未来的交流代表了一种对正在进行的交流的介入[GRU 12a]。它会引发更进一步的辩论，并影响最终的决策，这在很大程度上取决于各种愿景未来的一致性、合理性或科学性。乔治·奥威尔（George Orwell）的小说《1984》（1984），以及1972年罗马俱乐部（The Club of Rome）的报告《增长的极限》（The limits of Growth）受到欢迎，都是这方面的例子。正是这种介入特性导致了自我实现或自我毁灭预言的现实效果，并指出了与创造和交流愿景未来的各种观点相关的特殊责任。在关于技术的社会辩论中，"玩弄"（playing）各种技术未来愿景，无论是带有警告还是希望的色彩，也是一种与价值、利益和意图相关的权力游戏。

1.4 ｜ 本书简介

为了探讨关于新兴科技意义归属开端的初步观察和假设，本书选择了理论分析和案例研究相结合的方法（第 1.4.1 节）。这一方法与各章的摘要（第 1.4.2 节）一起，可以体现本书（第 1.4.3 节）的新颖性和先进性。

1.4.1 论证过程

本书将采用两种方法来梳理、展开和巩固第 1.1 节提出的初步意见：

（1）运用概念和理论分析，论证现有方法的局限性，并提出阐述和应用新的或扩展的解释学概念和方法的途径。这不是要取代现有的方法，而是要补充它们。本书的内容主要建立在对前瞻性知识的理论分析和认识论分析的基础上（第 3 章）并结合了前人的工作成果。

（2）基于观察的分析将通过引入几个案例来呈现，以支持和框定理论工作。作为过去 15 年许多新兴科技辩论的参与者，我将借鉴纳米技术、机器人技术、人类增强技术和气候工程等领域的经验。那些已经发生过的争论以及它们在技术评价、STS 研究和应用伦理学文献中所留有的痕迹构成了一个丰富的语料库，可以应用解释学方法的基本思想来重新考虑。

近年来，我完成了几个关于新兴科学和技术的伦理和认识论方面的案例研究。这些研究都伴随着关于如何建立跨学科研究的概念和方法论方面的内容，从而更好地理解新兴科技各领域中愿景观点的创造、交流、传播和预测，并在此基础上探索为决策者和社会提供准确定向知识的机会。这本书汇集了已经完成的工作（请参阅本书结尾关于渊源和启示的介绍）和一些最近最新的见解。我的出发点是关于技术远景作为社会辩论的媒介所扮演的角色的现有研究［BRO 00，SEL 08，COE 10，GRU 12a］，以及在新兴科技辩论中专门讨论技术远景未来的文献［NOR 10，COE 13］。特别是，这一分析建立在我最近对愿景评估的思考（第 3 章）［GRU 09b，KAR 09，FER 12］以及解释学视角下首要的概念性方法［GRU 14b］的基础上。

此外，我还就新兴科技的定义和适当的表征问题参与了一些辩论。特别是关于纳米技术的早期辩论中就涉及关于形成一个适当定义的长期而严肃的辩论（第 2 章）［SCH 03，SCH 06］。这场辩论使人们对定义的预期及其提供的意义有了更深入的思考［SCH 03］。据我所知，这场辩论还没有从更理论性的角度来思考它是否以及如何有助于归属纳米技术观念（notion）以意义。不久之后，人们就如何理解合成生物学进行了辩论，并就定义提出了竞争性的建议［GRU 12b，PAD 14］。这场关于人类增强的辩论，可以追溯到国家科学基金会（NSF）出版的"整合技术以改善人类机能（Converging Technologies for Improving Human Performance）"一文［ROC 02］，它从一开始就伴随着关于增强概念的含义以及与人类的现有技术支持相比所涉及的新奇之处的讨论。反思这些经验，我们会吃惊地发现在给这些科技新领域归属意义时，还没有系统地考虑过定义和表征问题。

通过分析从案例研究（第 5—8 章）中提出的关于五项初步

观察得出的结论将在最后一章（第9章）中提出。其目的是从总体的角度审视这些案例研究，并得出一种能够普遍化的结论［KRO 08］。本章的目的是在概念和方法方面进一步发展解释学方法，从而提出一种科学的研究计划以及一个为社会和决策制定寻求新型科学建议的视角。

1.4.2 各章简介

本书第2—4章提供的概念分析和第5—8章中介绍的关于几个新兴科学技术领域的案例研究，以及给出定向的最后结论（第9章），旨在揭示和证实最初的论题，并为它们提供一些论据，作为进一步研究和推理的提议和建议。接下来，科学和人文学科的进一步讨论将不得不审视它们的有效性和成果。在这一节中，将以摘要的形式提供后面各章内容的简短印象，以便向读者简要地介绍本书的内容。

第2章对负责任研究与创新责任评估的对象加以扩展：当在日常沟通中使用责任概念时，这个概念通常被认为多少具有明确意义。然而，这种假设往往不适用于更复杂的领域，例如关于未来科学和技术的责任争论。本章将提出一个在社会语境中进行责任分配的实用方法的大纲，以供澄清。按照这种方法，分配责任是一个具有经验、伦理和认识论维度的三维过程。负责任研究与创新辩论中的相关问题涉及所有这三个维度（EEE）。本章将特别强调新兴科技发展与责任的设定是如何相关的。虽然关于新兴科技责任的讨论通常集中在新兴科技未来可能后果的问责上，但是还没提出与目前科学技术新发展所产生的意义归属相关的责任问题。在这一章中，我建议将负责任研究与创新辩论的主题领域进行相应的扩展，因为这与意义归属问题具有高度的相关性。

　　第3章通过考虑技术未来来评估责任：一般意义上的技术未来的认识论方面，尤其是负责任研究与创新辩论中所涉及的技术远景未来的认识论方面，是责任评估的一个重大挑战。关于未来的各种说法相当多，而在更具想象力的未来之间往往存在相当大的分歧，这威胁到以我们熟悉的后果主义范式向社会和决策制定者提供所期望的定向和相应建议的可能性。想象的未来越多样，提供更可靠定向的可能性就越小。针对这一背景，本章基于未来研究与反思提出了三种不同的定向模式。在新兴科技领域，解释学研究具有特殊的重要性，我们可以从对未来陈述的多样性、多变性和分歧中了解自己。因此，政策咨询不能再提供关于技术后果的具体信息，而只能是对思辨性和预见性的未来的起始端和内容进行更多的解释和重建工作。应对这些挑战需要更多关于愿景未来的产生和传播的知识及其影响公众辩论和政策制定的机制，以及关于愿景未来新的评估和重构程序。这种解释学方法的目的旨在揭示技术远景未来只是未来的"人造"幻觉以及对新技术意义归属的表达。

　　第4章作为意义构建的新兴科技的定义与表征：新出现的科学和技术领域通常都会带来挑战、不确定性以及关于其适当表征和描述的辩论，直至形成清晰的定义。对定义的需求通常来自于科学的外部。例如，研究资助机构要求给出定义，以便能够就资助申请是否符合公告的范围作出明确的决定。此外，在关于规章的辩论中，还需要可靠和明确的定义来界定条例的主题及其界限。然而，关于新兴科技的定义和恰当表征的争论通常开始得更早。它们是解释学过程中的重要媒介，在这个过程中，人们就这些新领域的意义进行谈判和协商。特别是，对新兴科技发展的表征和描述，包括对这个问题的回答：与现有的科学和技术领域相比，到底什么是新的，其或是革命性的。本章使用了一个简单的启发式方法，将定义和表征新兴科技领域视为意义归属的活动，一并为下文的案例研究提供简短的提示。

第5章理解纳米技术：一个有争议的意义归属过程：关于纳米技术的辩论可被视为新兴科技讨论的原型。为了说明在发展早期阶段为新兴科技领域归属意义是至关重要的一步，我想回顾一下本章中纳米技术故事的三个基本点（stations）：定义纳米技术的问题；控制还是放开的问题；风险问题。在这些简短的回顾性故事中，很容易认识到纳米技术早期阶段的意义归属是一种渐进的实验，伴随着冲突和在某些方面极为不同的未来预测。事实上，这是最大的分歧，一方面展示出天堂般的未来，另一方面则是黑暗和世界末日般的恐惧。与许多担心这种讨论会导致纳米技术的大规模社会排斥的观点相反，到目前为止已经形成了一种"常规化（normalization）"。纳米技术逐步的解释性适应（hermeneutic appropriation）——明确其意义的故事——可能对纳米技术适应社会文化作出了重大贡献。

第6章机器人：对人类自我理解的挑战：技术正变得越来越自主。决策制定依赖软件的程度大大增加。这一发展显然引发了责任和问责的道德和司法问题，这些问题已经促成了几项ELSI研究（ethical，legal and social implications，伦理、法律和社会影响）。我的兴趣不在这里。我想揭示的是人类和技术之间的"新兴集群（emerging constellations）"，这些集群可能会引起对人类自我理解的再思考。目前需要考虑的是机器人能够进行规划这一常用观念的含义。然而，根据哲学人类学，规划通常被认为是与人类能力尤其是人类的预期能力密切相关。基于规划理论，我将证明机器人和人类都是"规划性存在（planning beings）"的类比仅限于特定的规划模型。基于这点考虑，我们可以据此学习更仔细地区分规划的不同意义。规划只是人类和机器人之间新的集群涌现的一个领域，这些集群对人类的重要性还需要加以澄清。事实证明，这些发展可以归结为技术是帮助人类还是控制人类这两者之间的深层次矛盾心理。在这种矛盾心理中，必须建立新的平衡。

第7章作为未来密码的增强技术：近年来，增强的概念在两个领域吸引了越来越多的关注：通过会聚技术（NBIC, nano-bio-info-cogno，纳米—生物—信息—认知科学）会聚产生的增强技术来增强人类和动物。增强这个概念与技术进步的概念及其渐进方法有着内在的联系。与优化或完善之类的概念相反，它象征着一种开放式的发展。对增强概念的语义分析将有助于更好地理解关于人类和动物增强在意义归属方面的争论。虽然大多数人类增强技术的反思指的都是道德问题和标准问题，而且通常都专注于个体层面和思辨性问题，而我将考虑的则是解释学转向后的问题：我们是否正在见证历史从一个"性能社会（performance society）"向一个具有内在和无限螺旋增强的"增强社会（enhancement society）"转变？这种转变是否也包括自我开发和自我工具化的增强？我将遵循这样一种假设，即我们从正在进行的关于人类进步的辩论中所学到的是关于我们自己、社会和我们当代的看法，而不是关于思辨性的未来的。同样，我将把最近关于动物增强的辩论看作是正在进行的使改变更加透明和有意识地尝试的一个信号。除了应用伦理学问题外，解释学的兴趣还涉及对人、动物和技术之间关系的不断变化的观点、态度和看法。这里的"揭示意义"在于使人类相对于动物的形象更加清晰。在这两个领域中，增强的概念及其语义结构导致了负责任研究与创新辩论中责任对象的扩展，而不仅仅是增强对遥远未来的影响。

第 8 章应对气候变化的技术——气候工程的解释学方面：鉴于人们普遍认为气候变化引起了重大的全球性问题，气候工程因而受到了极大的关注。不可忽视的是，气候系统中可能存在具有潜在灾难性后果的"临界点"。最近受到密切关注的应对全球变暖的建议措施包括：对海洋进行富铁化、捕获空气以降低大气中的二氧化碳的浓度，或向平流层注入硫酸盐气溶胶以产生冷却效应。这一领域是不确定的和有争议的科学知识库的一个很好的例子，其中涉及关于未来和风险评估不确定的知识以及对可能的基本战略进行的辩论。许多科学家对气候工程不屑一顾，因为它具有不可预测的、危险的和不可逆的副作用。其他人可能会把它想象成最后一招（ultima ratio），一个防止地球气候崩溃和确保人类生存的极端措施。因此，这个最近受到关注的领域也显示了新兴科技领域的特征。本章旨在揭示这一领域中围绕人与自然关系潜在的一些前提、假设和态度。解释学分析表明，气候工程与人类对自然的"培根式"统治观念以及无限的技术乐观主义密切相关。这导致了一种假设，即在遥远的将来会将责任对象扩展到传统的风险和副作用问题之外。还必须考虑到在基于气候工程的新技术乐观主义的推动下，可能会改变对"缓解和适应"气候变化的战略的态度。

第 9 章解释学评估——走向跨学科研究计划：在利用范例性案例论证了为负责任研究与创新辩论所关注的新兴科技归属意

的重要性之后，简要总结一下研究成果。本章的主要目的是大致勾勒出一个解释学评估的研究纲领，它可以起到启发作用。这一章绝大部分内容将致力于发展解释学研究视角，研究给新兴科技归属意义的创造和交流过程以及它们的后果。这些观点主要指向所涉及的科学和人文学科以及适合的方法论。此章最后对本书的写作动机作了简要的总结，指出了写作这本书的五个初衷。

1.4.3 成果

本书是基于我以前的研究（见书末尾的参考书目），尤其应归功于过去 15 年中发生的关于技术远景未来的辩论。除了顺便回顾一下我在这一领域的最新观点和作品之外，我的愿望是超越目前的知识状态，提出新的见解和观点以及为科学和技术的未来发展和研究提供反思的新视角。

对此具有决定性意义的是第 1.1 节中提到的前三项意见（见图 1.1）：

（1）负责任研究与创新辩论的主题不是新技术本身，而是归属于它们的社会技术意义。

（2）技术远景未来和其他类型的未来叙事构成了归属新技术意义的主要媒介。

（3）关于新兴科技的定义和表征的争论对于归属新兴科技社会意义来说也非常重要。

在案例研究中，与这个计划的执行和这些观察的基础联系在一起的是在概念上和方法上寻求新途径的必要性。在这本书中，我用"解释学方法"一词来指代这些路径。诚然，我对它的描述只能是间接的，就像案例研究只能是它的说明一样。

在近几年的技术哲学和科技与社会（STS）相关辩论中，研究和反思的兴趣越来越靠近上游。如果创新过程被理解为从源头向河口发展的河流或溪流，那么对创新链末端的后果观察已经转移为对其初始步骤的考量。正是在那里发生了关于定义的争论同时也对技术未来所规定的含义加以讨论。

在本书中，该移动被进一步向上游推进到了负责任研究与创新辩论的源头，同时移动也就结束了。在这里，特别是在第 2 章中，对责任辩论加以扩展从而使其开始于创新过程的初始几步，正是这初始的几步创造传达了新兴科技发展的社会意义，从而也就达到了负责任研究与创新辩论的源头。再向更上游的地方移动已经不可能了。在负责任研究与创新辩论的初始时期，就是社会技术意义在新兴科技领域的创造和归属，对这一阶段的分析是本书的主题。因为再也没有更上游的空间了。

河流隐喻的使用与用于意义辩论的解释学循环相互冲突（见图 1.1）。因为河流说明的是线性思维，而圆环是循环的并且是迭代的。当然，在隐喻层面，这种不一致性不是问题。对于本书的主题，其诉求包括提出关于解释学循环的起源的问题，而这个问题，例如对人类增强的意义来说，并不是一直都在。这些问题是被创造出来的。 这本书的目标就是把重点放在这些源头上，而在这一点上，不管是用河流和源头隐喻，还是用圆环隐喻都不会有什么影响。

在我们已经抵达的负责任研究与创新辩论的起始阶段，为了进一步的交流和引导而创造了第一批事实。通过把对未来的考虑与技术研究和发展结合起来，技术研究和发展被置于一种意义的社会框架中，这种社会框架具有其自己的动力学。这一过程可以自我强化，例如，可以引导研究资金的启动，在相关领域进行大规模投资，从而对科学议程和研究进程产生重要的实际影响。或者最初选择的意义框架可能会受到挑战或转变为相反的意义，从而引发社会的抵制和排斥。

从这个起点开始，责任的领域就被扩展了。虽然负责任研究与创新中的责任通常被理解为新兴科技发展后果的责任，对人类和社会而言，这种责任要在结果产生之后才能出现，但现在通过技术未来和表征来实现的意义归属已经使其自身成为责任的焦点。现在重点不是新兴科技在遥远的未来会产生什么后果，以及它们是否可能被认为是负责任的，而是在今天负责任地对待意义的创造和归属。这就使解释学方法中的圆环闭合了。问题不在于以多少具有思辨性的方式获得对远期后果的预期，而是如何，为什么，在何种情况下，以及在何种诊断和伦理评估的基础上，创造和交流当前新兴科技的社会技术意义的。

第 2 章 扩展负责任研究与创新中 责任评估的对象

关于新兴科技责任的讨论通常包括对科技进步可能产生的未来后果及其应用的责任。在责任的范围内，必须澄清哪些可能的后果在当前可以被认为是明确需要的〔尚伯格（Schomberg）称之为"正果（right impacts）"〔VON 13〕〕，或者，考虑到可能出现的意外后果，至少是同样负责任的。在本章中，负责任研究与创新这一明显的导向在责任的对象方面得到了实质性的扩展，即对目前正在发生的为新兴科技发展进行意义归属的责任以及对意义归属之后果的责任。

2.1 ｜动机和概况

负责任研究与创新的基本思想是研究和创新应该负责任地进行。这一要求有时会引起人们的愤怒，通常来讲它给人造成的印象是，以前的研究和创新或许是以不负责任的方式进行的。化解这种愤怒是很容易的。负责任研究与创新的目的并不是要对以往的研究和创新提出指责，而是要使责任（responsibility）和问责（accountability）透明化，并向社会公开相关问题，例如有关参与

途径的问题 ①。

　　另一个经常被提及的问题是，责任的确切含义是什么以及更难回答的如何将责任与不负责任或较不负责任的责任区分开来的问题。在使用责任概念时，这一概念通常应该具有些许明确的含义。然而，至少在科学和技术领域，这可能是误导。许多人担心［BEC 92］如果没有可靠的意义，责任将只是一个空洞的词语，只会显示冲突的诉求和教化属性，不会有助于解决问题，当下有关决定未来后果的知识的不确定性将使任何责任的考虑变得荒谬［BEC 93］，并且现代科学和技术的综合治理涉及众多行动者而这将导致责任的"瘦身"效应（the effect of "thinning" responsibility）。因此，在本章中，我提出了一个责任概念的启发法（heuristic for the concept of responsibility）。这并不是为了凸显哲学的深度 ②，而是为了成为一种实用的工具（第 2.2 节）。

　　责任和责任伦理的概念遵循了马克斯·韦伯（Max Weber）对责任伦理（Verantwortungsethik）和终极目标伦理（Gesinnungsethik）进行的区分［WEB 46］。在这一区分中，责任与后果主义方法有关。在这一范式中，接管（taking over）责任或将责任分配给其他人、团体或机构，就必须具备有效和可靠的知识，或至少对将要作出的决定或将要采取的行动的后果和影响有一种合理的了解 ③。讨论责任的常见方法是考虑一项行动的未来后果

① 见 von Schomberg［VON 13, p.60］几个"不负责任的创新"的例子。特别是对采取预防措施失败的提法是有益的［VON 13, p.63］。

② 在这一点上，请参照吉安尼［GIA 16］和他对自由与责任的分析。

③ 如果没有对这些未来后果的清晰描述，那么任何责任伦理都会被怀疑，或者导致仅仅是任意的结论［HAN 06］，或者最终仅仅是政治言论。正是这种关系导致了 RRI 关于高度不确定的技术远景未来的责任辩论中的严重概念问题（第 3 章）。

（例如新技术的开发和使用），然后从伦理角度（例如技术风险的可接受性方面）反思这些后果。这也是负责任研究与创新辩论中对责任对象的习惯性理解（第 2.2 和 2.4 节），在后果论意义上，责任被视为对技术和创新的未来后果的问责［OWN 13b，p.38］：

负责任创新的首要任务是问，我们共同希望科学和创新带来什么样的未来，这些未来基于什么价值观？［OWN 13b，p.37］

这是可以理解的，也是正确的。但它排除了负责任研究与创新中责任概念的一个维度，这正是本章想要加以校正的。本章主要讨论在新兴科技领域与创造和归属社会技术意义的途径相关的责任（第 2.5 节）。这种责任也是后果论的，因为这些归属会产生后果（图 1.1），但在另一种意义上：争论的关键不是对最近或遥远将来新兴科技可能造成的后果的责任，而是对意义归属所导致的当前后果的责任（第 1.2 节）。这一责任对象的扩展与解释学循环是一致的：通过环路的形成过程寻找意义及其进一步的发展，这一过程不仅是在遥远的未来，而且在当前的辩论和决策过程中都表现出具体后果。

首先，我将就负责任研究与创新的发展历程做一点说明（第 2.2 节）。在此之后，我将引入一个作为社会建构物的实用主义责任概念，它具有经验、伦理和认识论三个维度（第 2.3 节）。然后，我将在负责任研究与创新辩论中对责任概念的使用进行系统化，并明确指出，到目前为止，负责任研究与创新中的责任还是指向新兴科技在将来可能引发的后果（第 2.4 节）。本章的结论是，这种方法必须通过考虑到意义归属本身的责任来加以补充，这是负责任研究与创新辩论的基础（第 2.5 节）。

2.2 ｜关于一些负责任研究与创新辩论的印象

有关科技进步中的负责任研究和新产品、服务以及系统领域中的负责任创新的思想已经讨论了大约 15 年，而且讨论得越来越频繁。负责任研究与创新概念的出现主要与新兴科学技术概念所包含的大量新技术有关，如合成生物学、纳米技术、新互联网技术、机器人技术、地质工程等。然而，谈论负责任研究和创新的动机可以追溯到对纳米技术进行研究和开发［GRU 14a］的大规模国家项目上。美国国家纳米技术中心（The US National Nanotechnology Initiative）［NNI 99］通过了负责任发展的战略目标：

负责任地发展纳米科技，可以说是努力去做到平衡，尽量发挥这项技术的积极贡献，并尽量减少其负面影响。因此，负责任的发展涉及对技术应用和技术潜在影响的审查。其中蕴含了这样一个承诺：发展和使用技术是为了帮助人类和社会满足最紧迫的需要，同时尽一切努力，预测和减轻技术所带来的不利影响或意外后果。［NAT 06, p.73］

其他积极参与研究政策的行动者也很快跟进。英国工程和物理科学研究理事会发表了一份关于碳捕获领域纳米技术负责任创新的研究报告。荷兰组织了一次关于纳米技术的全国性对话，要求纳米技术的进一步发展应当是"负责任的"［GUS 14a］。欧盟通过了纳米科学和纳米技术（N&N）研究行为守则［ECE 08］，其中提到研究和开发，但也提到公众理解和预防的重要性。它还将责任反思与政府管理联系起来［SIU 09，p.32］：该准则"旨在就如何实现善治（good governance）提供指导"，并且：

> 纳米科学和纳米技术（N&N）研究的善治应该要考虑到所有利益相关者对于知晓纳米科学和纳米技术所可能带来的具体挑战和机遇的需要和愿望。鉴于未来可能引发的而当前却无法预见的挑战和机遇，应创立一种普遍的责任文化。［ECE 08，SIU 09，p.32］

纳米技术吸引了诸多的关注，因为它是这类技术的一个范例，这类技术的共性在于其潜在的高风险，深度不确定性以及可能导致的不利影响。因此，纳米技术领域及其争论可以被视为其他负责任研究与创新关于新兴科技发展的辩论的一个模型［GRU 14a］。负责任研究与创新关于纳米技术的辩论的目的是增强技术有助于改善人类生活质量的可能性，尽可能早地发现可能的意外副作用，以使社会能够预防或补偿它们，从而可以获得这些技术和创新的好处。

这一理由在技术评估（TA）［GRU 09a］领域，特别是在建设性的技术评估［RIP 95］中是众所周知的。然而，控制困境［COL 80］强调，型塑技术以便获得最佳预期成果和避免意外的影响，是一项充满雄心的任务，它可能会来得太晚，也可能会太早。面对这一困境，过去 10 年来技术评估主要的理论发展可被描述为向技术发展早期阶段的"上游移动"［VAN 13b］。

人们过去和现在的期望是，在对所审查的技术的应用和使用情况知之甚少的前提下，也可以对技术进行型塑。人们提出了各种解决控制困境的方法［LIE 10］。然而，被审议的技术领域，如纳米技术、纳米生物技术和合成生物学，表现出强大的使能特性，这使得这些技术在极难预料的不同领域也可能有多种应用（第1.3.1节）。在这种情况下，有必要将任何关于责任的反思活动塑造成一个涉及伦理、社会、法律和经济问题的伴随过程（accompanying process）［SCH 06，第5章］——这在技术评估领域是众所周知的［VAN 97］。

因此，人们所提出的负责任研究与创新定义在这个意义上体现了技术评估的精神［VON 07］，因为它基本上将负责任研究与创新作为一个过程引入，而责任问题产生的伦理因素丰富了这一过程：

负责任的研究和创新是一个透明、互动的过程，社会行动者和创新者通过这一过程相互响应，彼此负责，以着眼于创新进程及其市场产品的（道德）可接受性、可持续性和社会满意度（societal desirability）（以便使科学和技术进步在我们的社会中得到适当的融入）。［VON 12］

负责任研究与创新为技术评估程序性向上游移动增加了明确的伦理反思，并将工程和技术伦理作为负责任研究与创新的第二个主要根源［GRU 11a］。特别是在责任框架下［JON 84, DUR 87］，RRI将技术评估在评估程序、行动者参与（actor involvement）、公众参与（participation）、预测和评估方面的经验与工程和技术伦理结合在一起。这种融合克服了在 20 世纪 90 年代引发激烈讨论的伦理和技术评估分离的问题［GRU 99］。

进一步的整合一方面涉及伦理和技术评估的关系，另一方面涉及行动者集群以及审议和决策的语境。由于负责任研究与创新采用的是"制造"（make）的视角，因此必须考虑所审议过程的社会政治方面——这就必须涉及社会科学，特别是科学、技术和社会（STS）研究领域。负责任研究与创新不可避免地需要工程、社会科学和应用伦理学之间更紧密的跨学科合作。因此，负责任研究与创新的新颖性主要体现在这种综合方法上［GRU 11a］。这种对负责任研究与创新的产生和起源的解释，使得负责任研究与创新很容易与 EEE 责任概念相联系（第 2.3.2 节），因为负责任研究与创新涉及经验维度（行动者集群和程序方面），新兴科技发展的后果和影响的道德可接受性的伦理维度以及后续结果性知识质量的认识论维度。

负责任研究与创新在实践中的一个可操作的例子是荷兰科学研究组织（Dutch Organization for Scientific Research，NWO）的"负责任创新——科学和技术的伦理与社会探索"计划（MVI，沿用其荷兰语名称）。MVI 计划是负责任研究与创新最早的表现形式之一，主要关注人们预期会对社会产生影响的技术发展［VAN 14a］。这些技术发展一方面关系到信息通信技术、纳米技术、生物技术和认知神经科学等领域，另一方面关系到能源、农业和医疗保健等转型中的技术系统。MVI 计划通过扩大科学和技术的社会和伦理方面的研究范围和深度，促进负责任的创新［NWO 16］。由这个计划资助的项目必须展示出超越单纯的科学研究的"制造"（make）视角：

研究具体技术发展的伦理和社会方面的项目必须始终具有"可制造的（makeable）"视角。换句话说，它们不仅必须导致对问题的分析和更好地理解，而且还必须导致"设计视角"——从最广泛的意义上来说，包括制度上的安排。［NWO 16］

2009 年，MVI 计划在第一轮中开始资助 15 个项目［NWO 16］。一个例子是"越南北部小生产者集群的新经济动态——扶贫方面的体制和负责任创新"项目，重点是分析和加强当地生产者的增值链。它"进一步以研究成果为基础，探讨这些具体技术案例对发展中国家减贫的潜在重要性，从而确定这些创新是否可被称为'负责任创新'。越南提供了一个特别有趣的研究背景，因为贫穷的小生产者的创新是以私营部门的倡议为基础的，而体制环境正在转型"，该项目的目的是：

——"了解'负责任创新'的观念及其在越南北部小生产者集群中的价值；

——"解释使小生产者能够和便利其创新的多层次体制框架；

——"评估制度框架如何通过激励机制与小生产者的经济行为产生互动"。［NWO 16］

这一描述清楚地表明，在负责任研究与创新框架内进行研究本身并不是目的，而是分析和改善所关注区域内当地生活条件的一种手段。所有 MVI 项目都必须有一个评估小组，负责在执行项目时确保"制造"视角能够得以体现。

这个例子显示了一些强调负责任研究和创新的新方法，而不是现有的方法，例如技术评估和工程伦理［GRU 11a, OWE 13a］：

——"型塑创新"是对前一个口号"型塑技术"的补充，甚至取代了"型塑技术"的口号，该口号的特点是社会建构论思想对待技术的方式［BIJ 94］。这一转变反映了这样一种观点，即影响社会的不是技术本身，而是技术与社会相互作用的创新，这种创新应根据人类的需要、期望和价值观来型塑；

——更进一步审视新技术和科学的社会背景。负责任研究与创新可以看作是朝着更加重视需求拉动的视角以及社会价值观型塑技术与创新的方向迈出的又一步；

——不再希望在传统的科学范式下进行远远地观察，而是有明确的迹象表明负责任研究与创新要介入开发和创新过程：人们期望负责任研究与创新项目不仅会在科学研究方面产生影响，而且会作为介入手段进入现实世界。因此，负责任研究与创新可以被视为"变革性科学（transformative science）"的一部分［SCH 13］；

——由于先前在遗传工程等新技术方面的经验以及相应的道德和社会冲突，从而产生了一个强烈的动机"从一开始就把事情做好"［ROC 02］，而不是在研发或扩散过程中遇到必须对沟通障碍或其他损害进行修复的情况；

——用户参与、利益相关者参与以及公民参与研究和创新过程，一方面被视为能更好地整合社会需求和观点的重要途径，另一方面被视为技术和创新的重要途径［VON 12, OWE 13a］。

因此，负责任研究和创新可以被视为更进一步的发展，甚至是著名的后常规科学的激进化［FUN 93］，它与社会实践、利益相关者和创新政策的联系更加紧密，并为进行介入和为这一介入及其后果负责做好准备。

2.3 | 一种关于责任概念的实用主义观点

仔细研究一下，责任概念的含义绝不像初看上去那样明显：

> 这（对责任概念进行定义，A.G.）看起来似乎是一个简单的操作 [……]。然而，为了应对与创新相关的挑战，它在不同领域的使用在不断增加，产生了大量的意义和已被接受的观念（acceptions），使得这种操作不再是一件容易的事情。[GIA 16, p.29]

为此，我将首先对该概念进行实用主义解释（第 2.3.1 节），然后对其在三个维度上的操作化提出建议（EEE 方法，第 2.3.2 节），并将新兴科技发展的负责任研究与创新框架内的责任评估作为结论（第 2.3.3 节）。

2.3.1 责任概念

责任是我们有了理由才会谈论和讨论的话题。回答有关责任的问题通常会引起相关人员的争议（如责任的分配、归属、犯罪或获益等）。一方面，这可以追溯到以前的行动和决策的责任，例如澄清法律问题中的罪行。另一方面，一个具有前瞻性的问题是对仍有待作出的决策的责任追究和责任分配，本书只讨论这一问题。例如，如果出现了新的和含糊的方面，而这些方面还没有关于责任归属的任何规则或者标准，或者如果责任归属是一个有争议的问题，就可能出现这种情况。谈论责任的目的是克服这些异常或是争议，并就受影响领域的责任结构达成共识。因此，谈论责任最终是为了一个实际的目的：澄清行动和决策的具体责任。"责任归属通常意味着产生实际后果"［STA 13，p.200］。

责任概念在有关科学和技术进步早期设计的讨论以及对其后果的处理方面所起到的特殊作用是显而易见的［LEN 07］。原因是，首先，科学和技术创造了新的行动机遇，这些机遇的责任尚未明确，处理责任和问责的例行程序还不健全。其次，人们对现有的责任结构表示怀疑，特别是考虑到技术行动在空间和时间范围以及对个人和社会生活的影响，这些结构在多大程度上仍然是适当的［JON 84］。这些讨论包括科学、政治和民间社会之间或代际之间的责任分配、空间和时间上的责任范围，还包括根据问责制、责任本身的对象以及责任的承担者进行决策评估的伦理基础等问题。所有这些都涉及责任的预期层面，正如负责任研究与创新中的对象［OWE 13a，GRI 13］一样。

行动者可能感到对构成责任对象的决策、行动及其后果负有责任，或被其他人认为对这些决策、行动及其后果负有责任：

> 责任可以理解为一种社会建构物，它在一组不同的实体之间建立关系。其中最主要的是主体和客体。主体是负有责任的实体。客体是主体负责的对象。［STA 13，p.200］

决定性的先决条件是将行动结果分配给主动的当事方。这可以是一个人，一个群体，一个机构，或者打个比方，一个集体，比如一代人。在此基础上，可以将责任归属于自己或他人。责任是一种社会建构物，也就是进行责任归属的社会过程的结果［STA 13，p.200］。责任的归因本身就是一种以目标为前提并相对于归因规则的行为［JON 84］。有能力承担责任的行动者的范围必须受到限制，必须确定个别行动者必须满足哪些条件才能承担责任（例如最低年龄）。在这方面归因责任的可行性取决于哪些要求与行动者采取行动的能力有关［GRI 13］。

如果责任应根据哪些规则和标准加以接受的问题被提出来，例如，根据伦理原则对行动的问责或接受某些风险是否合理作出决策［GRU 08a］，那么关于责任的伦理问题就出现了。除了伦理问题之外，我们对行为后果的了解有多可信也在很大程度上发挥了作用。因此，责任的归因也必须与我们的知识状态有关，这正是因为在新兴科技的辩论框架中，相关知识在认识论上经常是不确定的（第 3 章）。通过这种方式，我们获得了一种高效实用的责任概念［GRU 14c, GRU 16a］。它将责任主体与其客体结合起来并以规范性的和认识论的术语将这种关系嵌入其中：

——某些人（行动者，例如科学家或监管者）被假定有责任或必须负责任（将责任分配给她／他）；

——与某些物相关（行动或决定的结果，包括意外的副作用）；

——规则和标准〔一般是在各种情况下都有效的规范框架（第 3 章）［GRU 12b］，例如，行为守则中规定的法律、条例和负责任的行为规则〕，以及与之相关的规则和标准；

——现有知识（关于所审议行动或决策的影响和后果的知识，也包括关于所涉知识和不确定性的认识论状态的元知识）。

虽然在某种意义上，前两个因素在使“负责任”一词有意义的方面微不足道，但它们表明了分配责任的基本经验层面，这是存在于社会行动者之间的一个不可避免的过程。第三和第四种因素揭示了责任的基本层面：规则和标准的层面包括原则、规范和价值观，这些原则、规范和价值观对判断某一具体行动或决策是否被视为负责任的具有决定性作用——这就构成了责任的伦理维度。现有知识及其质量，包括所有的不确定性，构成了知识的认知维度。我将此统称为责任的 EEE 方法（EEE approach）[GRU 14c]。

2.3.2 责任的 EEE 方法

在新兴科技领域关于预期性的负责任研究与创新辩论中，所有这三个 EEE 维度都出现了相关问题 [GRU 14c，GRU 16a]：

（1）责任的经验性方面认为，责任归属是特定行为者所做的影响他人的行为。它指的是分配过程中的基本社会集群，一方面，责任归属必须考虑到行为者在各自领域影响行动和决策的可能性。问责和权力问题都是游戏的一部分。另一方面，责任归属对这一领域的治理会产生影响。事先就归因和分配责任的问题进行辩论的最终目标是型塑这种治理。与此相关的问题是：在实地采取行动和作出决定时，能力、影响力和权力是如何分配的？哪些社会群体受到影响，能够或应该帮助决定责任的分配？所审议的问题是否需要进行公共辩论（in the polis），还是可以委托给某些群体、社会子系统或市场？具体的责任分配会对各自领域的治理产生什么影响，是否有利于预期的发展？

（2）当提出下列问题时，就涉及了责任的伦理方面，即需要提出赖以判断审议中的行动和决策是负责任的或不负责任的标准和规则时，或需要找出如何使行动和决策能够（更）负责任的方法时。如果出现规范上的不确定性 [GRU 12b]，例如由于模棱两可或道德冲突，就需要对这些规则及其正当性进行伦理反思。与此相关的问题是：什么标准使我们能够区分负责任和不负责任的行动和决定？有关行为者是否就这些标准达成共识或存在争议？所讨论的行动和决策（例如有关科学议程或防止生物安全问题的遏制措施）是否可以被视为对规则和标准负责？

（3）认识论维度要求对责任主体及其认识论状态和质量的认知。这是一个关键性问题，特别是在关于科学责任的辩论中，因为关于科学和新技术的影响和后果的观点常常显示出高度的不确定性。那些只有"仅仅是可能性论点"[HAN 06]而没有其他任何东西的观点表明，在关于责任的辩论中，至关重要的是——关于被审议的未来的现有知识的状态是被认识论的视野所决定并进行批判性反思的[GRU 12b, 第 10 章]。与此相关的问题是：我们对未来的责任主体真正了解的是什么？如果进行更多的研究可以知道些什么，哪些不确定性是具有相关性的？ 如何对不同的不确定性进行定性和相互比较？如果情况变得更糟糕，又会有什么样的危险呢？

这一简要分析表明，责任问题不仅是抽象的伦理判断问题，还必然包括具体的社会语境和治理因素（必须以经验的方式对待）问题，以及现有知识的认识论质量的问题。人们对责任的常见批评，如简化的称谓、认识论的盲目性和政治上的幼稚性，似乎与将责任缩小到伦理层面有关。通过综合考虑 EEE 责任维度[GRU 14c, GRU 16a]的方式，使得回应这些批评并使责任的概念发挥作用成为可能。

2.3.3 责任评估

在过去 10 年中，评估的概念经常被用来划分复杂的过程，以洞察人们感兴趣的不同领域，其目的是提供一些元信息，然后可以用来向决策者和公众提供参考信息。比如，政府间气候变化专门委员会（IPCC）提交的著名大型评估报告［IPC 14］——就全球能源供应问题对当前的以及可预见的情况进行评估的《世界能源展望》以及技术评估［GRU 09a］、风险评估、可持续性评估［SIN 09］等领域，这些都已是研究、论证和支撑科技政策咨询的成熟领域。

评估有认知和评价两个维度。从认知角度来说，必须从一个共同的角度汇集和整合各个领域的知识体系[1]。然后，必须根据实践中的某些问题对这一综合知识进行评估，以得出关于行动和决策的结论（技术评估请参阅格伦瓦尔德［GRU 09a］）。评估是一种规范性的程序，在这种程序中，知识的整合和评价是在尽可能透明的具体步骤中进行的，而且往往是与参与性因素的整合同步进行的。

在负责任研究与创新领域，风险评估和技术评估等评估类型被用来解决特定问题［GRU 11a］。但是，到目前为止，还没有系统地使用责任评估的概念。与已确立的评估形式类似，责任评估的目标是对各个争论对象的责任进行评估，并适当分配有关行动者的责任，以符合负责任研究与创新所特有的利益相关者参与和透明性特征。从这个角度来看，责任评估是负责任研究与创新辩论的核心任务。

这些评估需要指导，以便以可理解又可操作的方式进行。EEE 概念本身就是一个起点。必须在每一个方面作出澄清，甚至可能包括确定责任指标[2]。这超出了本书的框架，因此只能提供

---

① 关于知识整合的挑战，请参阅有关跨学科研究的文献，如 Pohl/Hirsch Hadorn ［POH 06］、Jahn 等［JAH 12］和 Bergmann 等［BER 10］。

② 例如，这是可持续性领域的一个共同程序，以便从道德要求的规范性目标转向具体的建议，即它们在具体情况下可能意味着什么，以及如何（理想地）衡量它们。

初步的建议:

（1）经验性部分涵盖各领域的行动者集群、团体、机构和可能涉及的个人，包括他们的关系、问责制、权力关系等，简短而言，就是被审议领域的治理模式（见格伦瓦尔德［GRU 12b，第7章］，就像合成生物学中的情况）。该模式必须是责任评估的一部分，因为责任的社会层面是按照责任分配规则进行社会分配的结果。这种模式在新兴科技问题中通常具有前瞻性维度，因为责任反思不仅考虑了当前的问题，比如实验室研究的组织和安全问题，而且也适用于将来的责任分配。德国和许多其他国家目前关于核废料处置的辩论是一个很好的例子，说明如何就当局、各机构、各监督体系、科学咨询委员会的安排以及公共参与和公开辩论的方法途径进行辩论，以确定恰当的责任和问责结构，从而确保长期的负责任的、安全的以及透明的进程［END 16］。

（2）伦理部分包括责任标准及其伦理背景等所有规范性问题，包括权衡不同的、可能相互抵消的问题。这一维度还涉及一个未来性的部分，因为伦理并不能提供一套一成不变的规定和原则，这些规定和原则只适用于即将出现的问题和挑战。将抽象的伦理原则，例如伊曼努尔·康德（Immanuel Kant）的绝对律令或约翰·斯图亚特·密尔（John Stuart Mill）和其他人的功利主义原则与审议中的具体问题联系起来，并不仅仅是将这些原则适用于具体案例，而是需要通过中间的解释和解释学步骤弥合差异，这些步骤必然涉及社会和文化问题，这些问题可能会随着时间的推移而改变。因此，尽管规范伦理的目标是更抽象和更普遍的原则，但任何责任评估都必须将原则与案例联系起来，如果不考虑经验态度、习俗和看法，这是不可能的。由于涉及影响深远的各种未来可能性，责任评估不能简单地将今天的道德情境延伸到未来，却同时假定（例如）快速的技术进步。相反，在技术—道德情景（techno-moral scenarios）中思考也许会有帮助［WAE 14］。

（3）认识论部分至关重要，因为在许多与未来有关的辩论中，前瞻性知识的维度构成了核心挑战。后果论范式中的责任评估必须考虑替代行动和将要作出的决策的未来后果和影响。最负责任的行动或决策将是对愿景未来结果和后果持最佳（相对于道德层面，见上文）观点的行动或决策。因此，责任评估必须以理想的、全面的方式调查未来可能产生的后果，以便对所审议的所有备选方案有一个比较性的看法。它还必须提供工具，以比较各种不同的后果，并使不同的方面能够结合在一起，形成一致的图景。多准则决策分析（The multi-criteria decision analysis, MCDA）［BEL 02］是一种透明的综合不同标准和不同评价的方法。然而，这种方法遭到的多次批评清楚地表明，通过整合不可通约的标准来获得一个完整的图景是其主要困难。在未来知识领域，这种情况甚至更糟，因为所涉及的不确定性很高。在新兴科技领域，根据本书的初步观察（第 1.1 节），几乎没有机会应用定量方法。因此，认识论维度不仅在方法论上是最具挑战性的，而且在认知方面也是最具挑战性的。

从以前评估程序的经验可以看到，它们也必须处理高度不确定性和不可通约性标准的问题，这是有帮助的并且可以提供一些有益的见解［PER 07］。然而，鉴于前瞻性知识在认识论上的不可靠性（第 3 章），新兴科技领域在某些方面是特殊的，需要特别加以考虑。

2.4 │以往负责任研究与创新关于责任对象的讨论

长期以来，关于科学和工程是否具有任何与道德相关的内容，从而需要对其进行有关责任问题的伦理反思，一直是一个饱受争议的问题。直到 20 世纪 90 年代，技术一直被认为是价值中立的。然而，许多案例研究已经认识到技术决策的规范性背景（即使是在实验室作出的决策［VAN 01］），并将其作为反思的主题［VAN 09］。技术是具有道德相关性的，特别是在其宗旨和目标、所使用的措施和手段以及不断变化的副作用方面。这就是为什么它会受到责任辩论［JON 84, DUR 87］和相关伦理反思［GRU 99, VAN 09］的影响。科学也是如此。因此，科学技术表现出与道德相关的方面，即它们所追求的目的，它们所使用的工具，以及它们产生的后果和副作用［GRU 12b, GRU 13b］：

（1）为了塑造技术并为科学定向，需要对预期的未来发展、对社会未来的目标和愿景，或对科学和技术为迎接未来挑战应作出何种贡献进行想象。在许多情况下，科学和技术的目的和目标都没有问题。开发治疗阿尔茨海默症等疾病的方法，为残疾人提供新的设施，或保护社会免受自然灾害的伤害——这类愿景肯定会获得社会的高度接受和伦理支持。因此，在规范层面上，没有理由去反对研发这些技术（在所需手段或预期的副作用的方面，情况可能有所不同）。然而，在其他领域，甚至在规范层面也存在着诸多社会冲突。例如，与载人航天有关的愿景在本质就是有争议的。在纳米技术领域，围绕会聚技术的讨论［ROC 02］，特别是关于改善人类机能的讨论，最有可能成为道德方面的争议话题。这些问题导致了由知识政策（knowledge policy）［STE 04］引发的挑战：我们想要什么知识，我们不想要什么知识？显然，这类问题需要通过有关责任的辩论和协商来解决。

（2）科技研发中的工具、措施和实践，无论其目的如何，都可能会导致道德冲突。例如，用动物做实验或利用人、胚胎或干细胞作为研究对象等做法，以及用转基因生物或植物进行的实验，特别是在实验室外或在较早的时候，核武器的实验测试的道德合法性问题。职业研究伦理和工程伦理属于各个领域内的道德反思，例如，有关行为守则或良好的科学和工程实践章程。然而，这一涉及研究和技术的伦理问题并不是负责任研究与创新争论的核心："我们还谈到有必要反思创新的目的［……］和预测创新可能产生的影响的必要性。"［OWE 13b, p.37］

（3）自 20 世纪 60 年代以来，科学和技术革新产生了相当大的意外和不利影响，其中一些是影响极大的：技术设施（切尔诺贝利、博帕尔和福岛）发生的事故、对自然环境的威胁（空气和水污染、臭氧层空洞和气候变化）、对人体健康的不良影响（比如石棉对人体的伤害），社会和文化方面的副作用（例如自动化造成的劳动力市场问题）和故意滥用技术（对世界贸易中心的攻击）。这些经验都属于讨论第二种也是更具反思性的现代性的诸多动机之列［BEC 92］。技术系统日益复杂，相互交织，与社会许多领域发生联系，增加了能够预测和考虑行动或决策的后果的难度。这尤其适用于使能技术（第 1.3.1 节），如纳米技术，并会立即引发有关责任的辩论：一个寄希望和信任于创新和进步的社会如何才能收获预期的利益，同时又能保护自己免受不良的、可能是灾难性的副作用的影响，以及如何预防性地积累知识以应对未来可能产生的不利影响？多大程度的风险或无知在道德上意义上是可以接受的？鉴于所涉及的高度不确定因素，采取负责任的行动如何可能？

从负责任研究与创新的目标（第 2.2 节）和对新兴科技各个领域的讨论来看，反思责任的目的显然是认识到这些科学和技术发展可能产生的未来后果。我们的目标是以一种能否产生负责任的结果或理想的"正果"[VON 13]的方式来设计当前的科技研发。那么，负责任研究与创新理所当然地将自己置于以后果主义为导向的技术伦理[JON 84]和技术评估[GRU 09a]的传统之中，也就不足为奇了。

2.5 | 负责任研究与创新中责任辩论的对象：一种扩展

明确责任对象是可以理解而且必要的，但却总是不能令人满意，其背后有两个相互独立的原因：

（1）新兴科技可能在未来才发生并且作为负责任研究与创新辩论对象的后果往往在认知论上是不稳定的，甚至在很大程度上接近于猜测[NOR 07a]（第 3.2 节）。由于缺乏知识，限制了为责任分配和评估得出有效结论的可能性[1]。以下是从一篇颇有远见的合成生物学论文中摘录的一句话，这句话的表述恰如其分：

---

[1] 选择研究方法、手段和战略的工具方面（2.4 节）往往是一个例外。例如，如果侵犯人权的行为与某些种类的实验有关，这显然不需要有广泛的前瞻性知识。然而，这种在研究伦理中处理的责任类型，并不在我考虑的前景中，也不在 RRI 辩论中。

50 年后，合成生物学将像今天的电子产品一样普遍，同时具有巨大的变革意义。随着这项技术的发展，其应用和影响在该领域的初期阶段是无法预测的。然而，我们现在作出的决策将对技术未来的走向产生巨大影响。[ILU 07, p.2]

它显示出：作者期望合成生物学能带来深远和革命性的影响，我们今天的决定将对其未来的发展产生重大的影响，但是我们不知道会产生什么样的影响。在这种情况下，就不可能分配责任，即使说到责任，也不再有一个有效的目的。

许多（也许几乎是所有）关于新兴科技问题的责任辩论都考虑到关于未来发展可能的叙事，这些叙事涉及愿景、期望、恐惧、关切和希望，而这些都很难从认识论的有效性来评估（第3章）。因此，选择适用于多少带有思辨性后果的后果主义路径对新兴科技来说是否明智，似乎是值得怀疑的。至少就当前科研后果这一核心领域而言，在寻找"正果"[VON 12]和避免意外及其后果[BEC 07]的方法中都表达了这样一种观点，即后果主义路径有可能失败，因为对其后果缺乏可靠的了解：

然而，这种理解责任的方式往往带有后果主义的倾向，无法回答创新技术和技术发展过程中的不确定性。负责任研究与创新的关键问题，也是我们运用责任标准的问题，恰恰是为个人行为、社会关系和自然事件之间复杂关系中隐含的不确定性提供答案。[GIA 16，p.36]

然而，如果设想出来的新兴科技后果消失在认识论范围

（nirvana）内，基于责任伦理的考虑将会成为纯粹的猜测，相应地，其结论的后果将是完全武断的。这将证明它无法提供可靠的定向。这种怀疑并不是最近才出现的。贝克曼（Bechmann）[BEC 93]已经指出，责任伦理在某些集群中会失去其主题领域。关于思辨性纳米伦理的争论也是由类似的担忧引发的[KEI 07, NOR 07a, NOR 09]。虽然这个问题在负责任研究与创新研究中已经被反复提及，但是它系统性的后果却鲜有报道。

（2）社会技术意义的创造和归属主要发生在负责任研究与创新辩论的开端甚至更早的一些时候，并且能产生很强大的影响（见图1.1），最强烈的可能是在人们熟悉的自我实现或自我毁灭预言的名义下产生的[MER 48, WAT 85]。诺德曼以及里普（Nordmann/Rip）[NOR 09]反对思辨性纳米伦理的论点之一就是，它可能会引发不必要的、非理性的争论，从而损害纳米技术的发展，分散人们对其他实际问题的注意力。出于这样一种原因，必须从责任的角度来看待这些行动，而不考虑我们对后果了解的不确定性。这也可以通过从行为理论的角度得出的意义归属来加以说明，无论这些归属是通过技术未来的创造和交流来实现的，还是通过定义和表征的方法来实现的：

——它们本身就是行动；技术的未来和定义都不是单独产生的，而是在社会过程中形成的，也有其创作者；

——创作者追求自己的目标和目的：通过技术的未来愿景和定义来实现某些目标；

——在这一过程中，对"为什么一个目标的实现需要特定的意义归属？"这一问题进行了大量的调查分析；

——意义归属所需要的手段：文本、叙事、图表、图像、艺术作品、电影等；

——实施本身构成对现实世界的介入，产生（多少有些深远影响的）后果（第 1.3 节），无论是有意的还是无意的。

由此引发的结果就是，意义的创造和归属可以从责任的角度来解决，就像任何行动一样。这是顺理成章的，因为我们在考虑意义归属的后果。然而，这里的责任对象不是遥远的未来和当前新兴科技发展可能带来的后果，而是关于新兴科技本身的意义交流和理解过程。争论的焦点在于某些意义归属可能产生的后果，以及这对责任归属意味着什么。

因此，除了新兴科技可能或思辨性的后果之外，意义归属及其所涉及的交流行为也应作为负责任研究与创新辩论的对象。在关于愿景评估［GRU 09b］和解释学定向［GRU 14b, GRU 16b］的初步工作中，确实已经暗示了这种扩展，但到目前为止，这只是考虑到我们对结果的认识存在缺陷（上面第一点）。与此相反，如果其他定向的方法不再起作用，那么这里所建议的对负责任研究与创新辩论主题领域的扩展就不能仅仅被视为一种权宜之计。这里是有一条独立的论证线的。

责任——在这一点上我遵循马克斯·韦伯（Max Weber）的观点——从根本上说是结果导向的〔欧文（Owen）等人［OWE 13b, p.35］的观点也提到了责任的预期维度〕。如果一件事是在不考虑后果的情况下做的，因而没有前瞻性的考虑，那么承担其责任，或将其责任归于他人，从概念上讲是没有意义的［STA 13, p.200］（第 2.3 节）。新兴科技的社会技术意义归属也必须从责任的角度进行探讨，因为它们可以自行产生后果①。

但要做到这一点，并实现完整的循环，我们必须理解意义是如何被创造、交流和归属的。我们必须理解这些社会技术意义是什么，以及它们蕴含了哪些关联关系。换句话说，我们需要一种解释学的观点来看待解释学循环中社会技术意义的产生、归属、交流和协商，特别是它的起源（见图 1.1）。在此过程中，我们回到本书开头的第五个观察（第 1.1 节）。

下面的考虑适合于说明这一点。在负责任研究与创新和技术评估的习惯性自我描述中，一再指出，必须尽早认识到新兴科技的机会和风险，并使之成为反思的对象，以便能够利用各种选择来型塑事态发展。这样做的目的是实现积极的期望，并尽量减少或避免消极的预期［OWE 13a］。这些声明假定，某些新兴科技的机会和风险已经很清楚了。但是，这些决策和归属，包括必要的评价，是如何产生的，又依赖于什么呢？根据本书第一个观察（第 1.1 节），社会技术意义的归属在明确这一问题的过程中具有决定性的作用。本书所提议的方法的主要目标是在它们的初始阶段澄清这些过程（见图 1.1），因为决策是在这个阶段作出的，它极大地影响了后来的辩论，而且有时由于出现了路径依赖关系而很难纠正。

关于责任问题的这种扩展并没有使对新兴科技未来后果的看法过时。当务之急仍然是了解当今研究和创新可能产生的长期影响［JON 84］，并根据责任标准［LEN 07］对结果进行反思，因为这并不会成为前面提到的认识论的牺牲品。负责任研究与创新

---

① 一个特别深远的后果不是因为人类的提高，而是因为在此之前的深入讨论被假定为等待人类的条件，即使在技术期望甚至无法实现的情况下［GRU 07a］。

辩论的这一传统模式仍然很重要，但我还提出了另一种模式：将我们的观点引向新兴科学技术的社会环境渊源，这是新技术最初变得具有社会意义的先决条件。这就是新兴科技领域的技术未来及其表征创造社会技术意义的地方。

2.6 ｜结束语

建议将新兴科技领域有关责任辩论的对象进行扩展是技术反思向上游更进一步的移动。争论的焦点通常不是新兴科技开发的早期阶段，而是新技术成为（或被制造为）伦理和社会辩论对象的最初几步：创造和交流社会技术意义。我敢说，这样做，我们已经到达了创新这条溪流的源头，也就是科学技术发明首先与实施创新的思想联系起来的地方（见图 1.1）。

从方法论上看，就是对科学技术进步和发明进行具有社会相关性的意义归属的起点。正是在这些开端中，为进一步交流和协商创造了第一批事实。通过把对未来的协商同技术研发结合起来，技术研发被置于一个有意义的社会框架内，这一框架展现了它自己的活力。这个过程可以自行强化，例如，可以促使为研究提供资金。通过这种方式，它可以对科学的议程和研究过程产生真实并且非常重大的影响。或者，它可以对最初选择的意义框架提出质疑，或者将后者转变为相反的框架，遭到社会的抵制。德国核能的历史就是后一种情况的一个例子［RAD 13］，而 20 世纪末的纳米技术的历史就是前一种情况的一个例子，这导致了受到重金资助的美国国家纳米技术研究中心的建立［NNI 99］。

意义归属是在语言的媒介中发生的，它与技术未来或者定义与表征的形式都无关。非语言工具，如图像、图表、艺术品和电影的确也可以发挥作用。然而，技术的使用及其后果的重构最终必须以语言为媒介。因此，讨论意义产生和归属过程的责任就意味着谈论使用语言工具以及非语言工具的责任：

> 如果未来取决于它被预期的方式，而这预期又被公开，每一个有关未来的决策必须考虑用以描述未来的语言的因果效应，考虑这种语言是如何被公众接收到的，考虑它是如何有助于型塑公众舆论以及如何影响决策者的。[DUP 04, p.11]

因此，负责任研究与创新还必须包含对其自身工具的反思，例如使用语言批评（linguistic criticism）来检查所引入的各种未来愿景和表征的含义。这一挑战使我们可以发现大量应用了解释学的科学，这里的研究需要它们的概念和方法（第9章）。

第 3 章　通过参考技术未来以评估责任

　　为了获得负责任行动的方向，通常会从责任的角度分析评价行动和决策的未来后果。对于新兴科技的未来影响，该模型体现了认识论的极限。尽管如此，这些极限情况和从责任伦理角度评估新兴科技的未来可能性是本章的重点。在此背景下，我将对近年来围绕这一主题展开的辩论进行总结，并将重点放在本书研究的问题上。从某种意义上说，本章为第 2 章提出的在新兴科技领域扩展责任对象的建议提供了基础。

3.1 ｜ 责任评估：引言和概述

　　在过去的 15 年里，关于新兴科技及其对社会的影响的前瞻性交流有了大幅的增长（第 1.3 节）。特别是在纳米技术 ［SEL 08，FIE 10］、人类增强和会聚技术 ［ROC 02，GRU 07a，WOL 08a，COE 09］、合成生物学 ［GRU 14c，GIE 14］和气候工程 ［CRU 06］等领域，都出现了关于责任的争论。所涉及的愿景指的是更遥远的未来，并在技术和文化、人类行为以及个人和社会问题等方面表现出革命性的一面。我们对于有关技术可能如何发展、这种发展可能产生的产品以及使用这些产品的潜在影响等问题，即使有任何知识，也是很少量的。尽管目前缺乏相关知识，但还是对这些有发展前景的技术进行了激烈的辩论。然而，通过对未来进行评估以确定发展方向的习惯性的后果主义方案在这方面达到了极限。第 2 章中提出的扩大责任讨论对象的建议是对这种情况的一种理论应对。现在是时候充实完善这一建议了，将其与以前的讨论联系起来，比如关于愿景评估［GRU 09b，FER 12］和思辨性纳米伦理（speculative nanoethics）［NOR 07a］，还要把它和关于这些未来愿景的解释学分析的初始步骤［GRU 14b，VAN 14b］以及对这些步骤的进一步阐释联系起来。为了实现这一目标，我将根据我们对后果知识的认识论质量和它们所依据的前提来区分不同的后果主义方法（第 3.3 节）。责任在这里不仅指的是对未来后果的责任，就像在负责任研究与创新辩论中通常所认为的那样，而且还指在各自的辩论和责任评估中负责任地利用愿景未来。

　　一方面，这在原则上是正确的，因为预期知识一般在认识论上是不可靠的（第 3.2 节），这是为了使论证能够合理进行而不仅仅是猜测所要面对的主要困难。在前几章讨论过这个问题之后，现在的任务是以更充实和更系统的方式处理预期知识的不可靠性质——以及建立从预期知识中获得方向的模式（第 3.3 节）。

　　另一方面，最值得注意的是前瞻性知识，这些知识尤其有问题，甚至主要是思辨性的，就像典型的新兴科技案例一样。关于未来的前景，往往是有争议的、有分歧的，甚至是相互矛盾的，在新兴科技领域中，积极和消极的看法都可能会引起激烈的争论。在这种情况下，使用关于新兴科技后果进行论证的后果主义方案不再起作用，这对这一领域的政策磋商尤其具有重大影响（第 3.4 节）。在这些行动者集群中，这一点引起了对政策建议的重新思考，以及对未来的作用的不同思考方式。关于使用技术远景未来对意义进行分配的责任问题，在定向过程中起到了重要作用（第 3.5 节）。

3.2 ｜ 简述前瞻性知识的认识论问题

关于未来的知识或对未来的评估，在认识论上不同于关于现在和过去的知识。核实这一知识的可能性的方式也有所不同（第 3.2.1 节）。但是，将关于未来的命题指定为建构物（第 3.2.2 节），就有可能指出一种进行认识论评价的方法。

3.2.1 前瞻性知识在认识论上的不可靠性

前瞻性知识作为对未来研究的结果通常是必须要符合科学标准的，例如，基于模型的能源前景，或者作为复杂的德尔菲过程（Delphi processes）的结果、专家的定性估计的结果，或者是有关未来主题的参与型研讨会的结果。这意味着这些结果可以基于有效的论证。在有疑问的情况下，它们所依据的整个论证链可以变得透明，并接受批判性的审查。确切地说，这区分了科学知识和不可证实的知识，例如所谓的秘密知识（secret knowledge）。然而，确保科学标准和科学知识有效性的通常程序不能适用于前瞻性知识：

——没有利用实验和测量进行经验核查的可能性。关于未来发展或事件的命题不能在现实中或在实验室中通过观察加以证实。时间旅行是不可能的，快进也不是一种可以在实验室中实现未来发展的方法；

——实证验证经常被基于模型模拟的虚拟验证所取代。然而，模拟所基于的模型只能参照过去和现在来验证，而不能参照未来。仿真结果可以作为论证验证的一部分，但由于只能提出假设而不能验证未来模型的有效性，因此受到了根本性的限制；

——从目前的知识体系中对未来知识进行逻辑推断也是失败的。即使已经有了关于社会问题的明确法律，那么将其延伸到未来也从根本上需要进一步的前提（例如关于这一知识在未来的稳定性的假设），而这既不能从经验上也不能从逻辑上来决定其证实情况［GOO 54］；

——相应地，卡尔·波普尔（Karl Popper）［POP 89］意义上的通过努力证伪科学知识来促进科学知识接近真理的科学假设和逼近真理的方法论概念，也不能适用于前瞻性的知识。

因此，在特定意义上，前瞻性知识在认识论上是不确定的。然而，既然我们不能放弃可验证性的标准，如果一个社会不想卷入纯粹的预言当中，就必须有另一个程序来检查有效性和保证质量。面对怀疑，如果有什么事情可以而且应该得到辩护的话，那么前瞻性观点的支持者和反对者之间辩论的对象是什么，就是一个具有决定性意义的问题。

3.2.2 作为社会建构物的未来

我们提出关于未来的命题和预测，模拟时间发展并创造情景，表达期望和恐惧，设定目标并考虑实现这些目标的计划。所有这一切都是在语言的媒介［KAM 73］中发生的，也是在当下发生的。预言家和有远见的作家也不能脱离现在，他们总是根据**目前的**知识和**目前的**评估作出预测。未来的事实或过程既不能从**逻辑上进行推断**［GOO 54］，也不能从**实证上研究**（第3.2.1节）。唯一可以通过经验获取的东西是我们为未来构想的想象图景，而不是在某个时刻会出现的未来本身。基于这个原因，我们可以用复数形式谈论**可能的**未来，谈论想象未来的其他可能性以及我们对未来有所期待的理由。这些总是"**现在的未来（present futures）**"，而不是未来的呈现（future presents）［LUH 90］。因此，如果我们谈论，例如，机器人或未来可能出现的影响深远的人类增强，我们谈论的不是这些发展是否以及如何真正发生，而是我们**今天如何想象它们**——这些想象之间有很大的不同。因此，未来永远是当下的，并随着每一个当下的变化而变化。"因此，未来不是与现在分开的东西，而是每一个现在的特定部分"［GRU 06］①。

技术未来（futures）本身并不存在，也不是自发产生的。无论是预测、情景化、规划、愿景还是思辨性的恐惧或预期，技术未来的设计都使用了一系列的要素，如可用知识、价值判断和假设。技术未来的设计是一种有目的性的行为，其目的是提供定向。未来的**这种建构属性**是未来在新兴科技领域内外形象（images）多样性的根源。对它们进行内容和质量审查是必不可少的。

面对不同的和有争议的各种技术未来，反对者和支持者之间的讨论是辩论和审查技术未来论证质量（argumentative quality）的方法。由于技术未来的社会建构属性，技术未来的论证质量将在很大程度上取决于技术未来建构中的内容。有足够的理由认

---

① 出于这个原因，也可以说"过去的未来"，例如，如果历史学家关心早期的未来预测。

为，不是关于未来的主张是否会成真，而是根据现有的知识和对其**相关性**的现有评估，是否能够**预期**它们的成真［LOR 87］。问题在于，在塑造未来的过程中所使用的元素（ingredients），以及这些元素是以什么方式组合而成的，从而形成了各自关于未来的命题。

就其知识结构而言，技术未来最初是由高度多样化的要素组成的不透明结构。在粗略估算情况下，可以初步对知识和其他组成部分进行以下划分：

——现有知识，根据公认的标准（例如各科学学科的标准）被证明的知识（例如，从纳米技术、工程和经济学领域的关键问题可以看出这一点）；

——未来发展的预估，对不被现有知识所表征但可由现有知识证实的未来发展的预估（例如人口变化和能源需求）；

——价值观和规范性期望，对未来社会、人类与技术之间或社会与自然之间未来关系的价值观和规范性期望等；

——其他条件（比如，所有其他情况相同的条件），其中某些连续性——在某种意义上是照旧或没有破坏性变化——可以假定为未来声明的框架；

——特设性假定，并不被现有知识所支持，但被视为是给定的（例如，德国逐步淘汰核能的未来有效性，或彗星不会对地球造成灾难性影响）；

——乌托邦式的世界，未来的一切都可能不同，对未来世界的思辨性提议，科幻故事和其他想象。

因此，未来的结构是根据现有的知识创造的，但也涉及对相关性、价值判断和利益的评估，而且还可能包括纯粹的猜测。因此，未来的建构特性可以被那些在社会问题、实质价值和特殊利益上代表特定立场的人所利用，以产生与他们的利益相对应的未来愿景，并利用这些愿景在辩论中表明他们的特定立场［BRO 00］。这就产生了这样一个问题：根据科学和论证标准，以比较的方式评估未来的形象，是否以及在多大程度上可以防止对新兴科技未来的篡夺和工具化。

任何人在谈到未来发展时，如果声称它是正确的，并要避免任意性或工具化，就必须提出假定的先决条件，作为对未来有根据的声明的基础。因此，关于有关未来观点的论证质量的问题，就变成了一个关于构成未来声明的知识成分和规范性前提以及方法论整合的论述。因此，关于技术远景未来质量的争论并不是指未来可能发生的事件，而是指根据目前的知识和当前的相关判断所能给出的各个未来的原因。与此同时，这些理由必须经过深思熟虑，并在讨论中加以权衡。

一方面，在天文学、社会问题等许多科学预测中可以找到可靠和非常精确的预测性声明，另一方面，这也是负责任研究与创新在讨论新技术形式时要遵守的规则，但预期性知识往往具有从很高到非常高的不确定性。这些不确定性不能通过使用更好的研究未来的方法来减少，或者只能在有限的程度上减少。它们表达了未来本质上的结局开放性。未来的发展，例如不同形式的新兴科技的使用及其后果，不能根据亨佩尔－奥本海姆预测模型（Hempel-Oppenheim model of prediction）［HEM 65］而从自然规律和当前数据的结合来计算。情况就是这样，因为未来的事态发展取决于要等到未来某个时候才能作出的决策，而且今天也不能预料到这些决策。这种未来的开放性与它的可塑性是同义的，与对历史的确定性理解是相反的模式。根本没有理由抱怨未来的可预测性很差。唯一可以预测的未来是今天已经确定的未来，这是由今天的数据与一些明确的规律性相结合的结果［KNA 78］。可预见性和发展的可塑性是相互排斥的。

然而，如果未来的开放性及其可塑性，对经常提出的可预见性的期望和愿望作了明确和重要的限制，那么就产生了这样一个问题：这对于以相应的方式为当前的决策提供方向意味着什么。在这种情况下，重要的是要强调，获得方向当然不要求未来是可预测的，而是为了便于我们可以利用它们作为一个边界条件，以便在决策理论的理性选择方法中作出"最优"决策。理性定向可以从开放和多样化的未来中获得，例如，情景分析法（scenario approach）（第 3.3.3 节）就表明了这一点。因此，我们必须在现有的和部分非常不确定的预测知识的基础上，区分可靠的预测知识和可靠的定向。这一区分使我们能够根据预见性知识的认识论质量的不同程度来确定获得定向的不同形式，这将是下一节的任务。

3.3 ｜ 新兴科技的责任：定向困境

在现代社会，政治和经济决策主要是以对未来的考虑为导向的［LUH 90］。以当前的问题领域和判断为出发点，我们使用未来研究、预测和辩论来确定当前决策制定的方向［GRU 09b］（见图 3.1；例如在技术评估领域）。关于未来的辩论是现代社会自我理解和治理的重要媒介，而反思未来和研究未来是为社会和决策者提供方向的重要手段。

新技术的后果和影响：预测、情景、期望、恐惧、愿景等。

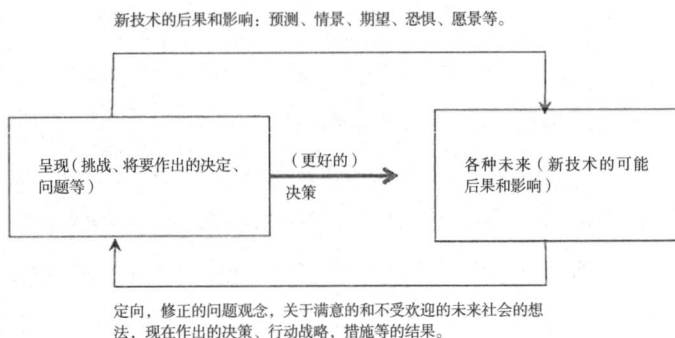

图 3.1　技术评估的后果主义范式（来自［GRU 12b］）

在责任领域尤其如此。如第 2 章所示，行动和决策的未来后果和影响取决于新兴科技领域中的责任反思。为了使 EEE 方法（第 2.3 节）发挥作用，必须对正在审议的案例进行涵盖所有三个层面的责任评估。为了评估责任，需要在后果主义类型的推理中预先了解行动的推定后果。这必须包括新技术的"正果"［VON 12］以及未能够预期到的副作用［GRU 09a］，以及其他影响，例如需要满足的资源或边界条件，以便建立有希望的创新途径。

新兴科技领域许多未来展望呈现了相当大程度的多样性（如果不是分歧的话），这从表面上看是对进行理想定向的威胁。在出现分歧的情况下，人们对我们是否能够通过提供责任评估在决策过程中从这些分歧中学到东西产生了严重怀疑。如果这些说法差异如此之大，以至于我们怀疑它们具有很强的随意性，那么就不再满足明确定向的可能性条件。众所周知，不可能从相互矛盾或任意的前提下得出可靠的结论。即使是结合了大量学习机会的反思性治理过程［VOS 06］，也不能理解这种极端的集群。

未来的开放性和与之相关的预测性知识的不确定性（第 3.2

节）并不一定会妨碍得出结论以指导我们的行动。目前可信的结论也可以从不确定的或无限期的未来中得出，尤其是使用情景分析法。特别具有决定性的是，有关预测知识不能是完全任意的，否则如果只有完全任意的知识的话，那么从理性的角度来看，就有可能得出毫无价值的结论。定向的两难处境（第3.4节）在各种各样以及不同的未来情况下，定向的需求似乎特别高。然而，未来的多样性和差异性同时阻碍了从各种"未来"中得出可以用来定向的结论。

本章更深入地研究了为具有技术前景的科学领域和新兴科技［GRU 13a］（第3.3.1节）领域提供政策建议所面临的挑战，然后指出定向困境（第3.3.2节）。

3.3.1 为新兴科技领域提供定向的挑战

技术远景涉及具有技术前景的科学的可能未来及其对社会的影响，而在技术开发的早期阶段，对未来后果的了解甚微。根据控制困境［COL 80］，要型塑技术，即便可能，也是极其困难的。缺乏知识可能导致仅仅是基于思辨性的争论，并伴随任意地交流和结论［NOR 07a］。

任意性问题（The arbitrariness problem）

对未来愿景具有深远影响的一个基本问题是，除了合理和可靠的知识外，不可避免地涉及大量的材料。在许多情况下，由于缺乏知识，对未来或其某些方面的全部概念都是简单地被假定的。巨大的不确定性进入了这一领域——这些不确定性是逐渐地、不知不觉地转变的，首先是可能的，然后是似是而非的，最后是可能的发展路径："当假设被假定的实际取代时，想象的未来就取代了现在。"［NOR 09, p.273］事实上，在新兴科技领域，在第二或第三级条件下运作并不罕见，即假定某些后果可能是由于使用有前景的创新而产生的，而这种创新本身只有在各自的技术发展朝着设想的方向行进并将导致预期的成功时才有可能成为现实。显然，这种层次的条件命题（conditional statements）具有不明确的认识论地位，其结果只是以一种思辨性的方式确定了负责任研究与创新辩论的对象。

例如，请考虑杜普伊（Dupuy）/格林鲍姆（Grinbaum）[DUP 04]和罗科（Roco）/班布里奇（Bainbridge）[ROC 02]对会聚技术的不同看法。会聚技术的未来愿景显示出可想象的最大程度的方向迷失，并在天堂和灾难的预期之间摇摆不定。如果不能从认识论的角度来评估和审视不同的未来，未来发展的任意性将摧毁任何在后果主义范式中获得方向的希望。这是对思辨性纳米伦理进行批评的主要关注点[NOR 07a, GRU 10a]。这种任意性问题构成了严峻的挑战，令人怀疑这种努力能否成功。

矛盾心理问题（The ambivalence problem）

愿景是科学和技术交流的一个既定部分（也许在某些方面是必要的）。一般而言，它们的目的是在公众当中以及在科学领域内创造吸引力和积极性，提高公众对具体研究领域的认识，帮助激励青年人选择科学和技术作为教育领域和职业，并帮助在政治制度和社会中获得公共资金资助的机会。

然而，用来实现这些目标的具体愿景往往表现出高度的矛盾心理[GRU 07a]。承诺通过引入新技术来实现革命性的变革，不仅会带来吸引力和动力，还会带来担忧、恐惧或反对。随着时间的推移，可能会有赢家和输家，可能会出现意想不到的甚至可能是负面的后果，而且在任何情况下，都存在很大程度的不确定性。革命性前景不会自动导致积极的联想，但可能会引起消极的反应。因此，使用未来主义愿景可能会导致强烈的反对和拒绝，而不是迷恋和接受。

例如，这种矛盾心理在"新文艺复兴（New Renaissance）"［ROC 02］的愿景中就表露无遗。在那里，新文艺复兴的曙光——作为科学和技术进步的戏剧性结果——被视为一个积极的乌托邦，在这个乌托邦中，莱昂纳多·达·芬奇（Leonardo da Vinci）被视为现代人的典范。新文艺复兴被宣称为这样一个时代，在这个时代里人类的问题将通过克服科学和社会的分裂并在所有层面上会聚而得到解决。但是，对新文艺复兴的宣称也可以用完全不同的方式来解读。虽然它的原型，即 16 世纪的文艺复兴，实际上是莱昂纳多的时代，但它也是一个肆无忌惮的暴力时期（人们记得的是在米开朗琪罗对西斯廷教堂最后审判的令人敬畏的描绘中，罗马人找到了它的艺术表达）、农民战争、排除异己的宗教战争、财富的暴力再分配和动乱。今天人们认为文艺复兴是一个理性的光明时代，这本身就是欧洲启蒙运动的建构物——到目前为止，莱昂纳多同时代的绝大多数人对文艺复兴的体验是完全不同的［GRU 07a，GRU 12b］。

这种矛盾心理背后有一个系统性原因，这与不确定性问题有关。影响深远、高度积极的期望往往很容易转变为黑暗的、反乌托邦的场景："巨大的变革潜力伴随着巨大的焦虑。"［NOR 04，p.4］比尔·乔伊（Bill Joy）［JOY 00］提供了一个著名的例子，说明积极的期望会转变为对邪恶的恐惧。在他对未来的预测中，自我复制的纳米机器人不再是一种强烈的积极愿景——有助于解决人类最严重的问题［DRE 86］，而是被解释为一场噩梦，导致人类完全失去对技术的控制（见施密特等［SCH 06］，第 5.4 节）。同样的技术基础——分子组装器、纳米机械和纳米机器人被嵌入到救赎和世界毁灭之间完全不同的未来预测中。归属新兴科技社会意义的未来主义愿景并非由技术理念决定。相反，社会期望或恐惧、价值观、关于人类未来的哲学或伦理观念等正在进入这场博弈中，并对正在进行的负责任研究与创新辩论产生重大影响——这正是提出扩大责任对象并在负责任研究与创新辩论中明确考虑意义归属过程本身的影响的原因（第 2 章）。

透明度的缺乏（Lack of transparency）

愿景未来往往是由科学家和科学管理者创造的，他们同时也是利益相关者。鉴于技术远景对新技术在社会和政治中的认知方式具有相当大的影响，而且它们也是技术治理的重要组成部分（第 1.2 节），所以它们应该接受民主讨论和协商。然而，严重缺乏透明度和未来主义愿景的认识论地位不明确，是透明民主辩论的障碍。未来的建构性特征可以被那些在社会问题、实质价值和特定利益上代表特定立场的人所利用，从而产生反映他们利益的未来愿景，并可以用来在辩论中维护他们的特定立场［BRO 00］。

在公开辩论中传达的愿景的不透明性阻碍了公开的民主协商〔这也适用于情景分析，比如关于能源领域的情景，见德国科学与工程学院（ACATECH）著作［ACA 16］〕。科学家、科学管理者或科学作家（scientific writer）提出的技术未来可以通过确定他们的参照系来主导社会辩论。在这种情况下，愿景式的科技未来可能危及舆论形成和民主决策，从而可能构成一种隐藏的专制统治的新形式。在民主协商规范理论的背景下，提高民主协商的透明度是十分必要的。

3.3.2 定向困境

科学和技术进步导致人类行动选择的增加。任何曾经人类无法介入的事物，任何被视为不可撼动的自然或命运而必须被接受的事物，现在都成了技术操纵或设计的对象。这增加了人类生存条件的偶然性，扩大了人类选择的范围，从而减少了人类对自然和人类自身传统的依赖［GRU 07a］。正是行动选择的增加，包括大多数新选择的矛盾心理［GRU 09b］，导致定向需求的大幅提升。

在应对不断增加的偶然性的语境下，可以认为新兴科技领域的愿景和远见交流服务于不同的功能［GRU 07a］：

（1）催化作用（Catalyst function）：关于可能的、预期的或担心的未来的交流本身就是增加偶然性的催化剂和起搏器。由于全社会都在讨论改进的未来技术可能性，以前毫无疑问的确定性（例如，健康人眼的机能或能力及其局限性）已经消失。独立于这些可能性能否实现和何时实现的问题之外，通过对未来本身的愿景交流，可以看到可能的选项及其备选方案。传统的确定性被消除，并且在没有建立技术先决条件的情况下创造了新的选择场合。最近关于人类增强的辩论可以看作是技术远景交流促进作用的杰出表现（第7章）；

（2）指示功能（Indicator function）：新兴科技辩论中技术远景交流的出现和强化，表明传统的确定性正在被侵蚀。这种交流包括迄今所承认的确定性的解体和瓦解以及新问题的出现，例如能否以及如何从经验上观察到人体和心灵的自然性或可塑性。技术远景交流是一种增加偶然性的指示，因此，可以进行实证研究，以便更深入地了解各个观点在社会上的交流情况以及改变人们态度的方式；

（3）定向功能（Orientation function）：关于未来的交流，包括技术远景，也可被视为根据新的选择和相应的不确定性，尝试重新定位，是现代社会寻求定向的标准模式。如果我们要成功地确定决策的方向，就计划中的、可取的或有待预防的未来情景达成社会共识，那么就可以建设性地把握偶然性增加的情况。然而，这是对愿景未来交流作用的规范性期望［LUH 90］（第3.4节）。

显然，这三个功能是完全不同的。催化和指示功能在原则上是可以通过经验观察到的，可以通过社会科学的方法进行经验研究。然而，定向功能是现代社会理论提供的一种规范性期望［BEC 92，LUH 90］。就未来可能的情景进行辩论是否真的有可能重新确定方向似乎不是不言而喻的，因为现代社会在规范方面的多元性将直接影响对未来事态发展的判断，并妨碍达成简单的共识［BRO 00］。众所周知的社会冲突也将进入有关未来的考虑和评估领域，特别是在对新兴科技未来后果具有高度思辨性认识的情况下。更糟糕的是，新兴科技的开发和争论试图通过技术前瞻性的交流来实现定向，这很容易导致新的定向问题，而不是提供解决方案（参见Grunwald［GRU 07a］关于人类增强的案例）。因此，上述未来交流的规范性功能可能有沦为一厢情愿的危险。如果一个消极的技术观点与一个积极的技术观点相对立，那么不确定性和混乱可能会增加，而不是减少。因此，定位困境可以用以下方式表述：试图通过技术远景未来提供定向，反而可能会增加定向的障碍。

这个间接的结果是致命的，因为它似乎没有机会重新定位：因为增加的偶然性使得依赖传统价值观不再可能；因为上述的矛盾心理，使得通过技术远景交流的方式定位也是不可能的。在本章的其余部分中，我们将尝试补救这一致命的情况——从一个不同的角度重新考虑有关新兴科技论辩中的愿景的作用［GRU 07a］，并基于不同的可能性图景对各种未来进行评估从而提取方向。

3.4 ｜ 三种定向模式

下文给出的［GRU 13c］从未来评估中得出的三种不同定向图景扩展了当前主要关注预测（forecasts）和预见（foresights）之间差异的图景。可以看出，通过考虑与各个新兴科技的意义维度相关的解释学定向模式而不是与新兴科技发展（第3.5节）的未来后果相关的熟悉的后果主义模式，可以克服定向困境（第3.3节）。

3.4.1 预测（prediction）和预言（prognostication）：定向模式1

关于未来的定向问题，在过去和现在常常被认为仅仅通过对未来发展的想象就能够创造出可靠的预测，从而大大减少未来的开放性。然后，这些预测将指导尚未作出的决策，例如关于区域发展或扩大基础设施的决策，以便使这些预测能够理想地符合所预测的未来。在遵循理性选择范式的决策过程中，可以使用简单的输入数据来寻找"好的""正确的"甚至是"最优的"决策，从而作出预测。

预测性的未来以不同程度的精确度预言了未来的某一种具体发展。如果我们使用在未来研究领域中经常使用的未来锥（future cones）的比喻，那么预测就应该有一个尽可能小的张角（图 3.2），最好是零度。

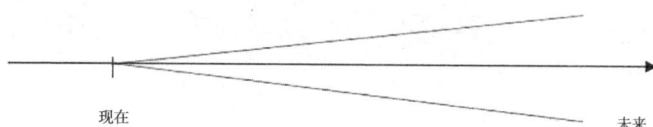

图 3.2　张角越小的未来圆锥体，越接近预测理想

研究和经验清楚地表明，不能对复杂的社会问题作出准确的预测——这一判断不仅基于经验证据［SLA 95］，而且还基于理论考虑，在此不再重复。在新兴科技领域中，任何关于它们的开发、使用和处理的未来结果的预测显然都是荒谬的，因为它们具有使能特性（第 1.3 节）。新兴科技的未来后果将在很大程度上取决于尚未发生的事态发展和未来将要作出的决策，而这些发展和决策本身是无法预测的，因为缺乏作为演绎推理基础的规律（regularities）和法律［HEM 65］。

人们希望通过更多的研究来克服上述问题，对此持怀疑态度的一种理论论证源于一种著名的认识论观点。关于社会未来的交流是对未来发展的一种介入并改变了它为之创造的目标集群。从沉思的观察者的角度思考未来是不可能的；关于未来的知识的生产者是他们建构的未来系统的一部分。在这里，"自我实现"和"自我毁灭预言"这两个熟悉的问题结合在一起［MER 48，WAT 85］。

模式 1 的定位通常在自然科学领域很有效，例如天文学以及

（并不总是如此）天气预报领域。然而，在社会问题上，由于缺乏与自然规律相对照的社会规律，以及上述的介入问题，因此这里的情况在认识论层面上与自然科学集群的情况有很大的不同。因此，预测定向几乎不适用于技术评估［GRU 09a］和负责任研究与创新。尽管它不适用于我们对新兴科技的考虑，但它在这里被简要介绍的原因是为了获得全面图景（参见 Grunwald［GRU 13c］更详细的分析）。

3.4.2 情景和多样性的价值：定向模式 2

从未来评估中得出的定向模式 2 必须应对未来愿景愈加多样化的情况。这在未来研究领域已经取得了成功，区分了预测和预见［RES 98, BEL 97, SLA 05］。虽然预测与上述模式 1 的方法相对应，但进行预见的目的是提供更广泛和更具探索性的未来观点，承认其必要的多样性和开放性。通常，预见最终会出现在一组情景中，例如能源系统、区域发展或经济部门未来可能的发展。回到这个比喻中，各个未来圆锥体的张角，可能要大得多，但也不能太大。假设情景方法的定向性价值排除了一大组不可信的可能未来，并将进一步地考虑限制在保留可信的未来的空间中。通常，这个空间被定义为"最坏"和"最佳"场景之间的区域（见图 3.3）。

从不同的未来愿景得出的结论往往是以强力的行动战略形式给出的，即在所考虑的所有看似合理的未来中都有应用前景的战略［BIS 06, LIN 03］。例如，如果促进可持续发展的行动战略是针对一系列不同的未来制定的，并对每一种未来都产生了积极的可持续性影响，这将有助于确定可持续治理方面的有力行动［VOS 06］。因此，尽管未来有一定的多样性，情景方法仍然可以为行动提供知识。通过应用情景方法，有必要就价值观和优先事项形成意见和作出决定，这为建设性地利用未来的多样性进行民主辩论和避免未来最终陷入技术统治主义提供了可能性。

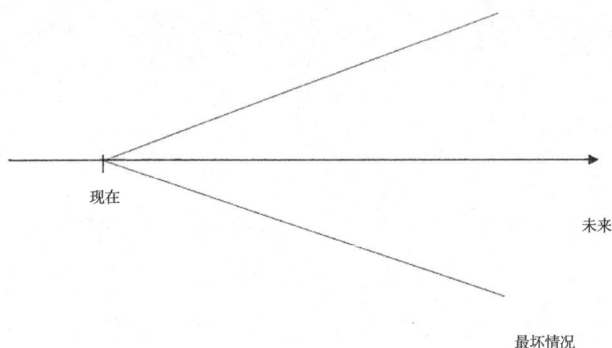

图 3.3　最坏情况和最优情况之间具有中等张角的未来锥

　　能源未来领域提供了一个例证。在能源未来和相关排放情景领域，我们可以发现不同程度的多样性［KEL 11b］。几十年来，人们一直在讨论不相容和不一致的能源未来，却没有确切了解哪些未来在多大程度上得到了知识的支持，在哪些领域存在共识，以及在哪些领域，对边界条件和社会发展的假设很差或根本没有得到核实。能源未来的多样性是显著的：我们谈论的不是用误差线之类的东西来说明它们之间的差异，而是能够影响到 2050 年预期总能源需求及其在不同能源载体之间预期分布的两到四个因素的偏差［GRU 11c］。即使在这种涉及不同未来的情况下，情景分析法也会提供一些引导行动的方向。但是，为了避免过度解释和由此产生的谬误，需要谨慎行事［DIE 14］。

　　当然，在情景分析法中使用不同未来进行定向是有前提的。

要实现模式 2 定向的前提是，所考虑的未来集合的多样性在某种意义上是有限的（见图 3.3）。必须要有可能确定一个对未来发展作出合理假设的通道（corridor）：在该通道内，若干未来发展被认为是合理的，但是通道外的领域可能由于可论证的理由而被排除在进一步审议之外。例如，在能源情景领域，存在高度的多样性但并非是任意的，因为极端情景变得难以置信。正是这种依赖于貌似合理的未来路径的先决条件限制了模式 2 方法的适用性，并提供了超越这一先决条件的动力，因为这一先决条件在大多数新兴科技领域都没有实现。

3.4.3 分歧的价值：定向模式 3

但是，如果所设想的未来发展没有得到充分论证的通道，或者拟议的通道受到强烈的质疑，那么我们又能做些什么呢？打个比方，各个未来圆锥体的张角非常大，可能接近 180°，则必须考虑整个未来空间（见图 3.4）。然而，这意味着未来知识的任意性。这样一来，模式 1 和模式 2 的定向都不会奏效，因为逻辑法

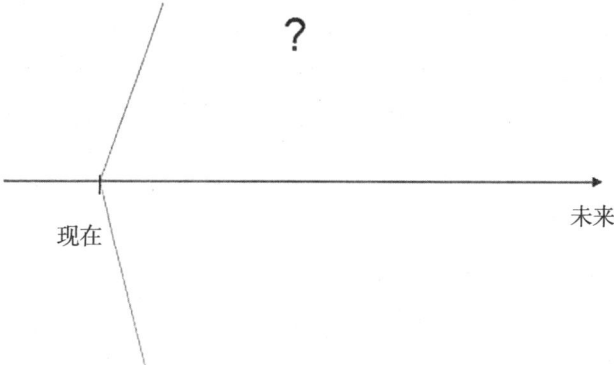

图 3.4　在缺乏可靠未来知识的情况下，具有大张角的未来锥

则是这样的：矛盾的或任意的输入都不会产生合理的输出。

即使在这种看似灾难性的情况下，通过分析未来以建立定向也是可能的。然而，对应的模式 3 描述了一种与我们通常从未来研究中所期望的以及由模式 1 和模式 2 所表达的 [GRU 13c] 完全不同的定向机制。这种模式能提供的唯一方向是一个基本上开放的未来的语义学和解释学结构，以便为准备制定决策提供基于充分信息和反思性的辩论。模式 3 的定向只能被理解为通过负责任研究与创新辩论的解释学自我启蒙来改善公开、透明、民主协商与谈判的条件。

要追溯这种模式 3 定向的可能性，就必须考虑各种未来之间产生分歧的根源。未来研究、叙事和反思都被困在"当下的内在（immanence of the present）"[GRU 06] 中。对未来的展望是人、团体和组织分别在确定的时间点 [SEL 08] 创造和设计出的社会建构物，其产生于特定过程中的各种成分的组合（第 3.2 节）。对未来愿景的分歧是由在其产生过程中对有争议的、不同的知识基础和有争议的价值观的不同考虑造成的：未来的差异反映了当代立场的不同、态度的多样性和当前的道德多元性。因此，揭示这些不同的未来来源，可以告诉我们一些关于我们自己和当今社会的事情。模式 3 的定向意味着视角的转变：这些未来的故事不再被视为对遥远未来的考虑以及尝试从中提炼出方向，而是被作为当下的"社会文本（social texts）"，其中包括了目前负责任研究与创新辩论中潜在的重要内容。

这一视角的改变提供了一种选择，以证实第 2 章中关于扩大责任对象的假设。带着这样的一个想法，即新兴科技的意义归属问题，除了其他机制以外，已经通过将新技术与愿景未来联系起来的方式解决了，而且对这些愿景未来的当代意义的追问也已经说明：通过对新兴科技领域中技术远景产生、交流和协商背后的责任挑战问题的应对（addressing），证明技术远景未来的解释学评估同样适用于有关负责任研究与创新的辩论[①]。

3.5 │ 技术远景未来的解释学方法

如果传统的后果主义路径对新兴科技不起作用，那么我们必须问，还有哪些方法可以提供定向以及如何提供。这种定向是必要的并且已经建立了（established）（第1.2节），但可能性不是必然性的逻辑结果。对具有技术前景的科学的后果和影响的考虑越多，它们就越难成为具体（政治）行动和决策的直接定向。相反，概念性的，先于伦理学（pre-ethical）的，启发式的和解释学问题则具有更大的意义。首要问题是澄清思辨性发展（speculative developments）的意义：问题是什么；哪些权利可能会受到损害；人类、自然和技术形成了什么形象以及它们如何变化；涉及哪些人类学问题；未来投射中隐含着哪些社会设计。一旦放弃任何对预期的主张，剩下的就有机会看到关于新兴科技和其他科学或技术领域生动并有争议的辩论，不是作为对未来的预期、预言或准预测性谈话，而是作为我们现在的表达。研究的主题不是对今后几十年所持有的观点有什么样不同的辩护，而是现在正在进行的这些辩论对我们当前事实的揭示。

对这种情况的回应包括对愿景评估的建议［FER 12］，对

---

① 这又清楚地表明，远景评估方法［GRU 09b，FER 12］是我提出的解释学评估建议的先导。

思辨性纳米伦理的批判［NOR 07a］，探索性哲学的大纲［GRU 10a］，以及各种关于新兴技术评估的分析性话语或解释学方法的零散的参考文献［VAN 14b, TOR 13］。这些方法的共同之处在于放弃了后果主义的观点和对可能的后果的知识主张，其中这种主张只包括对未来的认识论上无法分类的思辨性期望，或者其合理性仍然不稳定的愿景和焦虑。以下一系列问题展现了对解释学方法的期望［GRU 14b］：

——当前科学和技术的发展对人类与技术、人类与自然之间的关系意味着什么，它们如何改变或转变这些关系，以及在伦理、文化和社会方面"关系到什么"？如何提出社会问题和适当的解决办法，以及这些问题是如何影响技术问题的形成的？

——哲学、伦理、社会、文化等方面的意义是如何被归属于技术—科学发展的？（愿景式的）技术未来在这种情况下扮演什么样的角色？

——意义归属是如何被交流和讨论的？他们在我们这个时代的重大技术辩论中扮演什么角色？使用何种形式的交流和语言资源？原因何在？哪些语言以外的资源（如电影和艺术品）在这一背景下发挥了作用？它们的使用揭示了什么？

——为什么以我们的方式及相应的意义归属而不是以其他方式将技术科学的发展主题化？这是假定新兴科技辩论的解释学分析具有时间诊断性（time-diagnostic）功能的地方，并且可以促进"在"现在和"对"现在的自我理解；

——反映技术发展的传统方式（预测和情景法）的解释学意义是什么？解释学上的重要集群是如何被隐藏在技术趋势、时间线、路线图和图表背后的？

——关于技术未来的讨论是如何承认人类是历史性存在的？当未来被呈现为一个技术或政治设计的对象，或者作为偶然发生的事情，并且总是不能尽我们最大的努力来承担历史责任和创造一个更美好的世界时，对于未来，我们给出了什么概念？

——当一个人采用解释学的方法并且发现关于技术的讨论总是只有当前的意义视野时，存在的观念指的是什么的问题就变得突出。如果现在不仅仅是一个时间点，而是拥有我们目前给定的世界的时间延伸，那么与未来世界和替代世界相比，这个偶然的、持久的、也许是不可持续的世界又是怎样的呢？解释学方法是否能够区分现在世界在以后可能出现的情况和可能塑造未来世界的事件？

多少带有思辨性的愿景的解释学不仅应该解决有关文化影响的愿景交流的认知问题，而且还要考虑到愿景交流的规范性问题。在规范方面，这将意味着道德分析的准备工作。在文化问题方面，解释学分析可以通过揭示潜在的文化元素，更好地理解愿景的起源和根据。这种分析的一个例子可以在 DEEPEN[①] 项目 [DAV 09，MAC 10，VON 10] 中找到。其中一项发现是，诸如"打开潘多拉盒子"和"小心你所想要的"等文化叙事也构成了许多有远见的公众辩论和关注的语境。

对这些问题的思考显然不是针对直接的政策行动，更多的是关于理解利害攸关问题并在新兴科技辩论中进行讨论。通过这种

---

① DEEPEN 为欧盟设立的大型研究项目（2014.01-2016.12），全称为"From atom-to-Device Explicit simulation Environment for Photonics and Electronics Nanostructures"。旨在针对未来纳米级电子和光子器件的常见问题，开发出一个集成的开放源码的多尺度仿真环境。

方式，基于哲学和社会科学方法（如话语分析）的解释学反思可以为应用伦理和技术评估所提供的预期治理［GUS 14b］奠定基础。最终，这可以通过研究人类和社会未来（无论是否有不同的技术远景发展）的可替代方案，以促进关于科学和技术进步的民主辩论。

本书介绍了几个已经启动解释学分析的案例研究，有一部分在原始出版物中没有这样指出这一点。因此，对纳米技术（第5章）、自主机器人（第6章）和增强技术（第7章）的反思是由解释学方法概念驱动的重新解释。同样，重新解释并不构成完整的解释学分析，而只是用来阐释和说明概念的初始步骤。

第4章 作为意义建构物的新兴科技定义和表征

围绕所有新兴科技发展的定义和表征，已经并将继续进行激烈的辩论。它们与意义归属相关，这一点并不令人吃惊。但是，更加令人诧异的是，这些争论至今都未得到系统的研究。本章将作为追问定义、表征、意义和责任之间联系的一个开端。

4.1 │ 动机和出发点

新兴科技是如何被定义和表征的，其中包含的行动者都有谁以及行动者的动机和立场是什么，其定义和表征是如何影响负责任研究与创新辩论和公众感知的，通过定义与表征与新兴科技领域相联系的意义可能会随着时间而改变等议题还没有被仔细考察过。然而，我们已经目睹了发生在关于纳米技术定义方面［SCH 06］，关于理解合成生物学与生物技术领域关系方面［PAD 14］，关于"自主技术"领域中自主性的意义和定义以及如何理解人类增强方面［GRU 12b，第9章］广泛而复杂的讨论。因此，深入研究这些问题以及与新兴科技发展的意义相关的问题似乎是值得的。

尽管到目前为止，表征和定义都是一起提及的，但经过更仔细地审查，明显的区别就会呈现出来。定义具有一定的精确性，在某种程度上，对科学家和科学管理人员来说是更具技术性的任务，例如使资助机构能够对研究项目的应用程序进行适当分类。然而，即使是定义也在某些方面包含着意义，看一看新兴科技领域中的几个示例就会明白。纳米技术或合成生物学的定义一直是真正具有争议性论证的对象［SCH 06］，尤其是因为定义对于确定什么是新兴科技领域的新成果具有决定性作用。这对新兴科技辩论来说似乎构成了开创性的一步，因为它同时也影响了责任伦理这个新领域。

表征可以看作对定义的注释，对新兴科技属性的描述。这些描述不受适用于定义的高精确度标准的限制，但在解释定义的含义和隐含意义方面起着决定性的作用。表征和定义常常与特定的社会认知紧密联系在一起。因此在明确的定义和叙述性的表征之间有一个连续统一体（continuum）。在定义中，科学和技术方面处于最重要的位置，而在表征中意义的社会归属更重要。例如，在纳米技术的表征中，关键点不在于纳米技术是什么或者它与其他研究领域有什么不同，而在于它对未来的人类和社会意味着什么——或能够或可能意味着什么（第5章）。

在本章中，我将首先通过对新兴科技发展的一些观察提出对新兴科技的评估（第4.2节）（部分是对接下来章节中案例研究的简短预告）。接下来是对行动理论驱动的定义的反思（第4.3节）：他们要实现什么目标以及要实现他们的目标需要什么样的方法？在此基础上，我将尝试在意义维度上对新兴科技领域的定义及其与责任相关的议题提出一些看法（第 4.4 节）。

4.2 ｜ 从新兴科技辩论中得到的一些看法

现在，我想给出一些关于定义和表征在新兴科技领域的作用的说明性证据：简要介绍纳米技术（第 4.2.1 节）和增强技术（第 4.2.3 节），作为第 5 章和第 7 章深入案例研究的准备以及关于合成生物学的更详细的观点（第 4.2.2 节）。

4.2.1 纳米技术

关于纳米技术的辩论可以看作是新兴科技讨论的原型［FIE 10, ZÜL 11, GRU 14a］，这些争论花费了大量的精力来提供一个适当的定义（第 5 章）。大多数定义是指在纳米尺度上看到的功能和属性的新颖性［SCH 06］。一个有影响力的例子如下：

纳米技术是在大约 1 到 100 纳米的尺度上理解和控制物质，在那里独特的现象使新的应用成为可能。纳米技术包括纳米尺度的科学、工程和技术，涉及成像、测量、建模和在这个长度尺度上操纵物质。［……］在纳米尺度上，材料的物理、化学和生物特性与单个原子、分子或大块物质的特性在基本和有价值的方面存在差异。纳米技术研发旨在理解和创造利用这些新特性的改进材料、设备和系统。［NNI 99］

这个定义指的是数量级（纳米）和科学技术获取（即理解和控制），强调的是新事物（如新应用），解释的是科学上不寻常的事物（如在基本方面有所不同等），并以积极的方式（改进）指出应用领域。从这个角度来看，这种方法包括了试图创造一个定义（例如在大约 1—100nm 的维度上的物质）和一个实质性的表征以及对新颖之处和应用领域的引用。这样的定义和表征到底意味着什么，已经成为多年来热议的话题，最初在专家之间讨论，后来也超出了这个群体［SCH 06］。

激烈的辩论和缺乏共识导致了一种把纳米技术作为特定的社会政治建构物的完全不同的观点［NOR 07b］：

可以说，根据科学哲学家布鲁诺·拉图尔（Bruno Latour）的观点，纳米技术相当于一个由分子、探针显微镜、（前）化学家、梦想家、（紧张的）投资者，甚至伦理学家和科学哲学家组成的有效联盟。［NOR 07b, p.216］

与所有在科学或技术意义上定义纳米技术的尝试大为不同的是（第 5.2 节），这种说法将纳米技术观念与公众的认知，纳米技术科学家的自我理解，纳米技术所创造的许多形象［LÖS 06］以及纳米技术可以跨越许多界限的事实联系起来［KUR 10］。这种方法的目的不是要从技术意义上定义纳米技术，而是要从更广泛的视角理解纳米技术在行动者的眼中意味着什么，这个概念是如何构建的，以及它所包含的意义是什么（第 5 章的深度讨论）。

在这个表征层次上，可以观察到随着时间的推移，意义所发生的变化。这与定义关系不大，但与前瞻性叙事（prospective narratives）所传递的意义密切相关。在公开辩论开始时，大约在 20 世纪 90 年代初，纳米技术被认为是一种全新的、有前景的、与现有技术完全不同的东西的同义词，但自 2006 年以来，已经出现了一种去未来化（defuturization）[LÖS 10]。纳米技术被越来越多地视为材料科学研究的一种先进形式，因此也被重新解释为基本属于常规技术研究范畴[GRU 10b]的技术。表征也随之发生了变化，从而，其社会意义也发生了变化。从那时起，社会意义就在很大程度上局限于毒性问题和纳米材料所带来的风险评估，换句话说，这与新化学品的处理非常相似，而最初占主导地位的乌托邦幻想式辩论实际上已经消失。

4.2.2 合成生物学

另一个例子是合成生物学，它是自然科学和工程技术科学之间新建立的接口。这是在纳米尺度上通过技术使科学会聚的结果[ROC 02]。合成生物学在科学哲学中多次被称为技术科学（technoscience）的完美范例[LAT 87]。它打破了（以知识为导向的）自然科学和（以应用为导向的）技术性科学之间的传统边界，把自然科学的基础研究从一开始就放在开发和应用的语境中。

在2004年至2006年期间，合成生物学引起了负责任研究与创新领域的广泛辩论，特别是在一次讨论关于合成生物学家责任宣言的国际会议之后[MAU 06]。人们对合成生物学的定义提出了各种各样的建议[DEV 06, p.13ff.]，尽管有些细微差别，但所有这些建议都指向同一个方向：

[……]对自然界中不存在的生物成分和系统进行工程设计，对现有生物元素进行重新设计；它是由人工生物系统的设计决定的，而不是由对自然生物学的理解决定的。[SYN 05, p.3]
生物部件、装置和系统的设计和构造，以及为有用的目的而

重新设计现有的自然生物系统。[LBN 06]

人工基因和完整生物系统的设计和合成，以及现有生物的改造，目的在于获得有用的功能。[COG 06]

这一定义的一个典型特征是转向人工生命形式，无论它们是新构建的还是通过对现有生命的重新设计而产生的，每一种生命都与一种特定用途的期望相关联：有意设计的生命。生命系统是在他们的技术功能的语境中被检验的，细胞也被解释为由部件组成的机器。因此，"生命的模块化"得以施行，识别和标准化生命过程的各个组成部分的尝试也开始进行。按照机械和电气工程的传统，部件是按照建筑平面图组合在一起的，以获得一个有用的和活的（living）整体。一些科学家认为，将有可能设计出类似于芯片、晶体管和电子电路设计方式的生物元件和复杂的生物系统 [DEV 06, p.18]。从这个角度来看，合成生物学在认识论上属于对包括生命和技术介入在内的世界的技术化观念（a technical view of the world）。因此，上面给出的定义以及其他的定义都描述了生物学的一种具有深远意义的重新解释。

虽然可以认为，合成生物学无非是还原论方法的合理延展，生物学在 20 世纪下半叶的优势地位，工程语言的使用，像设计电路式的创造标准化的细胞和组件的实践方法都揭示了范式的转变。生物学不再被认为是"工作中的自然"，而是成为一门工程学科。[DEV 06, p.26]

这种重新解释也使我们对生命的理解有了新的认识。像"工程生命"这样的新词（一个相应的负责任研究与创新项目的名字［ALB 13］），表达了对生命的一种新的理解，这种理解可以通过技术来实现。这显然会引起由历史和文化所塑造的生命观念的意义的深刻转变（第 7 章）［GRU 12b］。

对合成生物学意义的研究涉及人与自然、人的自我形象（self-image）和人的生命观之间的关系。合成生物学的愿景之一是能够在技术上根据人类的意图、目的来设计和构建生命［PAD 14］。虽然这一目标得到了广泛认同，但人们对这意味着什么却有不同的理解，两种宏大的叙事试图全面地理解合成生物学的意义［GRU 16a］：

（1）人类以自然为模型，并选择遵循这一模型的技术，从而期待技术、人与自然的联姻［BLO 34］；

（2）基于培根主义观点，认为人类能够完全掌控自然［SCH 93a］。

以自然为模型，就是通过向自然学习来解决技术问题［VON 07］。该领域的专业人士认为这种仿生的方法将使我们有可能实现一种比传统技术更自然或更适应自然的技术。可以实现的预期性能的例子包括适应自然周期、低风险水平、容错和环境兼容性。

在这种预期的基础上，支持者们提到了自然生命系统的问题解决特性，例如在进化过程中可变边界条件下根据多种标准进行优化，以及对现有的或闭合的物质循环的利用［VON 07, p.30ff.］。根据这些期望，有针对性地利用物理原理、化学合成的可能性和生物纳米结构的功能特性，可以使合成生物学以迄今尚未实现的复杂性获得新的技术特征，而自然则作为最终的模型。

这些想法来自传统的仿生学，其目的是在宏观上向自然学习。当被转化到微观甚至纳米"生命砖"层面时，它们就变得更加乌托邦了。在哲学上，这与德国哲学家恩斯特·布洛赫（Ernst Bloch, BLO 34）的观点相似，布洛赫提出了一种联盟技术（"alliance technology", Allianztechnik），以调和自然与技术。在设计技术的传统方式中，自然是被视为一种敌人，从而必须被排除或受到技术的控制，布洛赫提出要根据自然研发未来技术以实现人类和自然环境的和平共生。

　　然而，把自然作为防范危险的保证是一种自然主义谬误［HAN 16］。事实上，我们很容易从相反的方向讲述合成生物学的宏大故事。基于传统弗·培根主义完全不同的哲学背景［SCH 93a］，合成生物学可以看作是弗·培根的"统治自然"乌托邦的一场轰轰烈烈的胜利。生命系统是在其技术功能的背景下被检验的，细胞也被解释为机器。依据这种观点进行表述的例子包括把血红蛋白作为载体，腺苷三磷酸合成酶作为发生器，核小体作为数字数据存储单元，聚合酶作为复印机，膜作为电子围栏。自然被看作是一种技术，无论是在其单个的组成部分，还是作为一个整体：

　　在这一点上，一种自然科学的还原论者的世界观与机械论的技术观是相连的，根据机械论的技术观，自然也只是一名工程师［……］。因为据说我们可以把它的构造原理变成我们自己的，所以我们在人类细胞中只能看到机器，就像在纳米技术产品中一样。［NOR 07b, p.221］

　　与人工合成生物学的仿生理解所承诺的更自然的技术不同的

是，这种观点标志着对自然事物的一种深度的技术化。仿生表征和实际进行的技术化之间的分歧清楚地表明，这条路线不能为理解和对待合成生物学提供任何方向。相反，目标只能是更好地理解不同的表征和叙事（当然还有其他的），包括它们的先决条件和含义。因此，在各种宏大叙事中作出一个决定，决定哪一个是最好的或正确的叙事是没有任何意义的。它们之间的张力反而有助于我们系统地思考合成生物学的未来之路。

为了使解释学分析能够支持这种反思，它必须解决在负责任研究与创新关于合成生物学的辩论中使用的工具问题。首先，这包括所有含有表征叙事及其对合成生物学引用的文本。然后，还有科学出版物上的图表和图片。新兴科技与艺术邂逅的广阔领域，尤其是合成生物学领域，在这方面也有帮助。最重要的是，在电影领域，有丰富的联想作品反过来打开了新的视角[SCH 16]。

4.2.3 增强技术

作为第三个例子，我想谈一下人类增强（在第 7 章中详细介绍）。这里必须定义或描述一些核心特性，所有这些特性都隐藏在以下问题中：

——如何定义"增强"以及如何区分"增强"与完善和优化等相关概念？

——医学上已经明确的治愈（healing）或身体功能的恢复和增强之间的界限在哪里？这可能，甚至很可能必须进入未知的伦理领域；

——人类增强与使用技术手段来提高人类能力的现有方法有何不同？在这种情况下，一个听起来微不足道但实际上非常重要的问题是，例如，把咖啡作为兴奋剂和使用兴奋剂之间一般的区别是什么。

这里的问题是澄清概念，以确定人类增强的新颖性在哪里。然而，作出明确的决定是很重要的，因为负责任研究与创新辩论应该准确地涵盖新内容，因为这可能导致新的责任问题。正是因为这个原因，定义和表征在之前关于人类增强的辩论中占据了如此大的空间。

一个临时结论是，定义和表征是非常不同的意义归属路径。尽管如此，他们都提出了深刻的问题，一方面是关于他们的论证基础，另一方面是关于他们对负责任研究与创新辩论的影响。确切地说，就定义而言，显而易见的是，它们通常都与复杂的、有争议的辩论联系在一起。这支持了本书的论点，这是第二点，即定义和表征不仅涵盖了技术细节，而且还与意义的归属相关联。正是这些促使了负责任研究与创新辩论。

由于文本、表征和描述是解释学分析的对象，我在案例研究（第5—8章）中重构了一系列这样的表征和描述，并对其意义进行了考察。此外，定义领域提供了语用学意义上的深刻启示。因此，在下一节中，将在定义的语用学语境中更仔细地审查这些定义。

4.3 ｜ 定义的语用学属性 [①]

定义是对一个术语的意义进行阐述，比如"纳米技术"或者"自主机器人"。定义可以是内涵式的——试图给出术语的本质，

[①] 这部分内容主要参照施密德等人（Schmid et al.）的工作［SCH 06］。本书作者特别感激其合作者们，尤其是迈克尔·德克尔（Michael Decker）在定义的理论研究方面的贡献。

也可以是外延式的——列出术语描述的对象。定义事物就是在语言范围内将特定的概念与其他概念联系起来。定义的内容包括被定义项（definiendum，定义词），通过描述主题区域中的元素的特定属性而与主题区域联系起来，这对于将这些元素归于定义项是至关重要的。这种关系称为定义（definiens）。定义将允许用已知的术语替换新术语，但并不造成信息的损失或增加。

定义允许进行区分，例如，允许决定某物是否为纳米技术。定义包含了一个边界的描述，该边界将属于纳米技术的元素和不属于纳米技术的元素区分开来［SCH 06］。理想的情况是，定义允许对主题区域的每个元素是否属于特定子集都有一个清晰的分类，而这要看定义是否显示了排中律的有效性［HUR 06］。对定义来说有一些基本的要求。一个定义应该（参见施密特等人［SCH 06］）：

——只使用已经知道的或已经被定义的术语。相反，如果定义中包含了被定义项，这个定义就是循环的，这种情况是一定要避免的；

——对于主题区域的每个元素都可以作出明确的划分，要么属于定义给出的子集，要么不属于（排中律），在这两者之间没有第三种选择；

——不包括例外情况，但应通用于所审议的领域；

——尽可能简单明了；

——不包括未来可能成为现实的因素。作为这方面的一个糟糕的例子，我们可以看看纳科提格尔（Nachtigall）给出的仿生学的定义［NAC 02］：

仿生学是指从自然界中实现的建构过程和发展原则中学习，使人类、自然环境和技术之间有更好的关系。[NAC 02]（translation A.G）

这个定义是不适用的，因为从当下各方面来看，没有证据能够证明"人类、自然环境和技术之间更好的关系"会在未来得以实现。

从语用学角度来说，对某物进行定义是一种特定类型的行动，它将服务于特定的目的。这一行动成功与否是通过分析被审议的定义是否真的在特定意义上具有目的性来衡量的。定义将通过引用已确立的概念来构成和规范新术语或概念的使用。因此，它们不可能是假的或真的，而只能是多少符合目的。

定义是对行动和交流领域的介入。因此，定义和分类并不是纯粹地描述某事物，而是通过将特定的结构应用到主题领域，同时也在型塑该领域。它们不仅是描述性的，而且也是建构性的。这也说明了定义事物不是一种价值中立的行为。每个定义都包括这样的期望，即被选择的定义在某种意义上应该比可能的替代方案更好。关于"什么是更好的"的潜在标准将定义与价值层面联系起来。

定义和随后的分类以某种方式构造了一个主题领域，但并不是唯一可能的方式。至于为什么一个定义必须以一种特定的方式而不是另一种方式来制定，根本没有直接而硬性的逻辑论证。虽然以特定的方式选择一个定义没有逻辑上的理由，但是为了满足特定的目的而提出具有适当性的实用理由有助于在备选方案中选择特定的定义。有关定义的争论都与各个定义应该实现哪个目的以及哪个可能的定义最适合各个目的相关。定义是达到特定目的的手段，多少都具有目的性。

因此，在讨论定义的适当性和充分性时，各个定义的目的是至关重要的。每个定义都应该满足一个普遍的目的层级，在定义新兴科技领域的具体案例中还有其特定的目的。定义应该满足以下目标［HUR 06, SCH 06］，其中一些是更加普遍的，其他的是特别针对新兴科技的：

——秩序的创造：划分界限创造规则。通过区别事物来定义事物是思维的基本模式，同时也是思维的必要前提［SPE 79, MIT 74］。根据语境的不同，可能需要出于不同的原因创造规则。例如，在新兴科技中，可能需要为研究资金的组织或监管目的创造规则；

——知识的澄清：根据定义的不同，我们的知识被组织在不同的系统和层次中，其差异可以从基本的差异到高度区分性的差异以及专业化的差异。世界可以被看作是迄今为止所有差异的总和［MIT 74］。在新兴科技领域，定义可能有助于对既有的或预期的新知识进行澄清和分类；

——促进主体间的理解和合作行动：在公认的定义基础上对待共同的概念是主体间理解和合作行动的必要前提［JAN 01］。这适用于不同的社会层次，从家庭这样的小群体到大的社会群体，也包括科学群体或子群体，比如参与新兴科技研究的群体。对基本概念的共同理解是相互学习和进步的先决条件；

——认知目的：新兴科技领域的定义应该允许将这些领域从既定的技术领域和既定的学科中分离出来。一个特定的新兴科技领域作为新兴的技术领域的特征应该在定义中呈现出来。这意味着要识别出技术能力、知识和技能方面的新颖性；

——与已建立的学科的接口：新兴科技的定义还应该可以用来描述与已建立的科学和技术学科的接口，特别是对来自物理、化学、生物和工程等科学输入的使用进行描述；

——对所涉及的行动者的身份的贡献：这个定义应该有助于构成和识别新兴科技领域周围新兴的研究共同体，例如，通过产生新的科学期刊，新的大学教席和研究机构；

——资助目的：新兴科技的定义应该允许在部委、融资机构和权威机构建立与资助项目的关系。研究需要公共资助，而一个（似乎）微不足道的问题是，资助在很大程度上是按照新的、有发展前景的定义（和表征）组织起来的［VAN 93］；

——监管目的：在负责任研究与创新关于新兴科技的讨论过程中，经常会提出对研究的监管问题，甚至是提出监管需求［GRU 12b, VON 07］；然而，任何监管需求都必须以明确的监管内容为基础；

——公共关系：在公开辩论中，人们显然想知道各个新兴科技领域都是什么样的。为了在公共和政治交流中使用这一概念，定义应该尽可能清晰和简短。这并不一定意味着需要一个准确的定义，而是需要一个相当好的表征。特别是在这些辩论中，必须清楚地确定正在审议的新兴科技的新颖性及其可能的社会影响。

这个目的列表表明，新兴科技领域的定义主要出于社会和政治原因。科学进步本身并不需要对新兴科技有一个明确的定义。例如，某些在纳米尺度上的实施的操作，是否被归类为纳米技术、化学或中观尺度物理并不重要。然而，为了构建与科学外部世界的交流，与资助机构、监管机构和公众的交流，有一种超越科学之外的需求，它需要一个明确的定义。历史表明，这种深层次的定义大多存在争议："……至少，决定科学发展的框架性定义是具有高度争议性的，原因在于科学—政治利益及其后果。"[MIT 97, p.440]

4.4 ｜ 作为意义归属行动的定义与表征

定义和表征与意义维度的联系似乎是不太明显的。事实上，对事物的描述从根本上就与意义的归属有关。根据第 1 章的观点，这不足以为负责任研究与创新辩论提供论据。相反，它是专门关于社会意义的。如果负责任研究与创新仅仅是关于纯粹的内部科学意义，那么就没有理由进行辩论。意义的社会归属表现在哪里？以下是一些猜想，为后面的案例研究提出问题（第5—8 章）：

——新兴科技的新颖性：新兴科技领域内的定义必须说明各个新兴科技主题有什么新颖之处。这一新特征是决定负责任研究与创新辩论可以指向什么以及采取什么样的辩论框架的决定性因素之一。例如，无论合成生物学这个新主题是否被视为人工生命生产的未来选择，或被视为生物技术既定程序的进一步发展，都引起了责任的其他议题，正如它导致了其他一些公众看法一样；

——进化 VS 革命：定义是决定一种新兴科技发展的新颖性到底是被解释为一个革命性和破坏性的跨越，还是被视为一个渐进的进化性的变化的因素之一。这种解释上的差异对负责任研究与创新的辩论起着决定性的作用，因为在一个逐步发展的过程中，人们可以继续利用已经确立的技术形式和评估模式，而这些只是需要逐渐适应新的需求。然而，如果破坏性发展即将发生，就必须有一种新的评估模式。所需的时间也极为不同：革命性的变化会要求加速发展新的评估模式，而进化发展的新兴科技可以通过同样渐进的评估标准的变化来处理；

——伦理挑战：在某些情况下，定义对伦理学辩论中新兴科技的分类有直接的影响。例如，在哪里划定医疗假肢和人类增强之间的界限决定了已确立的医学伦理本就是负责任的，还是必须发展一种新的人类增强伦理（第7章）。例如，机器人自主性的定义直接影响伦理上如何看待机器人（第6章）；

——社会功能：定义包括或排除某些条件，因为它们区分和标记边界。因此，它们会导致社会群体(尤其是科学家)被划分到某个领域或被排除在外。定义的这种社会维度往往会导致冲突，例如，研究资助使得在某个新兴科技领域工作显得很有吸引力，但定义却导致无法获得许可；

——概念的选择：最后，重要的不仅仅是特征和定义，还有基本概念和概念的选择。例如，在很长一段时间内，前缀"nano"具有相当大的吸引力。相比之下，合成生物学中的定语"合成"的选择则是相当大胆的，因为它的榜样角色——合成化学——并没有得到公众的正面评价。

即使是这个极端假设性的问题集合(它绝不声称是完整的)，也清楚地表明了新兴科技的定义和表征与社会意义的归属有很大的相关性。无论如何，各领域的争论不仅仅是在科学界实现自我理解的枯燥的，抑或技术统治的手段。相反，这些辩论的意义与负责任研究与创新辩论的相关性远远超出了技术性议题。

第 5 章　理解纳米技术：一个具有争议的意义归属过程

在关于纳米技术的社会辩论中——当今，它被认为是负责任研究与创新辩论中最重要的 [GRU 14a]——纳米技术最初被视为破坏性的并且是"完全不同"的技术。它的结局既可能是各种瑰丽的奇观也可能是世界末日般的灾难。现在，它更多地被视为材料科学领域一种特殊的研究形式，换句话说，一种完全常规性的研究。一种有趣的适应过程（process of appropriation）发生了。本章的主题正是要解释这是如何发生的。显然关于技术远景未来以及定义和表征的意义的辩论在为纳米技术的社会适应（social appropriation）提供定向。

5.1 ｜ 纳米技术：一个范例性的 RRI 故事

在 20 世纪 90 年代，公众对纳米技术关注甚少。前缀"nano"经常被用作优秀科学技术的同义词。纳米技术具有深远意义的承诺是基于其能够生成完全用于全新用途的材料以及实现新过程和新系统的潜力，同时也基于其能够通过控制分子及原子层面的组分和结构来确定和调整其属性的能力［DRE 86］。正因为如此，纳米技术有望在许多应用领域和几乎所有工业部门引发创新。作为一项关键技术的开发和建立得到了大量公共资金和有关项目的支持。与大型发电厂或大型化工厂不同的是，纳米技术的概念基于对"小型"的正面评价，承诺了一个更美好、更清洁和更智能的技术未来。纳米技术在科学和政治传播中被大肆宣传从而增强了公众对纳米技术的积极认知和媒体兴趣。

这种情况在 2000 年发生了根本性的变化。在纳米技术积极的乌托邦中，人们认为在原子和分子的可想象的最小尺度上的微型化技术是可能的，但在完全相同的微型化技术的基础上，微型化技术被转化为恐怖的场景［JOY 00］。基于技术远景的矛盾心理变得非常明显（第 3.3.1 节）。关于纳米技术风险的公众辩论围绕着对纳米技术的愿景和更具思辨性发展等问题展开。虽然埃里克·德莱克斯勒（Eric Drexler）已经在一篇有影响力的未来主义文章中描述了这些愿景中的大部分及其深远的影响［DRE 86］，但直到那时这些黑暗的愿景才受到更广泛的关注。正是乔伊（Joy）对后人类的未来世界将由失控的纳米技术统治的警告，引发了一场在今天看来有些疯狂的风险辩论。几个月后，世界各地的人们都熟悉了"灰尘（grey goo）""纳米机器人"和"控制论永生之梦（the dream of cybernetic immortality）"等概念［SCH 06，第 5 章］。

除了公众辩论中的这些未来主义元素之外，关于纳米技术的风险辩论还出现了第二个、也是更现实的分支。人造纳米结构可能最终进入环境，例如通过生产设施的排放或通过日常使用纳米产品释放粒子。媒体将纳米技术归入高风险技术的范畴，并将其与石棉的事例进行了类比［GEE 02］。分保公司（Reinsurance companies）很快意识到纳米材料可能带来的风险以及相关的治理问题［SWI 04］。

在这些图景中建立起来的纳米技术的黑暗面是考虑责任问题的早期动机。负责任研究与创新概念主要出现在与纳米技术相关的大量新技术中［GRU 14a］。美国国家纳米技术中心（National Nanotechnology Initiative，NNI）通过了负责任发展的战略目标。

负责任的纳米技术发展可以被描述为努力实现最大限度地发挥技术的积极作用与最大限度地减少其消极后果之间的平衡。因此，负责任的发展包括对技术应用和潜在影响的审查。它蕴含着致力于开发和使用技术来帮助满足最紧迫的人类和社会需求的承诺，同时尽一切合理的努力来预测和减轻不利影响或意外后果。［NAT 06, p.73］

科研政策领域的其他参与者很快跟进。英国工程和物理科学研究理事会（The UK Engineering and Physical Sciences Research Council）发表了一份关于碳捕获领域纳米技术负责任创新的研究报告。荷兰组织了一次关于纳米技术的"全国性对话"，要求纳米技术的进一步发展应该"负责任"［GUS 14a］。欧盟通过了《纳米科学和纳米技术研究行为守则》（欧洲经济委会［ECE 08］），其中提到了研究和发展以及公众的理解和预防的重要性。

纳米技术之所以吸引了所有这些关注，是因为它是那些以其潜在的高风险、不确定性和可能的副作用而闻名的技术的一个范例。这些活动的目的是提高这项技术将有助于提升人类生活质量的可能性，提高尽早发现其可能意想不到的副作用的可能性从而使社会能够对其进行预防或补偿，以及由此提高这些技术和创新被社会接受的可能性。

纳米技术的这段有趣的历史似乎代表了一种充满希望、炒作和恐惧的技术形式，这种技术引发了一场强有力但充满思辨性的辩论。然而，最终作为负责任研究与创新辩论的结果，纳米技术变得越来越脚踏实地，不仅成为一种迷人的而且还成为一种常规性的技术发展。技术远景未来和创建定义的初始步骤，在意义归属过程中发挥了明确的作用。因此，关于纳米技术辩论的早期阶段被描述为一个满是愤怒和思辨式未来远景的，与过去各种灾难性技术相类比的，并且充满了哲学解释（其中一些具有极其深远的意义）的阶段（第5.2节）。虽然创建一个统一定义（第5.3节）的尝试都失败了，但它们还是有助于更好地理解纳米技术。

今天，纳米技术是一个研究和开发方向，它继续提出关于风险评估的问题［JAH 15］，但它不再引发宏大的辩论。它已经常规化，就像许多其他技术领域一样，在这些领域，我们冷静地谈论机遇和风险，而不会陷入救赎或末日论的戏剧化之中。这种常规化［GRU 10b］从根本上说是早期关于意义的思辨性辩论的结果（第5.4节）。本章的最后一个问题是解释学观点本身在多大程度上隐性地（implicitly）促成了这一转变，以及从这一发展中吸取教训是否能够为今后类似的发展提供方向（第5.5节）。

5.2 ｜ 纳米技术的早期：麻烦不断的开端

在纳米技术辩论的早期，其特征更多的是怀疑和不确定性，而不是基于知识和理性思考［PHO 03］。英国皇家学会（Royal

Society）和英国皇家工程院（Royal Academy of Engineering）的一项研究［THE 04］得出了许多观点和建议，旨在缩小知识差距，并将纳米颗粒的生产和使用可能带来的风险降至最低。对那些与社会和伦理相关的纳米技术问题进行识别和分类的早期阶段的特点是采用跨学科方法，包括技术评估［PAS 04］或由专家组进行的道德法律和社会影响研究（ELSI 研究），包括公平、治理、参与和获取等问题［NAN 04］。从这个意义上说，解决纳米技术和社会问题的 ELSI 研究时期（大约 2004—2006 年）可以被看作是一个探索性的阶段，对这一领域的议程设置和研究结构作出了决定性的贡献。在这一早期阶段，主要考虑的是范围广泛的、未来主义的，也许是思辨性的发展，如纳米机器人（nanobots 或 nanorobots）和根本的人类增强（这导致了对思辨性纳米伦理的批评，见［NOR 07a］）。

5.2.1 与"纳米"相关的末日式的技术远景未来

虽然纳米技术在很长一段时间内被视为一个似乎无风险的领域，但在 2000 年，情况发生了彻底变化，这发生在比尔·乔伊的著名文章《为什么未来不需要我们》之后［JOY 00］。纳米技术的积极乌托邦被转变成恐怖的场景，尽管这些未来的故事在今天听起来可能很奇怪［SCH 06，第 5 章］。

灰蛊"Grey Goo"是纳米级机器人因失控而自我复制的末日场景。这些机器人可以无限复制自己，消耗所有可用的材料。最终，它们只会留下一个只有废物的星球。早期的未来主义者德莱克斯勒已经提到过这种反乌托邦的情形：

顽强的杂食性细菌可以在竞争中胜过真正的细菌：它们可以

像吹花粉一样传播，迅速复制，在几天之内将生物圈化为尘土。［DRE 86, p.172］

　　虽然大多数科学界认为这只是科幻小说，但也有人认为，这是不受管制的纳米技术利用自组织概念的可能后果［DUP 04, DUP 07］。公众对纳米技术的看法常常受到利用"灰蛊"情景呼吁在科学和技术进步方面更加谨慎的观点的影响。这种情景让许多人想起 20 世纪 70 年代基于技术创新而产生的巨大的末日恐惧，正是这种恐惧促使汉斯·乔纳斯（Hans Jonas）［JON 84］创造了著名的"责任律令（imperative of responsibility）"。因此，消极的愿景激发了对研究和创新承担更多责任的呼吁，这也是负责任研究与创新整个运动的起源之一［GRU 14a］。

　　捕食者场景（the Prey Scenario）基于相同的思想，即自我复制的纳米机器人，最初的发明是为了实现纳米技术所期望的一个积极的乌托邦。根据这一设想，纳米机器人可以进入人体，作为一种改进的健康维护系统在人体中发挥作用［DRE 86］。然而，比尔·乔伊［JOY 00］却描绘了一幅完全不同的图景，他认为纳米技术与生物技术以及信息技术的关系确实可以导致智能纳米机器人的出现。他担心人类很容易失去对这些纳米机器人的控制。纳米机器人不再是满足人类需求的仆人，而是开始可以独立于人类的指令行事，甚至可以控制世界。从这种发展中产生的完全的技术文明（technical civilization）将不再需要人类。失去对技术的控制是社会对于技术的观念中的一种由来已久的刺激性话题。技术被赋予的能力越多，这方面的恐惧就越大［NOR 04, GRU 07a］。因此，一个日益自主化的技术场景将伴随关于未来的辩论，这一点儿也不奇怪（第6章）。这个技术远景叙事的结论与上面提到的结论是一致的：在使用自主技术时要小心和负责任，这也是负责任研究与创新辩论的一个早期主题。

电子人（cyborgs）场景考虑了这样一种情况，即纳米技术远景屡次包含了能够模糊人类与他们因技术成就而创造的东西之间界限的元素。未来愿景包括在未来几十年里利用技术储存人类意识和创造人工大脑的可能性［CAU 02］。由此而来的一系列人类学和伦理问题可以被隐喻式地总结为：

当上帝创造男人和女人时，他称他的创造物非常好。超人类主义者说，通过用显微镜操纵我们的身体，我们可以做得更好。我们准备好进行这场伟大的辩论了吗？［HOO 04］

电子人并不是一个新概念。从早期的科幻文学开始（例如，《傀儡》和《弗兰肯斯坦》中的人物和故事），关于人类和技术之间的关系以及两者之间的边界一直存在着争论。一方面是人类的技术化，另一方面是自主机器人的能力不断增强（第6章），这显然对传统信念构成了挑战。电子人会导致人和机器之间的控制问题，这些问题与医疗设备有关，尤其是与具有活性的或神经植入物有关。

从今天的角度来看，这三个关于纳米技术未来的反乌托邦叙述似乎是思辨性的和模糊的。然而，大约15年前，人们对此进行了非常严肃的讨论，甚至包括诺贝尔奖得主［SMA 01］。为什么这些辩论在当时进行得如此密集，这个事实可以告诉我们关于那个时代的哪些东西，我们可以从这个故事中学到什么以及什么样的技术辩论可以在相对较早的发展阶段进行（第5.5节）。

5.2.2 对人类健康和环境的威胁

除了上面提到的纳米技术的未来主义元素之外，关于纳米技术的风险辩论的第二个更现实的分支出现在2002年左右［SCH 06，第5章］。这一分支重点讨论了合成纳米材料对人体健康和环境可能造成的危害问题。新闻报道将纳米技术归为高风险技术。分保公司很快意识到纳米材料可能带来的风险以及相关的治理问题［MUN 02, SWI 04］。其中一个具体理由是可能与石棉类似的问题。石棉的例子表明，如果没有进行仔细的影响分析，大量使用材料会产生什么后果［GEE 02］。一些人指出，合成纳米颗粒可能类似石棉：

有人问纳米技术产生的超小颗粒和纤维，如碳纳米管，是否可能成为新的石棉。［BAL 03］

事实上，在物理或化学方面，石棉纤维在大小或形状方面与今天的合成纳米颗粒几乎没有相似之处。石棉与纳米颗粒风险的相关性辩论首先源于一个戏剧性的案例，即如果不采取或很少采取预防措施，可能会发生什么。由于石棉具有神奇的工程性能，使其开发利用迅速增加。虽然早在20世纪30年代就发现了石棉对健康的不良影响（石棉肺），并制定了一些工作场所的规章制度，但其他相关知识（关于石棉纤维引起的肺癌和间皮瘤）却被忽视，甚至被压制。在20世纪60年代以前，没有对数据进行全面的收集和评估［GEE 02］。石棉的故事，尤其是与之相关的严重的健康灾难和经济灾难，成为要求在纳米颗粒领域采取更具预防性措施的强烈动机［GRU 08b］。

　　这一特定风险问题的出现，再加上实际上没有关于纳米技术对人类健康和环境的副作用的知识这一事实，在辩论的早期阶段导致了严重的愤怒和一种无助的情绪。当时的观点在乐观的观望策略［GAN 03］、严格的预防，以及有时"危言耸听"之间变来变去。

　　因为到目前为止涉及危险产品的损失都是相对可控的，所有这种损失场景的新元素就是将纳米技术引入极端，认为纳米技术产品会造成永久性的、难以控制的生态破坏。因此，引入纳米技术产品和过程所需的是一个有组织的和技术化的损失预防计划，其规模要适合于产品的危险性质。［MUN 02, p.13］

　　对于纳米粒子调控持有类似立场的是 ETC 小组 [1]（Action Group on Erosion, Technology and Concentration，ETC group）提出的暂停假设，这是关于如何处理纳米技术的最著名声明之一〔参见几年以后的"地球之友（Friends of the Earth）"［FRI 06］〕：

　　在目前阶段，我们对人造纳米粒子可能对人类健康和环境造成的累积影响几乎一无所知。鉴于人们对生物体内纳米颗粒污染的担忧，ETC 小组建议各国政府立即宣布暂停新型纳米材料的

---

[1] ETC 小组是一个致力于文化多样性和人权的团体。以前是设在加拿大温尼伯的国际农村行动基金会（农村行动基金会），其重点是保护和可持续地改善农业生物多样性，以及新技术对农村社会的影响。ETC 处理影响国际社会的治理问题，并监测技术的所有权和控制权以及公司权力的巩固。

商业化生产，并启动一个透明的全球化流程，评估该技术对社会经济、健康和环境的影响。[ETC 03, p.72]

ETC的工作极大地推动了许多国家关于纳米技术法规的辩论，还包括更广泛的治理问题[KAI 10]。它们还增加了纳米技术研究人员对广泛的公众反对和抗议阵线的恐惧，这种公众阵线类似于核能技术和生物技术的发展过程中遇到的情况。

一项完全不同但意义深远的建议旨在包容纳米技术研究。它将意味着一种秘密的、严格控制的纳米技术开发，而这似乎是不现实、不安全也不民主的。此外，这个建议对于一个开放的科学共同体理想而言是令人恼火的：

CRN[①]已经确定了来自MNT（分子纳米技术）的几个风险来源，包括军备竞赛、"灰尘"、社会动荡、独立发展以及需要侵犯人权的纳米技术禁令项目。看起来，最安全的选择是创造一个且只有一个分子纳米技术项目，并广泛而有限制地使用由此产生的制造能力。[PHO 03, p.4]

所有这些不同的建议都丰富（并推动）了公众和科学辩论。从今天的角度来看，这些建议记录了一种非常特殊的情况。纳米技术多少是突然间发现自己成为关于风险的公开辩论的主题。这种情况的主要特征是它面临着严峻的挑战：虽然对收益的高期望仍然占主导地位，但是关于纳米技术可能的副作用却没有可靠的

---

① 频道公司（Channel Company）旗下关注技术新闻的网络媒体：https://www.crn.com。

知识。这一观察再次支持了那种认为纳米技术可以被视为新兴科技领域的原始模型从而成为负责任研究与创新辩论主题的观点［GRU 11b, GRU 14a］。然而，最重要的是，它非常清楚地说明了需要什么样的理智努力（intellectual effort）才能冷静地考虑（或者不考虑）其愿景部分。

5.2.3 哲学表征

在早期阶段，纳米技术激发的解释远远超出了技术的范畴［GRU 12b，第 2 章］。尤其是，对当代情况提出了哲学性的判断，包括对人类与技术有关的未来和人类文明的展望。第一种观点认为纳米技术是"工具制造者（homo faber）"和"培根主义"的胜利［SCH 93a, OTT 13］。一些关于纳米技术的评论清楚地描述了对型塑未来的乐观主义的回归，甚至是对控制和支配自然的新版主张的回归：

我们正处于从业余棋手到大师、从观察者到自然大师的过渡时期［……］。探索的时代即将结束，统治的时代即将开始。［KAK 98，转引自 SCH 08］

这些关于可行性的观点来源于原子还原论，根据这种理论，世界上所有的活动都可以追溯到原子水平上的因果过程。如果纳米技术能够提供在技术上控制这些过程的可能性，那么人类就可以说能够控制所有因果链的根源，从而能够实际控制一切。这一解释设想了人类的最终胜利，即拥有纳米技术的人类可以根据自己的概念开始一个原子一个原子地操纵世界，这最终将是弗·培根思想的圆满成功［SCH 08］。控制原子维度也就意味着控制生活领域和社会现象。尽管这种一个原子一个原子地塑造世界的愿景〔NNI 99〕是令人难以置信的——"因为这是非常困难的，而且首先创造分子，然后再一个原子一个原子地创造整个世界也不是特别有效率"——这似乎作为一个主题贯穿纳米技术始终〔NOR 07b, p.220ff〕，因为人类是这些发展的创造者和控制者：

这个形而上学议程（program）的目的是把人变成一个造物主，或者谦虚一点儿地说，进化过程的工程师。〔……〕这将他置于世界的神圣创造者的位置。〔DUP 05, p.13〕

对朴素原子还原论的反对来自于哲学认识论（第 2 章）〔SCH 06〕。纳米科学家经常把原子和分子当作乐高积木来谈论，他们可以对它们进行成像、观察、描述，并将它们组合成更大的复合体〔SCH 06〕。然而，这种观点忽视了在原子层次上进行纳米技术操作所必需的建构性元素。他们的一个例子是我们和我们的设备使用的"胖而黏的手指（fat and sticky fingers）"的概念〔SMA 01〕。这些都阻止了原子以类似于搭建乐高积木那样的完全决定性的方式工作，因为操作者和被操纵对象之间的相互作用不能被忽视。根据认识论的论点，原子还原论不能被接受，因为原子不是（与乐高积木相比）独立于理论的单元，甚至不能以（与宏观积木相比）独立于生产者和操作者的角色来思考。

第二条解释线考虑的是大幅增加的不确定性。它一开始把纳米技术看作是一种相当无害的使能技术〔由弗莱舍尔（Fleischer）提出〔FLE 02〕；也可参见本书 1.3 节〕。这意味着人们对纳米技术直接包含在技术产品、程序和系统中的核心后果的期望将会降低。相反，纳米技术可以在许多应用领域（例如在电子、能源技术和医学）以更间接的方式取得深远的发展。这种使能特性可以出现在许多层次上：首先当然是在使用纳米材料的新产品的层次上，特别是在信息技术、通信技术和生物技术等成熟的关键技术层次上，甚至在为技术开辟全新方向的层次上，如纳米、生物、信息以及认知等科技的会聚［ROC 02］。通过这种方式，纳米技术极大地促进了不确定性的多重生成，例如在概念、意图、结果和本体［SCH 08］层面产生不确定性。纳米技术对不同应用的开放性意味着，我们对纳米技术对人类和社会的影响的了解，不能像对我们熟悉的技术的影响那样多。相比之下，从使能的角度来看，纳米技术的发展目标在很大程度上仍处于黑暗之中。因此，推广纳米技术本身就成为一种目的：人们盲目地推广使能特性，却不知道究竟要使什么成为可能。与上述关于控制和支配思维回归的断言完全相反，这里的情形是一种由于纳米技术的使能特性导致的进程不可预测的情况。正是因为一切皆有可能，这种发展才不受我们的影响。预言的差异可以像从天堂到毁灭那么大［GRU 07a, LAU 06］（第 3 章）。

第三种观点认为纳米技术是未来的密码（a cipher of the future）［GRU 06］，这是一个空洞的短语，允许根据不同的当代诊断和不同的未来图景分配不同的含义①。它从对上述两种对立解释的观察入手，具体论述了它们之间的对立关系：

然而，尽管纳米梦想家的声明表达了一种乐观的技术培根主

---

① 第 7 章的标题采用了"密码"的说法，用来指称经常出现的"增强"一词。

义（technological Baconism），但纳米事实及其后果却显示出相当多的不确定性。［SCH 08, p.2］

　　因此，作为纳米技术的一个属性，人这个条件（conditio humana）的偶然性得以增加［GRU 07a］，这既被视为不确定性的延伸，也被视为型塑未来的机会的扩展。从被动地接受给予的东西到认为它是可操控的，这一态度的转变是技术进步的一个普遍特征。在人类控制能力增强的同样程度上，将出现想象和型塑未来的新空间，这也给如何应对这些新的技术远景未来增加了更多的不确定性。因此，纳米技术对人类和社会未来的展望只是在关于社会和人类未来众多讨论中占据了一个位置而已。从这个意义上说，纳米技术只是当下关于未来的众多密码之一。其他这一类显著标志有人口变化、气候变化、预防原则［VON 05］和可持续发展［GRU 07c］。它们每一个都着眼于未来的不同方面：对于可持续发展而言，它关注公平和自然资源有限的问题；对于气候变化而言，它关心人类经营方式（way of doing business）和生活方式的脆弱性；对于人口发展来说，最重要的是繁衍和迁徙行为。它们的一个共同特征是，在当今世界通过（占位符）思考未来愿景寻找定向的语境下，它们的催化功能与纳米技术作为一个新兴技术的解释学观点直接相关（第3章）。

5.3 ｜ 定义纳米技术：不可能的任务？

　　作为理解纳米技术的一个主要问题，人们花费了大量的精力来提供一个适当的定义。有许多人试图尽可能精确地定义纳米技术。大多数定义都指向了纳米尺度上基于物理、化学和生物特性原理的功能和性质的新颖性［SCH 03, SCH 06, DEC 06］。乍一看，这些尝试似乎比较相似，特别是因为它们都关注前缀"nano"所蕴含的空间维度。然而，详细分析就会发现其中的显著差异。因此，人们甚至讨论了定义纳米技术的尝试本身所具有的不确定性甚至不完全决定性［SCH 08］。以下是这些定义的一些示例〔作为施密德等人（Schmid et al.）［SCH 03］编写的大纲的一个简短列表〕：

（1）纳米技术是在大约 1 到 100 纳米的尺度上理解和控制物质，在这些尺度上，独特的现象使新的应用成为可能。纳米技术包括纳米尺度的科学、工程和技术，涉及成像、测量、建模和在这个长度尺度操纵物质［……］。在纳米尺度上，材料的物理、化学和生物特性在基本的和有价值的方面不同于单个原子和分子或大块物质的特性。纳米技术研发是为了理解和创造、利用这些新特性的改进材料、设备和系统。［NNI 99］[①]

（2）纳米技术描述了基于纳米结构几何尺寸或材料特性的新型功能和属性的功能性材料、器件和系统的生成和利用。从纯几何学意义上讲，前缀"nano"（希腊语：dwarf）描述的尺度比现在的微球（micrometer-sphere）元素的千分之一还要小（1nm 相当于百万分之一毫米）。通过应用新的物理仪器和程序以及进一步减少现有的微系统，可以达到这一尺度。同时，还采用了具有活性和非活性结构作为自组织物质的模型。［NAN 04］

（3）纳米技术描述结构、分子材料、内部接口和外部表面的

---

① 这句话已经在第 4 章引用了。这里再次提及是为了能够快速对比不同的定义。

生产、分析和应用，这些描述至少有一个关键维度，或生产公差（通常）低于100纳米。因此，至关重要的是，仅仅由于系统组件的纳米性，就会对现有产品的改进或开发新产品和应用选择提供新功能和新性能。这些新的效应和可能性主要建立在表面原子与体积原子的关系以及构成物质组分（building blocks of matter.）的量子力学行为的基础上。[……] 因此，纳米技术发生在单个原子或分子与较大固体之间的过渡范围内。在这一过渡范围内，会出现宏观上无法观察到的现象。[BMB 02]

所有这些定义（参见施密特等人的著作 [SCH 03] 以获得更早的定义）都明确地提到了纳米尺度，或者是以一般的方式，或者是给出了具体的限制（小于100 nm）。有关数量级的描述似乎是合理的纳米技术定义，前缀纳米是其名称的一部分。纳米技术所包含的新效应、新现象或新功能都是在这个数量级内发生的。一些定义补充了有关特定效应、现象或新功能的数量级的说明。我们可以识别出由纳米技术引起的具体的物理、化学和生物效应和现象。由于纳米器件的新功能通常是基于这些物理、化学和生物效应或现象，因此纳米技术可以被描述为对纳米尺度结构、器件和系统进行生产、分析、研究和应用。

然而，大小与这些效应或功能之间没有直接的因果关系。特别是，没有理由假定在长度为95纳米和105纳米的功能单位之间，效果或功能会有质的不同。因此，如果按照定义理论 [HUR 06] 的要求想要将这类定义理解为一个明确的定义，那么这类定义仍然是模糊的（第4.3节）。在试图明确纳米技术具体的新颖性意义上，最有野心的定义也许是：

纳米技术处理的功能系统是基于对单个亚单位或其所属系统具有特定尺寸依赖性的亚单位的使用。[SCH 03，SCH 06]

决定了以下具有特定尺寸依赖性的属性：

材料性能包括磁性、机械性、电子性、光学性、热力学和热特性，以及自组装和识别能力。这些属性的具体尺寸依赖性在遇到下述情况时会变得明显：

（1）不再遵循经典物理学定律而是由量子力学理论描述；

（2）被特定的接口效应所控制；

（3）呈现出来的性能是由有限的组分实现的，因为通常所说的材料包含着几乎无限的组分（如原子、分子），其表现出的也是平均统计行为。[SCH 03, p.24f.]

纳米技术的基本思想是，纳米技术不只是由简单的尺度效应所表现的微型化组成，而是在进入纳米宇宙[①]时，一些在质上全新的东西出现了。由于这种新的性质不能与100纳米等明确指示的尺寸绑定在一起，因此该定义放弃了这种任意引用。作者在列出不同科学过程的各种表格中详细说明了需要如何理解这新的质（quality），然后分别讨论了不同科学过程的新颖程度。定义的操作化采用对它所应用的情况加以描述的形式。因此，这个定义更像是纳米技术的表征，接近于定义某物的外延类型（第4章）。

---

① 这种隐喻说法是由纳米技术领域内的常用表达所提出的，它们经常使用空间术语来把纳米维度描述为未知的领域 [NOR 08, p.226ff.]。

自从定义纳米技术的密集时期（从 20 世纪 90 年代末到 2006 年左右）以来，没有添加任何根本性的新内容。目前，人们对纳米技术的理解是这样的：

纳米技术是在原子、分子和超分子尺度上操控物质的技术。对纳米技术的最早广泛的描述是指精确操纵原子和分子来制造宏观产品的特定技术目标，现在也称为分子纳米技术。随后，国家纳米技术中心对纳米技术进行了更为概括的描述，该组织将纳米技术定义为对至少一维大小从 1 纳米到 100 纳米的物质的操纵。这个定义反映了这样一个事实：在这个量子尺度上，量子力学效应是重要的，因此，定义从一个特定的技术目标转向研究范畴，该范畴包括对低于给定阈值大小的物质特性进行的所有类型的科学与技术研究。因此，我们经常见到用"纳米技术（s）"和"纳米尺度技术（s）"等多种复数形式的说法来指涉相关研究与应用的广泛领域，"尺寸"是背后的共同点。[WIK 16a]

这一观点以实用主义的方式将上述定义建议的核心关注点结合在一起。在上述描述的结尾使用复数形式的"纳米技术"意味着我们不是谈论一种术语意义上的定义：用复数的"纳米技术"取代之前所提到的所有定义（以及在施密德等人在［SCH 03］中所提到的那些）中的单数形式。由于纳米技术的异质性，这种用法考虑到了人们的疑问，即纳米技术概念是不是一个适用于涵盖所有许多领域和案例的术语，或者它是不是一个相当有远见的修辞［NOR 07b］。似乎可以合理地认为复数形式的使用是一种适当的权宜之计，这既承认了达成纳米技术统一定义的尝试的失败，也提出了一种使用纳米技术这个概念的具有实用意义的方式。从这个角度看，纳米技术的描述不是一个定义，而是一个实用的表征。

我们当然必须要问未能达成一项定义的原因。定义缺乏清晰度的原因并不像人们有时声称的那样——纳米技术根本无法定义［SCH 08］。相反，而是对定义的目的没有协商达成一致意见，或者甚至没有提出目的的问题。基于对定义的简单理解，定义纳米技术的尝试期望将对象进行精确编译，而不需要询问在这种情况下，"精确"应该意味着什么，以及"精确"定义成功的标准和条件是什么。正是这种缺陷导致了失败，因为如果对定义应该服务的目的没有一个清晰的图像，支持和反对特定建议的双方论证也只能继续模糊下去。

定义应该执行某些功能并帮助某人实现某个目标（第4章）。定义某物的目标越普遍（第4.3节），在纳米技术中就变得越具体［SCH 03, DEC 06］：

——阐明范围：该定义应允许将纳米技术与现有技术领域（如微系统技术或技术化学）分离开来，从而为行政部门、资助机构和权威机构的资助项目提供方向；

——阐明新颖性：纳米技术作为一个新兴的技术领域，其特征应该变得清晰可见；

——阐明与现有学科的接口：表征和描述纳米技术与现有科学技术学科的接口；

——澄清所涉及共同体的身份：该定义应有助于新兴纳米技术研究共同体（新的科学期刊、新的主席和研究所）的构成和身份确立；

——以一种可理解的方式阐明纳米技术的概念，以有利于公共和政治领域的交流。

这个目的列表表明，纳米技术的定义主要与其外部原因相关。科学的进步不需要纳米技术的明确定义。在纳米尺度上的某些科学活动被归类为纳米技术、化学还是中尺度物理学并不重要。然而，为了构建与科学外部世界的交流，需要一个明确的定义，这是一种超越科学的需要。纳米技术的概念代表了一个由研究政策和研究组织塑造的术语，它与其目标的外部定义以及该学科的外部视角相关。然而，纳米技术定义的这一实用的方面并没有被大多数定义提议所重视，因此，没有一个论证的定位点来证明一个定义在多大程度是适当的。

这种定义纳米技术的不同视角可能被认为是针对定义制定的一种具有挑衅性意味的尝试。纳米技术可以看作是一种特殊的社会政治建构物。具有不同视角和目的的行动者在尝试从概念和实践两方面确定纳米技术时遇到了彼此。下面的引文已经在第4章中使用了，它指出了纳米技术概念的奇特性质：

根据科学哲学家布鲁诺·拉图尔的观点，纳米技术可以说是分子、探针显微镜、（前）化学家、梦想家、（紧张的）投资者，甚至是伦理学家和科学哲学家共同作用的结果。[NOR 07b, p.216]

与在科学或技术意义上定义纳米技术的尝试相比（参见上面的引文），这种考虑暗示了纳米技术的另一个方面。它超出了科学技术范畴之外，与公众认知，与纳米技术科学家的自我理解，与由纳米技术创作的许多形象 [LÖS 06]，与纳米技术可以跨越许多边界又建立了新的边界事物的事实有关［KUR 10, KUR 06］。这种方法的目的不是在技术基础上定义纳米技术，而是从外部的角度理解"纳米"。

5.4 │ 纳米技术的意义：从革命性技术到一种相当常规性的技术的转变

回顾过去，关于纳米技术的辩论揭示了关于其意义的激烈争论。定义、表征和未来的技术远景一直是这些争论的核心媒介。在过去 15 年中由辩论引起的巨大骚动之后，现在已经恢复了平静。本章的结尾问题是解释学方面的努力在这一常规化进程中发挥了什么作用，以及我们可以从中学到什么。

5.4.1 回顾：纳米技术意义的发展

本章的重构和描述清楚地表明，从 2000 年到 2010 年，围绕充分理解纳米技术展开了一场激烈的国际辩论。一方面，正如在关于技术的经典辩论中一样，首先与理解机会和风险有关。这些讨论集中在纳米技术的高度多样化的技术未来或具有发达纳米技术水平的社会的技术未来，这些讨论有时会引发深远影响的有远见的辩论（第 5.2 节）。另一方面，对于纳米技术的科学和技术特性的理解也存在争议，这可以从巨量的纳米技术的定义和表征建议中看出来（第 5.3 节）。前者是从后果主义范式出发考虑纳米技术的应用可能和它们的后果，后者则看重当时的实验室日常工作、当时形成的理论以及在纳米技术在科学理论中处于古典学科之外的位置。在新兴科技的相关概念中，偶尔可以看到这两条寻找纳米技术意义的线索之间的联系，但在技术科学中，这种联系更为明显［NOR 08］。正是这一特点使得后果主义的反思模式即使可行也异常困难（第3章）。

总的来说，从20世纪90年代末到今天，关于纳米技术的辩论的结构一直是一场炒作。一开始，人们对解决全人类的问题抱有极高的期望，同时伴随着以末日论为导向的严峻忧虑，从而迅速在国际上掀起了公开辩论的热潮。应用伦理学［MNY 03, ALL 07］，科技与社会研究（STS）［SEL 07］，技术评估［PAS 04］，哲学［BAI 04, FIE 10］，伦理、法律与社会影响研究［NAN 04, TEN 07］等迅速占据了这个话题，引发了反思性科学的热潮。几年后，在新世纪第一个十年即将结束时，这种兴趣下降了。这是因为出现了去未来化（Defuturization）［LÖS 10］，从而导致了愿景式辩论（visionary debates）的减少。争论的焦点转向了环境健康安全研究（EHS）［COL 03, ENR 10］，而公众的兴趣逐渐减少，现在已基本消失。我将这种发展解释为常规化［GRU 10b, GRU 11b］。

在热炒阶段已经暗示了这种常规化。末日论的预期和焦虑与纳米技术现实之间的矛盾有时会成为讲座或休息时间的话题，但没有得到系统的发展。当时纳米技术的部分现实情况是由汽车轮胎、牙膏和防晒霜的新材料组成的。这些并不是真正具有革命性和颠覆性力量的产品。正如纳米技术在某些观点［DUP 07］中描述的那样，牙膏是"最终的灾难"，引起了人们对这一"疯狂"矛盾的关注。虽然关于纳米技术的争论在拯救和毁灭之间摇摆不定，但真正的发展是在有关日常生活的新材料领域①。

---

① 一个确定为纳米技术的常规化作出贡献的因素是：有关纳米技术的极端思辨性方面迁移到人类增强和合成生物学领域了［WOL 08a］。所以，只有那些属于机遇和风险的常规范畴的话题还保留在纳米技术辩论中。

但是，材料科学包括新材料可能带来的风险都是大家熟悉的领域。新材料可能在其技术细节上以及一些应用方面是革命性的，但在其社会感知层面却不是这样，在关于材料研究的社会意义的辩论中也不是这样。我们在处理新材料方面已经有了许多社会经验，而且关于如何处理新材料的风险以及如何理解材料研究的意义和重要性也有着长期辩论。社会对这个问题很熟悉：我们每年在技术环境中嵌入成百上千种新的化学物质，通常这种化学物质都运行得很好，但有时也会有不利的经验，就像石棉事件告诉我们的那样［GEE 02］。很多风险评估、风险管理和预防思维的方法都已发展成熟，可用于纳米颗粒领域［GRU 08b，JAH 15］。因此，这类问题对社会来说并不新鲜，而纳米机器人在社会中的出现［DRE 86］确实是一个全新的挑战，涉及对未来社会影响的新问题。纳米技术已经成为一个相当常规化的技术领域，显示出对人类健康或环境可能造成危害的相当正常的问题。

5.4.2 关于纳米技术的解释学工作

为此，我将首先提到 2002 至 2006 这几年。这些年来，人们普遍担心，与核能和遗传学类似的技术，可能会在技术与社会的接口上走向下一场沟通交流的灾难。纳米技术带来的灾难性危险以及与之相反的救赎的希望成为报纸和杂志讨论的话题。在德国，这是由《法兰克福汇报》上发表的文章《为什么未来不需要我们》［JOY 00］引发的，《法兰克福汇报》是德国最具影响力的报纸之一。该出版物引发了大量的讨论文章，并严重左右了公众的辩论［MAR 08］。不久之后，第二波风险辩论以一种更为现实的方式展开。维奇·科尔文（Vicki Colvin）［COL 03］等毒理学家指出，人们对纳米颗粒可能产生的不良副作用一无所知［PAS 04］，并表达了担忧，这很快导致 ETC 小组在 2003 年初发表了著名的暂停纳米技术的建议（第 5.2.1 节）。因此，纳米科学家、管理人员和决策者普遍认为，一波反对和拒绝纳米技术的浪潮可能在短时间内发生。

然而，这方面却没有任何进展。纳米技术和公众之间的接口情况仍然多少是建构性的，即使面对重要的宣言时也是这样［FRI 06］。尽管关于纳米颗粒可能存在的风险的争论已经持续了 10 多年，但它并没有导致广泛的排斥或抗议。看起来，以下观点已经被广泛接受；首先"零风险"是一个不充分的假设，相反，我们应该注意对风险进行负责任的管理；技术进步不可避免地伴随着风险和不确定性；对纳米毒理学展开广泛研究是应对我们对此知之甚少的适当做法。我们似乎可以合理地认为对纳米技术及相关活动的意义进行扩展性的审议，以下述方式促成了这种"轻松的"发展：在纳米技术领域，近年来已经有很多活动表明负责任地处理风险本身就是科学进步及其政治型塑、资助以及监管的一部分。伦理、法律以及社会影响（ELSI）研究、毒理学研究和关于监管的争论是主要的示例，但也有伦理、哲学和其他活动来更好地理解纳米技术。这样就产生了信任问题，信任是避免交流灾难（communication disasters）的关键［GRU 10b］。

纳米技术的社会适应过程以上述方式建构性地发生了，这在理论上可能是一种巧合。然而，相比较而言，那些并没有引发关于意义的密集而开放的讨论的其他技术辩论，就提供了反对这一观点的论证。例如，在原子能史上，并没有广泛的解释学争议阶段［RAD 13］。事实上，几乎没有人试图从解释学的角度去理解支持者和反对者之间不同的并且很快就变得彻底对立的观点。相反，在许多国家中，原教旨主义的敌意导致狂热分子无法参与一直持续到今天的对话中来。这一观察结论——在许多国家关于用于食品生产的转基因生物的早期辩论中也存在类似的情况——支持了这样一种观点，即对意义的集中关注，特别是包括对纳米技术可能的负面作用和风险在内的深入研究，导致了这一具有建构性的过程。

尤其是在纳米技术伦理反思出现的早期〔MNY 03, KHU 04, GRU 05〕，对于常规化的建构性进程可能具有特殊的意义。在这场辩论的开始阶段，与其说是关于应用伦理学意义上的具体伦理问题〔GRU 10a〕，不如说是关于纳米技术领域的解释学渗透问题，而纳米技术在当时显得非常新。伦理反思没有为具体行动提供方向〔被彻底批评为思辨伦理（speculative ethics）〔NOR 07a〕〕，而是导向了对该领域的概念和主题分析。另一个结果是，大多数伦理问题都不是新的；他们都以新形式提出了旧问题〔GRU 12b，第6章〕。然而，这也是一种适应的形式：将一种最初看起来完全崭新的东西，转变成一种最终只与我们熟悉的道德问题逐渐不同的东西。负责任研究与创新关于纳米技术辩论的这个方面，也可能是其他新兴科技领域的特点，在这些领域中，首要的任务是理解该技术的真正含义。

这将我们引向本书的主要兴趣点，即探讨负责任研究与创新辩论的起点〔它们是在上游隐喻中的"源头（spring）"〕，并追问负责任研究与创新中反思的对象是如何构成的（第2章），以及为什么以这种特定的方式来构成。通过早期的、部分是思辨性的分析，我们可以了解并有助于我们的当下："这些愿景告诉我们关于现在的什么，它们对现在的含蓄批评是什么，它们如何以及为什么要求我们改变？"［NOR 07a, p.41］对未来后果的考虑越具有思辨性，它们就越不能作为具体（政治）行动和决定的方向。概念的、前伦理（pre-ethical）的、启发式的和解释学的问题就变得更加重要。那么，首要的问题是澄清人们所说的思辨性发展到底是怎么回事，有什么问题，什么权利可能受到威胁，人、自然和技术会被塑造成什么形象以及它们如何改变，涉及什么样的人类学问题，在对未来的预测中隐含了什么样的社会规范模型［GRU 10a］①。

解释学努力把握纳米技术的概念并努力理解纳米技术本身及其与目前及未来社会的关系，对于纳米辩论的建构性过程也有着重要作用，但这样的情况并不是发生在一个孤立的专家小组中，而是发生在具有双重意义的对话中。首先，这些努力是在与纳米技术本身的对话中进行的，例如以跨学科专家小组的形式［SCH 06, TEN 07］。其次，这种相当有争议的意义澄清是在公开辩论的框架内透明地进行的。大量的正式对话、公开讲座和研讨会、媒体的贡献和采访导致了社会适应的解释学过程以及整个社会都能感受到的相关技术的常规化。这反过来又对事态的建构性发展产生了相应的影响。

最后，我想指出，纳米技术的多元化，向复数的纳米技术的转变，即放弃单一的定义，支持本质上具有外延的和叙事性痕迹的表征（第5.3节），肯定有助于这种常规化。在试图达成一项定义的过程中，最终变得清楚的是，不可能从科学和技术的层面

① 格伦瓦尔德［GRU 10a］与批判思辨性纳米伦理［NOR 07a］的观点的冲突当然可以算作发现负责任研究与创新以及技术评估的解释学维度的起点。

上就一项硬性定义达成一致意见。纳米技术是一个伞状术语，它代表了许多发展方向的总称，这些发展方向要么只是初步的，要么根本没有联系。去纠缠（disentanglement）[NOR 07b]是这种多元化的一种表达，它记录了对纳米技术的关注从宏大故事到许多具体细节的转变。

5.4.3 从负责任研究与创新辩论中吸取的经验

如果认为运用技术远景未来、定义和表征来定义纳米技术的相关工作为纳米技术与社会之间交流的建构性过程作出了重要贡献这一预设至少是部分正确的话，那么显然就应该从负责研究与创新的相关辩论中获得某些启示。在前文中关于纳米技术伦理的、反思性的以及解释学辩论的结果和影响的分析中，我提出了这样的假设，即，尽管想要一个纳米技术的建构性模型这样的雄伟目标还没有达成，但辩论的部分影响正好在于它成功地把纳米技术作为一种"常规"技术嵌入到社会中了：

STS研究、技术评估（TA）、伦理反思以及风险研究所实现的正是它们帮助纳米技术以一种独特的方式嵌入到社会中。[GRU 11b]

这一历史情况给了我们将纳米技术的解释学研究作为负责任研究与创新辩论的补充性扩展而加以把握的理由。解释学分析追问的是当前这些技术远景未来的意义（就像第1章里提到的），而不是反思那些虽然可能却很遥远并且多少带有思辨性的未来发展。即使在这方面，有关纳米技术的辩论也是负责任研究与创新辩论的范例[GRU 14a]。

这个从有关责任问题向技术远景未来（第 2 章）的产生和分配的扩展过程是十分明显的：纳米技术的未来强力地塑造了相关辩论。然而，很难回答的问题是：承担责任在这一联系中意味着什么。例如，没必要去问是埃里克·德莱克斯勒的《创造的引擎》[DRE 86]，比尔·乔伊的《未来为什么不需要我们》[JOY 00]还是人类增强的各种想象中的承诺（visionary promises）[ROC 02]应该为交流行为负责。无论如何，它们代表了对各自社会集群的介入并且会产生后果，有些后果的影响是巨大的，所以至少在行动理论中涉及责任问题是合理的（根据第 2 章的内容）。但是，很难想象，可以发展出某种类似技术远景未来创造和交流行为守则的东西①。这时，把责任视为被分配到各种行动者之中就显得更加合理了。比如，然后就可以合理地涉及技术评估的责任、哲学的责任、伦理的和科学技术与社会研究的责任，第一步，有效地呈现这些由特定行动者描绘的未来，第二步，对它们的意义和承诺进行批判性的审查，第三步，以跟纳米技术和社会的双方面对话为媒介。这也许是纳米技术相关辩论给我们上的最重要的一课，同时，也为有关新兴科技发展的其他负责任研究与创新辩论上了一课。

这把论证线拉回到这本书的原初动机：引入解释学以促进当前技术辩论中的自我启蒙（第 1 章）。解释学分析的贡献应该表现为帮助我们理解这些过程，正如我们从纳米技术领域内部看到的那样。理解的改进应该与这些过程在现实世界发生同步，这样才能为这些过程本身尤其是民主辩论提供定向。

---

① 德国国家科学与工程院〔The National Academy of Science and Engineering in Germany (acatech)〕至少已经在这个方向上开始了初步的工作［ACA 12］。

第 6 章　机器人：对人类自我理解的挑战

机器人并不是一种典型的新兴科技。它更属于一种长期存在的具有非常明确的应用领域的科技发展：工业机器人、服务机器人、无人机、自动驾驶汽车、机器人邮递员以及护理机器人。但是，机器人在最近十年的发展，引发了大量关于机器人在人类与技术未来关系上的意义问题。本章的主旨在于阐明机器人技术的进步，迫使我们更好地理解我们人类自身，既包括作为个体的人也包括社会语境中的人。

6.1 ｜ 自主技术：对我们理解力的挑战

我们可以从近几十年来的发展中看到技术系统是如何被配备得越来越"自主（autonomy）"。在大众市场的一种早期应用是汽车自动装置（automatic gears）的使用，并且迅速被全球接受。在 20 世纪的 70 年代和 80 年代，工业机器人的使用促成了装配生产线的大规模自动化，这从根本上提高了生产效率，但同时仅仅在德国就造成了数以百万计的工作岗位过剩。在这方面的应用中，机器人在生产过程中执行精确定义的程序。机器人也被引入了那些不可能进行人类活动的领域，通常是过于危险的或者非常枯燥的领域。人们比较熟悉的例子包括像是把机器人应用于航天、核电站的维护以及深海潜水等领域。

虽然这些发展大多在工厂、安全系统背后或难以进入的区域进行，从而远离公众的视线，但机器人技术的重大进步可能越来越多地影响人们的生活世界。传感器领域的技术进步改进了我们对于环境的感知，机电一体化领域的进步使得爬楼梯等运动成为可能，电子领域的进步使得信息处理能力巨幅提高，也使得机器人可以在人类环境中作为自主系统独立完成某些任务，例如，替代人类。窗户清洁机器人取代了窗户清洁工，搜索引擎在互联网上进行咨询，自动导航的飞机，服务机器人工作于化工厂或核电站中，自动监控系统取代或者补充了人类警卫。

几十年来，某些技术未来已经使我们熟悉了机器人。对于那些在科幻小说以及影视中呈现的关于未来的观念中，我们对于机器人将要掌管重要职能、与人类进行合作与交流、具有决定自己命运的能力以及能够自由采取行动的观念已经很熟悉了。在《星球大战》或《星际迷航》等全球大片描绘的未来世界中，机器人属于完全自然的类别，如果没有它们，这些世界将难以想象。

这似乎表明机器人常规化甚至早于它们在人类世界占据它们已经在这些未来中具有的那些位置（对比纳米技术常规化：参见第 5 章）。即使如此，它们也具有两种形式：坚称要掌管世界的作为人类威胁的形式与为人类提供支持与帮助的形式。总的来说，这种二重性包含了许多技术争议的一个核心问题，即根本上对于技术的矛盾心理［GRU 09a］，基于此，技术评估也只是在害怕失去对技术的控制与希望获得技术更多的支持之间交替。

另一方面，技术领域取得的巨大进步正是人类创造力和生产力发展的结果，因此也给了人类自豪与自信的理由。类比于《旧约》中《创世纪》的故事，人作为技术的创造者，本可以在每天结束的时候回顾他的工作并且说，这很好。但这并没有发生，至少不是明确地发生。我们被疑问困扰着，这个疑问就是我们所做的工作为我们创造了什么意义？例如，工业4.0技术想象式的前景（The techno-visionary prospects）（该词组来自于维基百科，因为没有参考文献）只是未来美好世界的一部分而已。因此，与这些前景必然联系在一起的问题就是在这个语境中，人的位置在哪儿，最重要的是人在哪里会找到工作的机会。这被表达为一句简洁的说法："未来为什么不需要我们。"［JOY 00］技术进步伴随着人们的担忧——未来在某个时候就不再需要我们了。人们担心我们可能会在中长期之后成为我们自己成功的受害者。这种令人痛苦的自我怀疑使得我们不能好好地回顾我们一天的工作并感到满足。

关于本章的主题，一方面，这种矛盾心理在机器人领域表现得尤为明显。另一方面，我们需要从这矛盾中学习而不是简单地接受或者抱怨。借助解释学的视角，我想问的是机器人领域的进步对我们理解作为人类自身以及我们对人类的理解意味着什么。我们将看到技术进步要求我们建立自我描述（self-description）更加精确的表达式，至少是在我们还将自己看成是机器人或者其他技术人工物的"他者"的时候。作为案例研究，我将检验机器人能否制定规划的问题，以及如果它们掌握了这个传统上专属于人类的领域之后对于我们人类的影响是什么（第6.2节）。虽然这个问题是尝试对已经存在很长时间的技术发展进行解释，但至少，了解一下机器人技术远景发展还是为追踪当前人与技术关系的发展提供了更多的契机（第6.3节）。

6.2 ｜ 能够进行规划的机器人和人的自我形象

在本章中，机器人能否具有规划（planning）能力的问题——机器人学的通用说法——是一个具有启发性的例子。例如，其焦点是自主机器人需要在陌生的环境中找到出路并且没有远程控制。问题是，可以说这些机器人以什么方式、根据什么权利、为了什么目的进行规划？它是基于对行动和规划的什么样的理解来进行规划的？机器人规划的概念含义是什么？涉及人类和机器人区分的深层解释学问题隐藏在这些看似简单的问题背后。

6.2.1 规划机器人

谈及机器人，尤其是自主系统，经常就涉及规划领域的术语。这种对规划语言（planning language）的使用可以追溯到20世纪70年代人工智能（AI）运动的早期。机器人学家关于规划的基本假设可以溯及几十年前的一个观点：

解决问题、搜索，以及规划是能够从大量基础知识中获得……指令（instructions）的方法……事关初始状态、目标以及已知的任何中间状态的定义……总的说来，达成目标的途径有许多种……在规划中，为了识别出核心决策首先要制定手段——目标表。［DEC 97］

类似于人们在其生活世界中的表现的典型应用是机器人需要

在其不熟悉的环境中找到出路，例如，需要翻越或者绕过它们前进路上的障碍。另一种应用是需要协调几个队员的动作的足球机器人。从行业内（constructors）看，机器人自主性正朝着更强大的方向飞速前进。这将进一步增强对规划能力的要求，因为机器人必须具有规划能力才能在执行自主建立的计划时完成为它们准备的任务，才能处理突发的、不在编程内的情况：

在未来，机器人将远不止是特殊的机器人工具。它们将自主地与人类一起工作，去执行复杂的任务还能够在未知或者变化的环境中，在缺乏对行动过程的详细说明的情况下，确定工作内容。［STE 01］

15年前的大部分预期在当前已成为现实。例如，自动驾驶汽车［MAU 16］只不过是在轮子上移动的自主机器人，运送着人或商品。街道交通就是一系列连续的非预期事件。无人机就是能够在军事区域独立搜索目标的飞行机器人。还有一些机器人已经应用于看护领域。

规划能力方面是几十年来人工智能理论以及实现自主性人工物理论的核心部分［POL 95］。机器人作为自主系统被要求在未知的环境中寻找出路以及完成一系列任务（例如，在一个建筑物中进行运输操作），都是机器人最重要的应用以及对其表现的测试。这就提出了如何理解其中所使用的规划的问题以及机器人的规划与人的规划的关系问题。如果规划能力在非隐喻的意义上被赋予了机器人，那么它们就被纳入了一个"规划者共同体"——这是朝向技术社会化的一步［JOE 01］。当与哲学人类学相比较的时候，这一赋予的重要性就更加明显，因为对于哲学人类学来说，规划所必需的计划的能力以及在语言学意义之上对可能的未来进行想象的能力都是人类特殊性的组成要素（Sonderstellung）［KAM 73］。对这些问题的回答明显地要触及责任问题——谁来对机器人的规划及其后果负责？

本书所引用的文献都是最新的，尽管某些领域已经取得了快速的技术进步。应该说它们领先了它们的时代。一些新的发展，比如进化机器人，预测计算或者自适应环境（adaptive ambience）［GUT 15］引领了进步以及新的技术机遇，还包括新的社会技术集群［RAM 07］。但是，涉及人机接口的问题依旧存在。比如人与机器人在工作中合作的问题［MON 15］，机器人进化的问题［GUT 15］，机器人的活动是否以及什么时候能够取代人类的问题［JAN 12］[①]。

6.2.2 规划是一种特殊类型的行动

由于规划是一种特殊形式的行动［HAB 68, GRU 00］，对于规划概念的介绍始于下述对行动（action）的定义，该定义强调了行动与行为（behavior）的对比［JAN 01］：

——从观察者的角度可以将行动归因于行动者（作为行动的原因）；

——行动可以被施行也可以被取消，虽然不具有任意的自由度，但却基于特定的理由；

——行动可以是成功或失败的，即存在成功的标准和条件，这些通常在关于目的和手段的工具理性中得以阐释。

---

① 由于这个原因，我保留了一部分20多年以前的引文。它们提出的认知与规范问题与我在本章想要讨论的问题依旧相关。

把某事（something）分类为行动是由外界的观察者或者行动者自己作出的一种解释［LEN 93］。在后一种情况下，行动者必须将自己从自身之中分离出来以便能够作出解释。因此，行动并不是本体论上的断言，而是一种相应于情境的解释和一种可论证的说明性归因。如果卡车正在行驶，我们并不说卡车在行动而是说卡车司机在行动，依据是预设了司机的行动（刹车）与这些行动的可感知效果（卡车停止）之间的一种因果关系。在冰上滑行或者咳嗽发作就不能满足行动的判据，一般来说，只是一些"偶发事件"［KAM 73］——仅仅是发生了而已。咳嗽发作既不是成功也不是失败。这只是看起来微不足道的事件，因为也有一些情况下咳嗽也可以变成行动：移除呼吸道中的面包屑，想要在音乐厅里引起注意或者提醒生意伙伴——他正在谈判中犯错误。

这说明把一个现象划分为行动是通过归因来进行的，而归因就要依赖于对每个具体情况及其语境来解释［SCH 87, LEN 93］。两声咳嗽可能在现象上是一样的，但是，很有可能通过解释，一种被划归为行为和事件，另一种则被归为行动。由于解释可能具有争议，行动概念的归因也会在具体情况下遭遇挑战。

上述意义上的行动是可以学习的。从上面给定的判定条件来看，行动是可以改进的，而单纯的行为则不能。关于手段和目的之间关系的知识以及纠正错误的知识只能与行动有关，而不是行为。行动属于成功的条件，根据这些条件就可以对成功进行度量，也使得学习成为可能，因为（从技术层面看）在目标与当前所取得的成就之间的差距可以用来追问差异产生原因以及考虑引进可能的改进方法。

上述意义上的行动概念也是与责任概念相关的（第 2 章）。

谈及行动，我们可以谈论原因、结果以及责任。由于人类具有行动能力，所以将自身放置在一个社会—文化语境中并且把自身定义为社会存在，社会存在意味着能够进行并谈论行动，能够在多种选择的情况下作出行动选择，能够实施行动并且（在事前以及事后）谈论后果及责任（第2章）。将行动概念与单纯的行为相区别是（现代）人类自我贡献的一部分。但是，还有其他可供选择的自我描述方式。可以想象在有些文化当中，并不区分行动和行为而是将它们统统归到行为的名下。结果，这些文化就不得不去除责任、罪恶、正义以及不正义这类概念。近来一些关于人类纯粹的自然主义形象（image）的争论就指向了这个方向［JAN 12］。接下来就必须要弄清楚对机器人的行动能力或者规划能力的归因是否以及在什么程度上会与人类的行动与规划能力比肩，或者还存在哪些概念上的差异。

规划是对实现特定目标的未来行动的主动关注。规划是对目地或目标的预期反映，也是对那些不能直接实现目标的行动方案的预期反映：在试验性行动的意义上对各个未来行动进行设计（drafting）［SCH 81, STA 70］。规划的目标是为了准备行动而对可能的行动选择加以预先设计、反映以及判断。规划只能是间接地实现目标。只有计划的实施才被视为对目标的实现，而计划本身却不是。规划是在可能性空间中进行的假设性和实验性的行动，各种可能的选项都可以实现。它表述如下：

［……］作为在想象中对各种不同的竞争性可能行动方向进行的生动的（dramatic testing）测试。各种习惯以及驱动因素被实验性地交织在一起，以便明确一旦采取某个行动会导致什么样

的结果［DEW 22, p.190］。

舒茨（Schütz）［SCH 71, SCH 81］强调并阐释了杜威（Dewey）
［DEW 22］的观点，在现象学家看来规划同样指出了预期中的行动和现实行动之间的差别：

> ［……］设计中的行动原则上独立于所有现实行动。任何对行动的设计（drafting）都只不过是行动的想象。即，一种自发活动（activity）的想象，但却不是自发活动本身。［SCH 81, p.77］

规划是对那些看起来既未知又不明显的目标系统或者行动方案的设计和准备：如果一个决策者已经有了行动方案，他（她）就根本不需要计划了。规划是对将来行动的理性预期，也是获得充分行动期望的方法［STA 70］。规划总是而且只是关注那些需要设计、准备、建构、组合、选择以及做决定的情况。

规划概念的一个根本属性是它的二阶目的理性特征（second-order purposive rational character）［GRU 00］。首先，一个计划的每个行动步骤都必须符合目的理性，而且必须能够按照期望导向某一个次级目标的实现。第二，这些因素也必须按照目的理性的方式安排。必须对单个因素加以组合，这样整体的目标才能实现：规划是由合目的理性因素按照合目的理性方式组合而成的［HAB 68］。这二阶目的理性意味着规划是在理性和知识空间中进行的，而且必须是推论式地展开（第4章）［GRU 00］。一个规划论述必须包括关于明确目的和目标的论述，对通过某些方式达成预期目标的各种选项进行精细化以及从选项中做最后的决定。这个结构对于分析机器人的规划非常重要。

6.2.3 第 1 步：机器人能行动吗

上文给出的行动定义提出了一个问题，即谁（或者什么）可以成为行动者。就行动的必要标准是只能够由人类来满足，还是某些情境下的某些人来满足，还是由康德意义上理性存在来满足，还是由某些动物（比如灵长类）来满足——甚或由机器人来满足，还都是经验性问题。由相关标准决定的行动定义在两个方向上是开放的：不是所有人类都能够行动，而行动者也不必是人类。看看年幼的孩子、精神错乱的人、昏迷的病人、那些具有不同程度残障的人以及患有强迫性精神障碍的人，就会发现不是所有人类都能够行动。即使是熟睡的人也不能够行动。

相反地，那些不属于智人（Homo sapiens）的存在物能够行动却是可能的。标准的满足是基于解释和重构的经验性问题。这样的话，就会给判断带来大量的麻烦，比如，大猩猩的行为就有可能被划为行动。必要的解释就会被批评为仅仅是对拟人化的误解（anthropomorphic misrepresentations），因为人类并不与灵长类共享散漫的（discursive）群体生活方式。后者同样适用于人与机器人之间的关系。但是，不同于灵长类的是人类构造了机器人，因此，机器人在功能性方面应得到比灵长类更好的了解。

下一步就要问 6.2.1 节描述的那些机器人规划类型依据给定的行动定义来看会怎么样。简单来说，三个判据看起来都满足：

——行动的因果性：从自主机器人能够导致一些事情，其结果也可以因果归因于它们这点来看，是没问题的；

——对成功或失败的鉴别：由于这样的机器人都有具体的任务（比如开采矿山、送信或者把人从 A 处送到 B 处），因此，成功、失败或者部分成功都可以轻易地从外部观察者的视角来判定；

——取消的能力：例如，一个具体的机器人行动，绕过一个障碍物，从一个外部观察者的视角来看，是可以取消的，这就类似于人类能动者的行动——也就是说，行动的决定性论据如果改变的话，根据对不同情境的判断可以取消行动。由于人类的自由不能被理解成随机发生器，而是意味着基于好的理由而自由地作出决定，那么我们必须承认一个从一系列行动方案中选取一个适合当下情境判断与它正在执行的任务的行动的机器人，如果其理由变化了，它也会停止行动继而选择另外的行动方案。

这些考虑都不会成为否定自主机器人行动能力的论证。但是，一种反对这种结论的后果主义论证被反复提及：与实施的行动相连的责任归属论证（第2章）。一些人认为，如果赋予机器人行动能力，那么也应赋予它们相应的责任。这些观点认为，由于给机器人赋予责任看起来是反直觉的，所以机器人不能被认为是有能力行动的。

详细审视一下责任概念就会发现这个论证的谬误之处。由于对责任概念的认识模糊不清，这个论证认为给机器人赋予行动能力蕴含了法律或者道德责任的赋予［GRU 12c］（第2章）。行动能力是负责任的必要条件但不是充分条件。只有那些与引发行动相关的责任，可以适用于机器人，因为行动从属于它——但这并不自动蕴含机器人的任何法律或道德责任。对于机器人行动所涉及的部分责任还是在因果责任情况下，法律和道德责任的分配可以通向机器人的拥有者、操作者或者制造商［CHR 01, DEC 13］。

上述关于给机器人赋予行动能力的论证受制于一个前提，而这个前提为进一步地区分提供了理由。在这个论证中，把行动理解成一个赋予性术语被认为是来自于外部观察者的视角。现在我们来设想一个思想实验：一个正在行动的人类被这样观察。然后，这个人类将被一个机器人以功能相等的方式替代。如果现在一个外部观察者将要对机器人的行为进行认定，他的结论对于机器人和人应该是一样的：二者都被视为行动。这个实验表明，一方面，上述的思维训练得到进一步发展：替代了正在行动的人类的机器人在行动；另一方面，差异依旧存在。在另一个思想实验中，被观察的人类和机器人都不会被问到他的/它的活动、任务、判断和理由。结论来自观察和重构的外部视角。这一做法对人类来说有点矫揉造作：为什么不直接问行动中的人，他们的理由是什么？但是，对于机器人而言，问它们行动的理由可能更加困难甚或是不可能的。这一发现指向了人与机器人之间，即使在二者都被认为具有行动能力的时候，仍然具有的一个深层的不同之处。我们稍后再回到这个差异。

6.2.4 第2步：当机器人规划的时候它们在干什么

通常，一般根据人工智能与人工生命机器人之间的不同而将规划机器人分为两类［KIN 97］：

——基于环境数据分析的机器人，可以根据预先确定的一系列判定条件从预先确定的选项中选择行动方案；

——基于神经网络的机器人，可以结合学习结果对规划和决策的依据作出改变。

对于两种情况而言，规划作为未来行动的准备显然具有至关重要的意义。第一种类型实质上相当简单，因为行动的数量和判据的数量都是预先决定好的。这种情况下，规划就局限于根据情境将选项分配给行动。但是第二种类型就非常有趣，因为有问题的行动方案可能是机器人自己原创的而不是根据预先决定的选项来设定的。从实施行动的经验积累中学习——比如，穿越一片未知区域——是这类规划的核心。新的行动方式可能会以一种未知的方式从学习过程中获得［KIN 97］。这就使一种控制机制变得必要：一个机器人通过学习实现的不可预知的行为可能会引致不好的后果。机器人可能失控。控制机制需要确保机器人的行为仍旧处于给定的框架之内，或者机器人可以被关掉。

如果规划被理解成实验性的测试行动［SCH 71］，就不得不面对机器人学习的具体过程到底是什么样的问题。原因在于：

> 学习由一个神经网络内的个体链接的重组和重估构成［……］，比如，我们之前谈过监督式学习，通过这个，人类可以实施控制。如果我们向前一步，变成无监督地学习，那么我们会用一些明确界定的学习规则替代监督系统。整个系统会根据这些学习规则对自身进行优化。［SCH 93b］

从这个解释可以得出这样的结论，即机器人学习在经验中发生。在对 AMOS［KIN 94］或 ARMAR［ASF 99］这样的自主机器人进行反思的时候，首先，很重要的是它并不是在预先制定好的环境模型中进行处理，而是通过经验生产自身并持续地改进和适应它。在一个建筑物内部四处移动的机器人邮递员或者行政机构的通信机器人就是一个应对障碍物的典型例证。通过传感器信号，机器人边移动边生成一个它周围环境的模型。只要这些障碍物是静止的，那么由墙壁、门、电梯等构成的模型就可以毫无问题地加以应用。在操作过程中，机器人利用传感技术持续地检查，不论它的模型是否仍是最新的。如果一个通常开着的门，一旦被关上了，它就会中断规划，就像突然出现一个障碍物阻碍了它前进一样。规划的任何一个中断都表明了现实情况与期望之间的背离。在这样的情况下，机器人定义了一个区域，在这个区域内环境模型和现实之间的差异构成了一个兴趣区域（region of interest，ROI）[KNI 94, p.77]。通过对意外情况的实验性应对，机器人可以获得经验。它可以尝试利用声音信号来使障碍物让路（障碍物可能是个人，它可以在听到信号之后走到一旁），它可以尝试把障碍物推到一边（也许它是一个空纸箱），或者如果没有别的办法了，机器人可以通知它的操作员。在走廊里行进停止或转 U 形弯的练习都可以按照这样的方式来规划[SCH 95]。这项工作最重要的挑战之一就是对规划的各种中断进行分类[KNI 94, p.80]以便随后对问题作出诊断并尽快找到合适的解决方法。

潜在的规划理论范式由系统—环境互动中反馈的控制论规划模型构成。这个规划概念的核心[STA 70, CHU 68, CHA 78]包括一个控制论的反馈环路：一个规划系统计划改变环境中的某些参数并采取措施实现这个目标。随后对这些措施应用的后果进行监控，同时比对预期，对结果进行评估。通过这样的反馈控制机制就会检测到与预期的背离并且在后续措施中加以考虑。学习由这个控制论环路的不断重复运行组成，经验信息也相应地累积起来。实际上，一个机器人在未知环境中的实验以及获得的经验可以被解释成控制论规划理论框架内的规划过程。

上述关于规划概念的文献，特别是那些关于排序和区分不同选项的必要的目的理性特性（specifics）的文献（[GRU 00]，第 3 章）并没有提供任何驳斥规划机器人概念的根据。机器人通过传感器对当前情境进行解读并与目标情境相比较。机器人根据知识储备将一系列可能的计划汇总起来，然后依据一系列给定标准作出选择和组合。规划的特性，特别是工具理性，显然包含其中。考虑到控制论循环（cybernetic loop），机器人规划的"规划—理论"模型是可能和充分的。

但是，在控制论模型中的机器人规划与人类规划比起来是极其受限制的规划类型［GRU 00］。这需要从两方面说明：指出控制论反馈实际是低级的有缺陷的规划模型，并且检查前规划协议（preplanning agreements）。

（1）控制论机制由从经验中获得的学习构成，这些经验或多或少来自于充分准备的测试以及控制论控制环路中采取的实际行动步骤。在适应性和可持续性规划模型当中，机器人使自己适应于它周围的环境条件。规划的规范性——即根据某些目标制订计划，并且，如果合适的话，就实施这个计划——既没有一个被考虑进控制论模型也没有一个可以重建这种规范性的机制［GRU 12c］。检查规划结果以及将当前情境（"是什么"）与理想情况（"应该是什么"）相比较的机制直接作为规划目标规范性的替代物而起作用。机器人不需要提前确定对象、提前推理达成目标的方式以及可能的偶发结果，但它可以尝试不同的行动并分析结果。但是，例如，对 AMOS 和 ARMAR 而言，在规划其他类型的任务时，比如建一所房子，或者完成大规模的技术项目时需要更加详细的预期，失败无疑是在情理之中的［SCH 81］。在后一种情况下，关键问题在于明确目标以及通过应用恰当的方式实现这些目标，而不是适应环境条件。这种单一规划类型的特性在于其中所蕴含的规范性以及先前对整个过程的建模与仿真，其中包含了永久性的反思（permanent reflection）。比较而言，控制论规划只是一种改良版的试错法——这种方法作为规则在规范的人类规划当中的作用并不大。因此，即使机器人能够规划，它们也只能在一种很低端的（poor）规划概念范围内进行。

（2）机器人规划能力的另一种局限性来自于与规划前作出的决定相关的问题。具体的规划并不是与前提无关而是基于之前的决定，因此各个规划任务的可能性空间，各种选项以及搜索解决方案的范围都是预先决定了的。在规划过程开始之前就被已经决定的初始条件定义了后续规划的阶段和场景。它们决定性地影响了人们规划的方式以及可能的计划的样子。这些预先计划协议的要素（第 4.2 节）[GRU 00]包括对需要考虑的目标区域的限定、系统边界的处理、公认目标和手段的范围的确定以及从几种可能方案中选择一个计划的标准的设定。前计划协议是对首要的可想象的多样性的语境进行限制并且应该减少其偶然性。规划语境可以根据前计划协议是否在规划者的控制之下或者它们是否从外部为规划者设置这两种情况来加以区分。从这一点来看，机器人处于较弱的情况。

6.2.5 能规划的人与能规划的机器人之间的差异

就像上文描绘的那样，一个机器人的规划能力在控制论规划模型中是可描述的（第 6.2.3 节）。被阐明的对象以及目标环境都是受限制的：一部分原因在于类似算法的序列（algorithm-like sequences）是被决定的，另一部分原因在于作为基础的知识也是预先定义的，这些限制通过控制架构等方面来限制机器人。前计划协议（第 6.2.4 节）一旦制定就不能由机器人自己修改。因此，虽然机器人的行为在规划时可以明确指明，但它是一种非常特殊的和简化的规划：

自主机器人的行为是——通过使用当下的信息处理技术——由它们基于程序和数据形式的知识所标记的，而且不论它采取什么形式都是预知的。这个知识基础，它的应用及其扩展，即使是在所谓的自主学习系统情况下，都是由人类在实现机器人系统过程中预先决定的。[STE 01]

现在，你的第一反应可能是：规划机器人被迫在人类预先计划好的而机器人无法改变的协议范围内进行规划——一种很糟糕的情况。相反，人类被认为可以随意改变前计划协议。但是，将一个能够自由地进行规划的人类和一个严格被控制的机器人规划相提并论是有问题的（falls short）。人类规划也常常发生在被严格限制的可能性空间中（比如，发生在限制性的雇佣关系中）。将来可能的发展趋势是，机器人按照限制性计划协议进行简单规划的能力正逐渐向自由的和复杂的规划过程转型，而这并不会必然导致机器人转型为人的质的跨越。

如此一来，就有可能在限制中出现重构转向（reconstruct shifts）。由于技术进步会增加机器人的规划能力，先前的局限将会发生转变。人与技术人工物的界限变得越来越模糊。但是，拉图尔提出[LAT 87]的要用同样的语言谈及机器人和人类以及要承认二者之间完全对称关系的要求，在这一关系中并没有起到什么作用。虽然我们可能以同样的方式谈论能规划的机器人和能规划的人类，但正如上文提到的，人类和机器人之间的完全对称关系并不能据此得出。要想从同一套规划术语的使用中得出人与机器人之间的完全对称关系，就只能极端地忽视不同的规划模型、对预先计划协议的不同处理方式以及对所涉及的规范性层次的不同对待方式。为了更好地理解规划机器人和人类，更好地理解他们的相似性和差异性以及更好地理解他们之间随着时间的推移而发生的转变，就必须对二者加以区分。只有对差异的艰苦思考才有启发性：在对具有规划能力的机器人和具有规划能力的人进行比较的过程中，人仍旧可以从会规划的人那里发现一些情况，即人类规划的特征以及他们那些在某种程度上由外界的前计划决策所设定的以及由某些职权范围（比如在雇佣法或者产业发展中的劳动力组织中）所设定的有限的局限性。

当我们反思规划机器人和人的时候，我们也重构了自己〔参见乔吉斯（Joerges）［JOE 01, p.196］，其中参考了拉图尔的观点〕。我们能够谈论规划机器人的事实并不意味着人类和机器人的规划能力处于同样的水平［GRU 12c］。在某种意义上这是矛盾的，对规划机器人和人类运用同样的术语加剧了不对称性而不是促进了对称性。如果我们重构机器人邮递员的工作，我们将——从形式上——发现机器人邮递员的行动—理论结构与我们重构人类邮递员行动时所使用的行动—理论结构是相同的。对机器人来说，通常被认为会受到目标设定能力的严格限制——任务已被编入程序之中，然而，这并不足以构成反驳的条件，因为在一种由雇佣法所规制的环境中，即使是人类邮递员也只能具有被严格限制的目标设定能力；原则上，他必须要做那些在其工作范围内由领导指定的事情。在这一层次上，人类邮递员和机器人邮递员是同等的——否则，机器人邮递员就无法替代人类邮递员。

除此之外，在机器人邮递员和人类邮递员之间还存在着相当大的不对称性。一个在功能上与人类邮递员相同的机器人，即具有同样的邮递表现，不仅会对邮递任务加以规划，还会为那些发生在预设的初始条件下以及特定意义上的问题制定解决方案。人类邮递员为了完成他的职责，会根据对规划相似的理解以及可能相似的标准进行行动计划。虽然机器人邮递员通过编程和控制结构致力于作为邮递员的身份，人类邮递员却可以放弃这一身份。为了把行动与行为区别开，需要对取消行动的能力要求加以区分。对机器人而言，当它在一众选项中作出行动选择的时候，就达到了这种能力要求——但这些都还在它的身份范围内。另一方面，人类邮递员可以更加彻底地理解取消行动的含义并且放弃他的身份角色。例如，人类邮递员可以参加工会组织的罢工。又或者一个人类邮递员在他工作过程中发现一个由于健康原因急需帮助的人，他会迅速停止工作去帮助那个人——机器人却不会这么做。对取消已计划行动并转向另一行动和规划轨迹的能力的度量（The measure）被证明是区分规划性人类和规划性机器人的关键，同时也是衡量这个领域未来转向的重要参数。

6.3 ｜ 机器人技术的未来

机器人领域最著名的技术前景无疑是那些被科幻文学和科幻影视作品所创造和宣扬的。在远没有任何技术可能性之前，机器人就在小说和电影中占据了重要角色。著名的例子包括弗里茨·朗（Fritz Lang）令人瞠目的默片《大都市》（1927）里可编程的机械人类（machine man），斯坦利·库布里克（Stanley Kubrick）的《2001：太空漫游》（1968）中的被认为永远不会犯错的 HAL-9000，以及乔治·卢卡斯（George Lucas）的《星球大战》中的球形机器人 R2D2（1977）。电影《我，机器人》〔亚历克斯·普罗亚斯（Alex Proyas），2004〕的一个主题是关于 NS-5 机器人桑尼如何在偶然间获得意识的——至少是在影片中。在机器人占据科幻电影这么长的时间里，机器人的社会适应过程已经发生了。假想的情景被一遍又一遍地提及，以至于当人们在街头购物或者工作的时候真正地遇见一个机器人也不会觉得吃惊。这样的情景在电影中太常见了。

因此，机器人领域的技术前景与真实的技术发展之间的关系与其他新兴科技的发展是非常不同的。对于其他新兴科技而言，考虑到在各个方面可能导致的深远影响，愿景和焦虑可以超前于技术的发展，社会辩论也可以得到最大程度的激发（参见第 5 章的纳米技术和格伦瓦尔德关于合成生物学的论述〔GRU 16a〕），而对于机器人来说，社会适应过程早已开始。相比于纳米技术的早期愿景，机器人的愿景看起来熟悉多了。一方面，这是因为它长期出现在科幻小说中，另一方面也因为，人形机器人是传统机器人的典型。这种机器人的大小和形状都模仿人类的做法在 1927 年就被弗里茨·朗采用了，在影片中机器模型完美地模仿了一个女人及其相貌。作为这样设计的一个结果，机器人的构造方面都是与人类相似的。对于许多实践目的来说，这样做是非常有意义的。使机器人在大小和形状方面类似于人类，即使不是必须的，也有利于它们的使用，比如，作为一个助手或者伙伴〔BÖH 14〕。正是由于它们的外形，机器人——人类的创造物——在视觉上表明了它们与人类的亲近性。

当今机器人正越来越多地进入我们的日常生活领域，一个已经准备好迎接它们的领域［DEC 11］。此时我们并不需要一个复杂的冒险的常规化过程，因为它已经在不经意间发生了。所以，它的解释学问题不同于那些典型的新兴科技发展所引发的问题。关键点不是简单地理解机器人在当前或者未来世界可能具有的意义，或者为了实现负责任研究与创新辩论的可能意义而去理解愿景辩论对我们当下有什么启示（第1章）。相反，科幻小说提供了大量的机器人的角色模型以及人与机器人的关系模型。关于机器人的意义与角色的问题［MEI 12, MAI 15］可以直接从现有的角色模型及其在影视、艺术以及文学作品中的描述开始。

从这种角度来看，关注这些可能的角色就不属于愿景评估〔就像鲍赫利和波普（Böhle/Bopp）阐述的那样［BÖH 14］〕，因为我们并不是在处理那些新的、包含机器人的未来愿景。相反，我们要对付的正是现在。关于意义的问题转变成关于当下已经存在的角色的解释学问题，因为这些角色是由科幻小说引介而来，并时不时被政府资助的研究项目以及机器人学研究自身的描述所影响。

机器人作为人类"伙伴"的角色引起了特别的关注［BÖH 14］。人与机器人的未来关系常常被修辞化地表述为人类的助手、人类的同事以及人类的合作伙伴，就像工业4.0所遵循的路径一样（由于缺乏其他资料，请参见维基百科）。这些关系在研发（R&D）政策层面上借由相关研究项目推进，比如通过欧盟委员会的信息通信技术（ICT）政策遵守如下目标：

我们想要人工系统具有所有感官的丰富互动，并且用自然语言和相应的姿态来交流。它们应该能够自动适应环境限制以及用

户的需求、意图和情绪。[ECE 12, p.12]

欧盟为实现这些目标的研究提供支持。受资助的研究的目标在于：

[……]揭示潜藏在自然感知系统所内嵌的感觉、认知和情绪背后的秘密并利用相关知识去构建基于复杂性、模态计算和感知的机器人伙伴。[ECE 13, p.168]

在由德国国家自然科学基金（German National Science Foundation DFG）资助的长期项目"认知技术系统的伴生技术"中，其愿景如下[DAU 07]：

未来技术系统是伴生系统（companion-systems）——认知技术系统，它们的功能完全个性化地适用于每一个用户：它们了解（are geared to）他的能力、偏好、需求和当下的需要，并且反思他的境遇和情感状态。它们总是可及的（available）、合作的、值得信任的，并作为胜任且愿意合作的服务伙伴与它们的用户互动。[WEN 12, p.89]

鲍赫利和波普[BÖH 14]对伙伴角色进行了如下区分：
——作为监护人的人工伙伴"应该陪伴并监督用户并监控他或她的健康状况以及环境指标（比如室温，污染）"[BÖH 14, p.162]。作为监护人的人工伙伴可以用于老人或者残障人士的居家辅助生活，从而为他们提供帮助并实现更加安全和自主的生活；

　　——作为助手的人工伙伴应使得"用户能够完成任务，否则，（没有机器人助手协助的话）他就不能完成 [BÖH 14, p.163]"。创造者们把"认知帮助"视为最常需要的协助：比如，人工智能助手应该提醒人类用户去规划日常生活或者服药。毕竟，这里对人工伙伴的要求是，它们要具有同情心并且能够被社会所接受 [DEC 11]，这就需要进一步发展相应的人—机接口；

　　——作为合作者的人工伙伴"呈现为健谈的面对面的人工玩伴和相互依赖的行动者。重点从监视和协助转向陪伴服务 [BÖH 14, p.164]"。这个角色的目标是为了建立人与机器人之间的带有情感的关系。

　　有意思的是，所有这些角色都来自于今天的人所熟悉的世界。有时候，甚至有可能为适合这些角色的工作列出工作概要。他们不是对未来世界的想象，而是对目前人际关系的一种期望式的表达——监护人、助手以及伙伴的角色——能够并且也应该适用于机器人。

　　这种期望隐含着对目前世界的一些看法，即在人们所扮演的不同角色之间，某些方面运转得并不好或者说不是足够好。如果我们对于人工伙伴的想象变成了一种愿景并且被积极地接受了，那么我们就显然会对当前人类伙伴不满或者我们会害怕在不久的将来自己也变成令人不满的伙伴。不然我们为什么会这么想要人工伙伴，还在这上面投入那么多的公共基金，结果却不再服务于任何其他目的？因此，解释学的分析将继续使用"去纠缠"作为人工伙伴的比喻 [BÖH 14]，其关心的是人际关系亏空（deficits）产生的原因、诊断以及认知，因为这些方面联合起来使得这个比喻看起来如此正面，以至于得到公共基金的大力资助。这看起来尤其相关，因为肯定性的认知甚至会诱导人们对未来采取预言式的观点，即一个被人工伙伴充斥的社会。

[……] 伙伴比喻也可以作为一种具有隐含意义的表述：在"下一个社会"各式各样的智能人工物将伴随我们为我们提供服务并成为我们日常生活的一部分。[BÖH 14, p.166]

因此，关于人工伙伴的愿景是相当保守的，因为它跟当下相关，基于目前已有的人际关系角色模型并希望这样的人工伙伴能够改善这些模型，然而，另外一些愿景走得更远：

想象力是第一步。先有梦想，然后才去行动。多年以来，机器人在我们的书和电影中过着丰富的科幻生活，但是把它们带入真实的世界被证明具有更大的挑战性。机器人在21世纪拥有一个途径：一个所有人共同制造的机器人，接入了开源软件和由天才梦想家组成的世界性共同体的力量。科学幻想的情形正快速变成科学事实。[JOH 15]

联系我们上文提到的观点——未来机器伙伴的扩张，逻辑地预设了当前人类伙伴具有不足之处的判断，这一愿景的一个结果就是进一步增进我们对期望的理解：未来的机器人作为人工伙伴最终被想象为是优于人类的。作为伙伴，它们的心情总是很好并且能够完美地扮演好搭档和助手的角色；它们总是很有礼貌并且不会因为一直是为我们服务而厌恶我们。在期望技术进步能够在未来为我们提供人工伙伴的背后是对于更好的人的愿望，因此也是对我们自身的批判（顺便提及，这也是关于人工增强的讨论的背景，参见第 7 章）。从历史上在塑造更好的人的方面的诸多失败案例来看，不论是通过教育、养育或者传道，技术进步都起到了关键性的保障作用。这是一个应该被有关机器人作为人工伙伴的解释学分析所涵盖的话题。

　　一个完全不同的并且显然更加接近现实却充满想象性质的话题是工业 4.0 意义上的工业生产（由于缺乏其他文献请参见维基百科）。所有特征描述都基于一个事实即工业 4.0 将更注重于自主行动的技术系统以及它们与人类的合作。在这种情境下谈论作为"同事机器人"的人工伙伴的意义看上去就不同了，因为它们不必在外观上像人。按照维基百科的说法，在这种情况下，人工伙伴的辅助性功能才是具有决定性的：

　　　　首先，辅助系统以易于了解的方式为人类搜集信息并将其可视化，以便在短时间内作出决定和解决紧急问题。其次，赛博物理系统可以替代它们的人类同事执行一系列令人不悦的、太乏味的或者不安全的任务。[WIK 16b]

　　在这个未来世界，工业生产被认为是以一种自律的、自主的方式在运转。工业 4.0 意味着：

　　　　[……]赛博物流系统自主做决策的能力以及尽可能自主执行任务的能力。只有在某些例外、干扰以及目标冲突的情况下，更高层级的任务才会被授权。[WIK 16a]

"被授权给更高的层级"可以解释为隐含着在决策过程中人类至高无上的权力，但这一点并不明确；这也可能是软件或者控制结构框架之内的更高层级的权力。关于人类在未来工业世界中角色问题还有待回答，也必须回答。官方的描述显然是精确地着重地将"人类"——不论是谁——置于焦点之上，虽然他的功能变得越来越模糊。

这种说辞需要解释。把人类置于工业 4.0 的焦点位置会引发人们的怀疑，因为这样的做法被认为是要隐藏一种事实——在遥远的未来愿景中几乎没有人类的位置。我并不是要在这里讨论这个疑问，但对这个疑虑以及未来工业 4.0 中人—技术接口的澄清工作是十分必要的，尤其是从该领域内的多种观点看来 [BÖR 16]。

6.4 │ 机器人的解释学观点

与经典的新兴科技发展历程不同，由于科幻小说的原因，机器人对我们来说已经很熟悉了。它们的社会适应不再需要复杂的过程，因为已经有各种各样的机器人角色模型，这些模型要么是孤立于人类的，要么是与人类合作的。比较而言，在关于意义辩论中的技术远景未来就变得不那么重要了。解释学观点涵盖了我们对于包含了机器人和人类的集群的理解，这些集群只是在实践可能性意义上是新的，但在人们的想象中却不是。

这些集群的一个核心要素是责任在人与机器人之间的分配问题。如上所述，机器人具有的行动和规划能力属性决不蕴含道德甚至是法律责任属性。即使机器人是自主决策的，这也不意味着它们必须要在犯错误的时候承担法律制裁。一辆因为软件出错而导致交通事故的自动驾驶汽车不必自己出庭接受审判。但是谁应该承担法律或者道德责任的问题正成为自动驾驶问题研究中一个迅速扩张的领域［MAU 16］。在这个问题得到明确回答，也就是明确谁将参加法庭审判之前，自动驾驶汽车是不会在实践中确立自己地位的。

这是关于新的社会—技术集群［RAM 07］及其对各个负责任研究与创新辩论在实践上细化的前瞻性研究。然而，在自动驾驶领域的这些集群，就像那些在机器人看护或者工业4.0的情景中一样，都绝不是未来主义的。它们与今天社会中的集群大体相似，只是自主技术接管了至今为止只有人才能完成的功能。从根本上说这是用技术替代人类行动的问题［JAN 12］，不论是在驾驶、看护、寄送邮件还是工业生产领域。因此，被替代的对象以及替代发生的语境对我们来说都很熟悉，因为它们正在当前的世界中发生着。所以结论就是，解释学的任务并不是去理解那些首次需要被社会适应的技术远景未来的意义，而是去理解当前人－人以及人－技术集群，还包括理解它们在未来技术集群中可能的转变。这不仅为我们提供了型塑未来集群的机会，还提供了理解当前集群的机会，比如将当前的运行条件与机器人式的计划实施相类比。

在构建技术进步渐进式适应性的日常任务中，一个反复出现的技术远景关注点在于人类有可能会失去对技术的控制。这里就有几个例子：

——人类，作为他自己创造的机器的一部分，为了保持机器的运转只能将自身降级为轮子上的一个正常运转的齿轮（来自查理·卓别林电影《摩登时代》，1936）；

——一个经济—技术系统具有了自己的生命的这种优越性会对个体施加影响［MAR 67］；

——人相对于他的技术创造物的过时性以及人具有的缺点都不足以使人类继续充当他的技术的主人了［AND 64］；

——关于未来再也不需要人类的恐惧，因为技术已经使其自身能够依靠自己而继续发展，从而再也不需要依赖人类了［JOY 00］。

科幻作品在这方面也是先行者。比如电影《黑客帝国》系列（1999—2003）以及《我，机器人》（2004）正好制造了一个关于技术力量自主化以及人类失去控制权的话题，引起了人们对于这类潜在技术未来的关注。对于失控的焦虑一直伴随着技术进步的历史，但这没有说真正的失控不可避免抑或失控会造成真正的危险。未来会给出答案。但这样的失控持续地伴随着技术进步成果的应用这一事实还是会涉及我们自身的，也就是说，在创造的一天结束的时候，我们在作品中找到的不仅是快乐，还包括与技术的基本矛盾心理相连的不安［GRU 09a］。

正是这种情况导致在负责任研究辩论语境下提出了一些与这些想法的后果相关的问题。中心主题不包括恼人的技术远景，而是在当前的集群和新的集群中他们想要的或可预见的转变中，机器人在其中扮演着今天人类所扮演的角色，最重要的是作为伙伴的角色。为了理解这些转变以及它们所带来的机遇和风险，需要进行集群分析，通过实证检验各自的角色关系和所经历的变化，并从解释学或技术哲学的角度来探究人类和技术之间的关系。同时，这种分析也必须自动地检验人的自我形象。最终，"应该成为什么"才是最重要的问题，即型塑的问题才是最重要的问题，而不是盲目跟随技术的发展。这种看待责任问题的视角包括了机器人伦理的经典观念［DEC 12, LIN 12, VER 06］，但又在解释学和实证意义上超越了它们。

这导致了在涉及我们与技术关系的角色形象时的责任对象的扩展。这也许不仅发生在工具意义上，而且也必须被理解为一个社会－技术集群，在其中不仅要考虑机器人向人类以及为人类提供的技术服务，也要考虑人类的自我定义。考虑到日益扩张的技术自主化领域，这尤其会影响到责任的新的分配方式。目前或者在可预见的将来，机器人都不能承担责任，这可能不是原则问题，只有人可以承担责任。尽管如此，我们必须防止这个世界变成这样：它把人类的责任消除了，并且以一种不经反思的方式把责任转移到技术系统中。

例如，人类形象的改变可以从它投射到技术上的反思中看到。"渴望更好的人类"在机器人上的投射就可以从对于未来人工伙伴的预期中看到，意味着人类对自身以及自己的错误、缺点、有限性、情绪化以及局限性的不满。这种不满能否通过一个完美的人工伙伴得以克服还是个问号。这样一个假定完美的技术产品也许会让人类在照镜子的时候感到更加失望和沮丧。负责任研究与创新辩论也应该关心这类人类学议题。

第7章 作为未来密码的增强

在关于人类和动物未来的辩论中，增强（enhancement）已经成为一个常用的术语。一方面，人类的增强和动物的增强是指在未来可能或应该有可能成真的发展。然而，另一方面，他们也指出了已经成真的发展。所以，这一章的主题是，把这些概念作为未来的密码，其主要揭示的是基于"未来"的现在。在这里，使用解释学观点的目的是为了界定这些概念之间的关系。

7.1 | 引言和概述

之前研究中提到，纳米技术被认定为在当时的技术远景辩论中充当"未来密码"。（第2、5章 [GRU 06, GRU 12b]）与此同时，纳米技术的常规化 [GRU 10b] 和去未来化也发生了 [LÖS 10]。这些发展使得今天的纳米技术不再是未来的密码。但也有一些人认为——根据这一章的假设——增强的概念对某些负责任研究与创新问题的讨论具有重要意义①。

---

① 根据沃布里因（Wolbring）[WOL 08a] 的说法，关于人类增强的叙述采纳了前未来派纳米技术辩论的一些信息。

"未来密码"的功能是将我们对未来的想象放在我们现在的思考情景中，去对这些"图像"进行反思和交流的结果，并对它们进行深思熟虑，最终使我们能够利用这些结果去指导目前的行动和决策（第 2 章［GRU 12b］）。作为当前未来（current futures）的未来象征（Symbols of the future）［LUH 90］具有高度的开放性和不确定性（正如技术远景未来所做的；第 3 章），这是实现其功能而非缺陷性的先决条件。

增强问题主要与人类的增强有关。关于人类增强技术的广泛而有争议的国际辩论已经持续了 10 多年，因为之前关于通过基因介入［HAB 01］来完善人类的辩论已经有了很有影响力的出版物［ROC 02］。特别是，这场辩论将人类发展的未来与技术进步的作用密切关联起来。认知和神经增强领域已经吸引了特别的注意［FAR 04, GAL 07］。不仅是伦理问题，还包括理解人类与技术之间变化关系的问题都需要加以澄清。

利用动物去达成人类的目的，这在人类文明中有着悠久的传统，比如为了人类的营养，为了工作或者为了运动。归根结底是为了帮助人类尽可能有效地利用动物以达成自身目的，这在人类历史的早期就发展了一些技术，如豢养动物。基因工程和分子生物学已经为未来介入动物的本质迈出了深远的一步。生物和纳米技术方面的新进展，将为人类对动物的影响开辟更新的领域。"动物增强"这一术语在这一领域的应用越来越广泛（第 8 章）［FER 10, GRU 12b］。除了明显存在的伦理问题之外，增强的意义以及人类、动物和技术之间关系的改变也需要加以澄清。

在这一章中，我将从解释学的角度研究两种平行的增强形式。从表面上看，它们甚至共享增强的语义结构，尽管增强概念的本质看起来很明显（第7.2节），但对它们的分析仍会产生一些不同视角。然后，在对人类增强（第7.3节）和动物增强（第7.4节）进行更深入的分析之后，重点是了解生命和技术之间以及人和动物之间变化的集群问题。这两部分组成了本章的主体，得到了一些可以用于几个方面的细节性内容：（1）目前有关人类、动物和技术之间的传统边界日益解体的发展趋势；（2）对当代生活的"诊断"的思考；（3）概念上和方法上的解释学观点；（4）在这一领域的负责任研究与创新辩论（第7.5节）。所有这些的集合使增强成为"未来的密码"（第7.6节）。

7.2 |（技术）增强的语义学属性

首先，增强与恶化相反，听起来首先是积极的。第二，增强象征着一种发展的动力，它比停滞更可取，本身还没有恶化。第三，作为一种活动，增强是一种循序渐进的进化过程，而且总是可以控制的。因此，增强的内涵在三种意义上具有语义上的积极意义。然而，它也忽视了可能出现的副作用。

7.2.1 作为行动的增强

增强代表一种活动，一种行动，通过这种活动或行动，一个客体会朝着积极的方向改变。有些行为者（增强的主体）根据"标准"增强某些东西（增强的对象）。这三点可以重构为"某人根据标准增强某物"，可能代表"增强"一词在语义上的最小重构。两点重构"某人增强了一些东西"就不那么确定了，因为一个方向的增强可能是另一个方向的恶化。例如，从运动的角度来提高汽车的性能可能会以牺牲环境兼容性为代价，从成本的角度来提高汽车的性能可能会危及安全要求。在某种意义上，增强常常与其他方面的恶化联系在一起。

当然，增强还不能用通俗语言明确地表达。不过，在现实生活中这个词经常被提及，好像它本身就是褒义的，表示提高、改进，因此与生俱来地就很受欢迎。"增强"的这种根本上的积极意义，可能解释了这个概念的流行。但恰恰是这种流行会让我们一遍又一遍地误入歧途。增强如同其他形式的行动一样，面临着出现意外副作用的可能性。让听起来具有积极意义的"增强"这一术语去阻止这种可能性的发生是有实质性风险的，可能会导致令人失望或不快的意外结果。

增强概念的第二个性质也可能是其具有吸引力的一个原因。增强是比较的，而不是最高级的，不是关于最优化或完美化的代名词，它经常在交流中引发人们对某物的矛盾心理。一旦提及完美、完美人类或优化动物，很快就会引发与控制、傲慢和虐待相关的担忧。相比之下，增强则是一种渐进式的东西，散发着人类尺度的气息，它始终是逐步进行的，可以随时被叫停或被修改。作为一个概念，增强是积极和吸引人的，它的渐进式性质不会引发人们对虐待和人类傲慢的担忧。

实际上，从概念上看，增强与优化和完善有着根本的区别。这种深层次的差异基本上被忽略了：优化和完善包括一个"终极目的"，但是增强没有［GRU 12b］。增强表示一种活动，通过该活动，一个对象在一个特定的方向上被改变，正如前面提到的，参与者根据标准来增强某些东西。因此，增强必然包含三个语义维度：

（1）起点——任何变化都只是相对的，从一个起点的变化来说是合理的；因此，必须确定起点。

（2）增强标准——必须给出一个可以据以将某些变化分类为增强的标准。它包括参数的声明（定量的或定性的）以及为了实现增强，参数需要被改变的方向。

（3）增强的测量——如果一个地方的增强被另一个地方的恶化所抵消，那么测量增强效果的大小对于加权过程来说是非常重要的，并且平衡是必要的。

与预期方向上的起点相比，增强是一种改变，然而优化和完善是指向设想中的最终状态或目标状态，因而是包括一个终极目的的。虽然增强与方向有必然相关性，但它在量上是开放的，没有被定义的终点，而当达到最优时［GRU 12b］，优化就结束了。优化是一种目的性的方法，而增强打开了一个无限的渐进式过程，在此过程中，增强的标准和方向可能会发生变化。从这个意义上说，增强功能与卡尔·波普尔（Karl Popper）［POP 57］爵士和查尔斯·林德布鲁姆（Charles Lindblom）［LIN 73］所称的"点滴工程（piecemeal engineering）"和"渐进决策（muddling through）"很接近。这些过程要求从对当前状态的缺陷分析开始，然后要求逐步改进，这与传统的规划方法相反，传统的规划方法是通过设定目标，然后要求工具实现该目标［CAM 79］。

增强标准的重要性清楚地表明，增强是一个基于价值的概念。与其他事物相比，被增强的对象需要规范性标准来判断什么是更好的以及为什么是更好的。因此，有关增强的讨论不可避免地发生在一个价值和规范的道德图景中。价值维度之外没有任何客观的增强。在负责任研究与创新辩论（第 1 章）中应用的商谈伦理（Discursive ethics）和民主协商，要求明确潜在的价值和规范。

当增强被理解为一种行动类型时，下一步是考虑行动理论中对事先确定的增强措施的目标和事后实际结果之间的区别。增强作为一项措施有可能证明增强后是恶化或者其他方面无意识产生的副作用。当就增强的责任进行评估时，如下因素必须被考虑：增强的目标是什么？这些目标的标准是什么？其他意义上可能导致的恶化是什么？在增强措施的目标和其最终可能显示出来的非意愿性结果之间评估任何冲突的标准和尺度是什么？这种增强的行动理论视角避免了对"增强"一词天真单纯的认知。

7.2.2 技术增强

语义澄清的下一步关注的是技术增强的概念问题。工程师们十分清楚什么是技术增强。任何形式的技术都可以使用特定的参数来描述，包括性能特征。增强将意味着提高一个或多个性能特征的水平；根据传统的技术标准，增强所提高的可能是：电机的性能、效率、使用寿命或价格。这种说法假定增强本身的初始情况——必须确定——可以用技术术语来描述。相对于初始状态，增强的标准和方向由技术形态决定。通常，对于增强结果的度量直接来自于增强前后各个参数值的定量比较。

因此，对人类或动物的技术增强，如果不仅仅是在隐喻意义上的改善，就需要根据技术模型对人类或动物进行建模，通过声明性能参数进行增强。例如，假设像眼睛（第9章）[GRU 12b]这样的感觉器官在技术上是可以重建的，其在功能上等同于自然的眼睛。在技术开发和生产过程中，这类人工眼将由制造商提供版本号：这将是"人眼1.0"。当然，1.0版本不会是最后一个版本，因为一旦1.0版本被开发和测试，工程师和医生就会考虑下一个版本。不断改进已经取得的成果是现代技术中的一项技术要求。如果技术需求是由不同类型的参数引导或规范限制的，那么它必然会从一个版本转移到另一个版本。

就增强本身而言，它是没有极限的，同时也打开了无限可能的空间。一旦实现了人类或动物增强的特定状态，增强过程就不会因为实现了目标而停止。相反，这种状态是下一个增强的起点。在此过程中，可以使用性能参数改变增强的方向。这一特性极大地区别了增强和治疗（第 7.3.3 节），例如，当病人痊愈时，治疗就结束了。增强，即使成功了，也不会结束，而是被无休止的技术需求所推动，除非对这种增强螺旋施加限制，如社会举措或伦理限制。

通过这种方式，增强直接呈现了技术进步的一个核心特征，即从一个版本到下一个版本的逐步提升。增强在这一过程中是适应性的：增强的方向或要增强的参数可以在每个步骤中进行修改，例如根据社会价值的变化而进行调整。因此，与完善和优化的观点相比，增强对开放性的未来是非常重视的。增强是一种不会预见目标状态的过程，它是一个面向未来的开放过程。

7.3 ｜ 人类增强

关于人类增强、超人类主义［BOS 03］和后人类主义未来的争论［IRR 05, HUR 16］，从罗科/班布里奇（Roco/Bainbridge［ROC 02］）开始，达到了令人惊讶的强度以及全球性和持久性的影响［DER 16］。在本节中，我将首先简要介绍本次辩论话题的文化背景（第 7.3.1 节）和一些技术远景观点（第 7.3.2 节），然后讨论治愈（healing）和增强之间关系的解释学问题（第 7.3.3 节）以及人类增强进入社会的可能路径（第7.3.4节）。

7.3.1 历史上的增强：一些矛盾心理

许多人或大多数人对自身的不满意由来已久[1]。对自己的体质、身体和心理能力的不满，对疾病等外部事件的依赖性，衰老和最终死亡的必然性，以及对自己外貌的不满都是众所周知的。这些是日常生活中的例子，代表了人类在整个历史上的普遍自我体验。这种自我体验从对无关的以及重要的知识点的令人恼火的遗忘，延伸到对道德缺乏（如在冲突和战争情况中）以及对由于权力或财富的诱惑或者仅仅是为了方便的道德败坏的集体体验。

童话故事和传说都在应对这种体验，比如青春之泉的故事或者人类获得超人力量的传说。蜘蛛侠和其他男女超级英雄都是这种梦想的现代表达。人们开发了若干实践方法以弥补已知的不足之处。如今，整容手术可能是最常用的一种补偿方式，它可以弥补一个人的缺陷。与自己期望或外界期望不相符的、令人不满意的东西，往往可以通过技术手段加以调整。即使是我们的司法制度这样的文化成就，也可以被解释为对人类不足的一种补偿经验，也可以被解释为针对文明脆弱本性而采取的一种帮助稳定文明的手段。一种体验缺陷的新方式其本身就与技术进步联系在一起：不能跟上技术进步，由于技术系统的可能性而感到自卑，以及即使是相对于自己的技术创造而言，自己也要被淘汰的体验［AND 64］。

虽然补偿、克服特定属性或能力缺陷的形式是针对个人的（如：个人的美丽，考试成绩的好坏），但整体提高人类能力也不

---

① 这部分遵循了前人的工作（see Chapter 9）［GRU 12b］并关注于解释学的方面。

是一个新话题。从道德和文明的角度来看，人们常常哀叹人类的缺陷，这导致了欧洲的启蒙运动强调教育、以提高人类整体素质的方法。从个人开始，首先在学校教育中就激励和支持人类文化、文明和道德向着更深远更高等去发展。

因此，很明显，提升人类能力的想法在很大程度上与个人对自身和集体缺陷的体验有关。不幸的是，这一观点的存在在传统上就是矛盾的。在一些极权主义政权中，提高人的素质是为各自的意识形态服务的。例如，在纳粹德国，以及在其生物种族主义意识形态的背景下，增强被认为是为了加强所谓的雅利安人的理想，他们的身体特征（金发、蓝眼睛和运动）与纳粹政权下的无条件服从有关。在社会素质方面，利用灌输和宣传等多种可能性来使人们了解增强的意义。历史上的例子有力地表明，对于人类增强观念，必须仔细审查其价值观，并尽可能深入到政治和极权主义方面。鉴于人类对增强幻想的负面经验以及 20 世纪极权主义政权所采取的措施，我们有必要谨慎行事，以防止未来社会对人类增强进行的某些光明化宣传可能被用来压制当代人类。

这种担心并不是没有必要的，可以通过引用关于人类增强讨论的主要著作中的话来说明：

然而，我们可能没有延迟的奢侈待遇，因为近年来引人注目的经济、政治，甚至暴力动乱意味着世界体系的不稳定。如果我们不能勇敢地把握机会，我们就可能成为不可预知的灾难的受害者。[ROC 02, p.3]

威胁显而易见。如果我们不能迅速实现会聚技术和人类进步所带来的承诺，"我们可能成为不可预知的灾难的受害者"。这不是科学论证，而是一种公然的威胁，其逻辑结论是，在这种语境下，目的证明了手段。在结构上，这个例子中的修辞模式和上面提到的独裁者的一样。这表明，我们必须谨慎行事。增强本身是令人矛盾的，很容易被误用。

7.3.2 人类增强：一些说明

最近一波关于增强人类能力的辩论源于一份提交给国家科学基金会（NSF）的报告，该报告具有相当大的影响力。它的标题即方案："改进人类执行力的会聚技术。"［ROC 02］该报告认为，纳米技术、生物技术、信息技术和认知科学（NBIC）等被认为是会聚技术，NBIC 为我们提供了更深远的视角，使我们能够感知人类的身体和心灵是可型塑的，可以通过精准的技术措施来改进它们，并以此提高它们的社会表现力／执行力。在这里，我们将简要介绍人类增强的三个关键领域［JOT 08, SCH 09, ACH 06, GRU 12b］：

（1）人类感觉和器官功能的扩展：人眼和耳朵等人体传感器可以被解释为技术设施，然后通过技术进行仿真，最终得到改进。例如，人眼的能力可以增强，通过扩大在红外方向上可见的电磁波谱，在视觉敏锐度方面或在夜视能力方面增强人眼的能力。其他的感觉器官，如耳朵，同样可以得到改进，或者彻底地增加新的感觉能力，例如蝙蝠的雷达感觉，可以被人类利用。在某些方面，作为自然模型的外骨骼或假体可以提高人类的物理和运动能力。

（2）神经增强：为了提高认知和心理能力，解决大脑和神经系统的认知功能［FAR 04, GAL 07］。如果大脑是在信息技术意义上进行建模的，也就是说，作为一台存储和处理数据的机器，这些功能将包括扩展人类大脑的存储功能，并创造能够在大脑芯片上备份大脑中储存信息的可能性。通过将芯片直接连接到视觉神经，也许可以实现实时记录和存储所有视觉印象。这样，在人的一生中所获得的所有视觉印象都可以随时被唤醒。通过无线连接，这些印象甚至可以与外部的知识体关联或存储在外部。这样的无线连接也可以被用来"上传"书籍的内容到大脑中，或者可以创造一个设备，将不同的语言模块加载到这个芯片上，并根据需要激活它们，这使得学习一门外语的枯燥工作变得多余。这种想法纯粹是思辨性的，现在和很远的将来都是如此。然而，它们表明了一个思维方向，这个方向肯定不是与修改人的形象或人与技术之间的关系无关的（第7.5节）。

（3）延缓衰老：认为衰老可能显著减缓或完全停止的想法和期望在讨论人类增强的问题中发挥着核心作用。纳米医学的几项发展正在孕育着这样的希望，然而，这些发展补充了那些思辨性的假设。人们希望新的诊断和治疗方法能比传统疗法产生更少的副作用。如果衰老是细胞层面的退化过程——这一认识在医学上确实存在争议——那么，一旦发现并修复退化过程的任何表现，就可能延缓衰老。甚至更进一步的想法也在流行。智能纳米机器可以在血流中移动，作为监测人体的技术免疫系统，以持续保持最佳的健康状态［DRE 86］。根据这些设想，任何退化和任何物理衰退的迹象都应立即在原子水平上得到识别，并予以停止或修复。通过这种方式，机器可以在短时间内完美地治愈伤口，并最终阻止衰老。这些设想能否实现，原则上是否可能实现，预期需要多长时间才能取得明显进展，都是高度不确定的问题。

这些例子表明了一种新的思维方向：与我们传统上认为是健康的人类相比，这是一个增强人类能力的问题：

技术本身允许个人发挥作用［……］大量的手术都是对自己的身体、灵魂、思想、行为和一种存在方式进行一定数量的操作，以便自我改造以达到某种幸福、纯洁、智慧、完美或不朽的状态。［FOU 88, p.18］

很明显，一系列的伦理或人类学问题都与这些愿景期望（甚至仅仅是可能性）有关，这些期望增加了人类条件的偶然性［GRU 07a］。这些问题的结果事关人类的概念和未来的社会，事关限制技术性增强，关系到对问题边界的识别，最终关系到未来人类与技术的关系问题。关于超人类主义［BOS 03, CAR 12］和后人类主义［HUR 16, DER 16］的未来的讨论浪潮显示了这些发展在未来会有多么深远的影响——它也表明，这些问题激发了许多学者、研究人员、哲学家、记者和其他人，以极大的努力、创造力和激情参与到人类增强的问题中来。后者是解释学视角中最有趣的（第7.5节）。

7.3.3 治愈、使用兴奋剂和增强

关于人类增强的争论一直伴随着关于其定义的争论（这是新兴科技发展的特点，见第4章）。特别是，治愈和增强之间的界限一直受到争论。一些人认为治愈和增强不能被清晰地区分开来。"当今讨论生物伦理学的重点通常是，是否有可能在治愈和增强之间划一条界线"。［SIE 06, p.306］然而，从直觉上和日常的理解来看，人类的增强与治疗疾病或因意外事故而造成的损害

是完全不同的。治愈是由调节健康个体的观念所导向的。当病人恢复后，治愈达到目标，而增强本身是不包含任何标准的（第7.2.1节）。治愈是追随一个终极目的的，而增强则不是。对此的考察使我们对各种概念有了更深入的了解，并且有助于我们对这些概念的结构进行区分（第9章）[GRU 12b]。

要理解增强作为相对于某些起点进行更改其特定性能指标的行动（第7.2.1节），首先需要澄清增强的出发点。可能的出发点是：

（1）一个具体的人类个体的身体和精神禀赋。

（2）健康人在正常情况下的身体或精神禀赋（即没有接受过特殊训练或其他增强措施）。

（3）人在最佳条件下的身体或精神禀赋，即在统计分布上端的成就潜力（如高水平竞技的训练措施）。

在第一种情况下，一副眼镜甚至在某种意义上对一个眼睛没有达到健康人眼期望的人来说是一种增强。只有当一项特定措施意味着超过了健康但不是特别专业或训练有素的人的标准时，第二种情况才能构成一种改进。在第三种情况下，只有当所获得的能力超出性能谱系的上限时，人们才会最终得到增强。

我的建议是，只把那些以健康的人在最佳状态下的各项条件作为出发点，并超越这些条件的措施，认为是人类的增强。因此，我只将这些改变视为人类的增强，在某种程度上使人类比在最佳条件下通常预期的更有能力或更有效率。举例来说，整容手术与人们普遍相貌相比，至少在其目的是实现公认的美的理想（即在文化发展和历史中并非不寻常的理想）的前提下，并不属于人类增强。这种方法可以打开一个更复杂的概念领域和引出以下一些区别[GRU 12b]：

——治愈：消除或补偿个人的缺陷，把到达健康人类的平均标准作为起点；

——兴奋剂：不论是在体育活动中还是在正常生活中，对个人表现潜能的增加，但不影响一般健康人的可接受标准，也不影响个人表现超过但仍可认为是正常的水平，即在通常人类表现的范围内；

——增强：超越那些被认为是健康、有能力和准备在最佳条件下表现（perform）的人"通常"可以达到的能力；

——改变人类的组分，提升现有功能的性能［JOT 08］，例如通过植入新的器官①。

下面的示例将说明这个建议［GRU 12b］。假设一个人在一次交通事故中失去了他/她的腿，并被给予假肢以补偿损失。根据事故发生前的状态恢复那个人的能力显然属于"治愈"范畴。然而，如果通过假体实现全新的移动机能——例如，使这个人能像澳大利亚袋鼠那样跳跃——那么，这将是根据上面的列表"改变"。如果我们把短距离跑的最高速度作为相关参数，我们可以作出这样的区分：如果假体能够让人在 5 秒内完成 100 米的冲刺，我们就会同意这是超人的能力。从这个意义上讲，我们应该认为这是上文提到的真正的"增强"。如果假肢能让我们在 10 秒内完成 100 米冲刺，那么事情就会变得非常复杂——就像奥斯卡·皮斯托瑞斯（Oscar Pistorius）的"现实生活（real-life）"案例已经说明的那样［WOL 08b］。在这种情况下，会出现一场关于技术假肢是否会让主体比他的竞争对手更有优势的辩论——这正是众

---

① 尽管这种"更改"经常处于增强思想的中心，但本章将不再进一步考虑这种情况，因为考虑因素完全是思辨性的，因此几乎是任意的［NOR 07a］。

所周知的体育"兴奋剂"辩论中所要讨论的问题。

这个关于在增强辩论中更精确地使用术语的提议，为目前为止关于治愈和增强之间的区别的辩论填补了一个空白。治愈和增强之间的语义间隔被"兴奋剂"所填补：一个改进的结果超过一个健康的人的平均性能，但不超过人类在最优条件下的水平。我们将谈到兴奋剂在体育世界的超越问题。兴奋剂是介于治愈和超越人类能力之间的东西。

这种对不同类型的"建构性工作"的描述显然不是本体论的分类，因为这种分类依赖于解释和说明。描述应该为辩论提供一种可区分的结构，在伦理、社会和人类学上考虑对这个结构的不同解释。从这个角度来看，这一描述是对负责任研究与创新辩论新兴科技发展的意义的解释学视角（第 1 章）的表达。下面的描述旨在说明这一点。

当达到统计上确定的健康人的正常状态时，治愈结束。在传统医学行为中，一种假定的正常状态函数作为一种规范性评价标准，用于识别偏差和诊断介入的必要性。尽管在本体论上，治愈和增强之间的界限是有争议的，但在对话中，它代表了一个相当清晰的界限。治愈的话语与增强的话语是不同的，两种话语的规范性框架有明显的区别。在治愈领域，治愈的医学誓言是与医学伦理的反思和分析相关并被其支持的。治疗受义务感、适宜性或期望的支配，因为它的目的是在对健康的理解中创造（再创造）生物功能，并适应于特定的文化。然而，在传统的应用伦理学体系中，关于人类增强的讨论并没有固定的地位。因此，关于增强技术的意义的解释学问题导致了伦理或人类学研究的不同领域〔GRU 12b〕。

上面提出的兴奋剂和增强之间的区别也导致了明确的分类。首先，就像我们今天所知道的，体育兴奋剂不属于增强的范畴［GER 08］。每天服用兴奋剂，比如在考试前服用利他林（Ritalin）［FAR 04, GER 11］等刺激性药物，不会是一种增强，除非它会导致考生超出常规能力，达到极强的程度。因此，即使是整容手术的步骤，也不是增强，而是局部治愈——如果容貌缺陷使人患病——或者说是部分地服用了兴奋剂——如果目标是赢得选美比赛的话。两者都与缺乏公平性和未知风险等已知的伦理问题有关。

　　一个说明了个体尺度依赖于环境和解释的例子是伟哥（Viagra）［GRU 12b］。如果它被认为是一种勃起障碍，那么这是一种消除缺陷的措施，因此属于治愈领域。如果它是由一个健康的人所采取，并导致在勃起期间的过度"超人"化，那么这就是机能增强。在这两者之间，有一个区域，在这一区域，勃起的持续时间虽然仍在一个习惯的范围内，但仍然是对个人的改善。这是一种兴奋剂，用来提高一个人在这个特殊领域的竞争力。这说明了"治愈""兴奋剂"和"增强"这几个词的归属取决于对各自情况的解释，这其中还要尤其注重"习俗"的标准。

　　这些类别之间的界限明显依赖于解释，这可能是一个有争议的问题。尽管它们之间的边界不能在对象级别被视为本体论的，但它们对社会、伦理和人类学的争论具有决定性影响，因为每个领域都有相关的伦理和意义语境［GRU 12b］：在治愈情况下，要考虑健康和医学伦理；在兴奋剂、竞争等情况下，要考虑公平的必要性和风险；在增强的情况下，仍然有一大片在规范性和哲学上未知的领域需要解释学启蒙（第 7.5 节）。

7.3.4 人类增强：从愿景到市场

到目前为止，还没有人提出反对人类进步的"强"道德论证［GRU 12b］。人类增强不能在未经许可的条件下进行，必须而且必将建立知情同意程序。这种知情同意在伦理论证中起着核心作用，并防止出现"强"伦理论证，而这种论证可能快速导致禁止人类增强。其他伦理方面的争论，如技术获取、防止误用、公平和负责任地处理所涉及的风险与人类增强高度相关，但并没有显示出"强"的特征。

从这个角度来看，根据市场模型引入增强技术似乎并非不合情理［GRU 12b, GRU 16c］。由于竞争加剧或其他各种发展，对增强技术的需求正在涌现，而这不仅是可能的，甚至是可行的：

> ［……］若干市场压力导致人类增强技术的迅速发展：（1）全球竞争力；（2）人才流失／人口经济学；（3）国家安全方面的担忧；（4）生活质量／消费者生活方式要求。［WIL 06, p.3］

市场模式意味着增强技术可以作为一种服务提供，类似于当今的美容手术。愿意增强自己的消费者将被告知可用的增强服务、它们的成本、影响和可能的风险。然后，他们可以在知情同意的框架内作出决定。这个场景将例证自由意志主义的理想，即自主的人决定自己的个人问题［GRE 08］。

然而，自由意志主义的观点可能并不能涵盖整个争论。问题是，个人是"真正"自主的，还是受到外部压力和力量的影响。如果我们看看新兴市场增强技术的潜在驱动力，我们很快就会意识到竞争的关键作用。这一模式与体育界内的竞争模式非常相似：例如，竞争越激烈，系统的相应压力越大，个体男性运动员和女性运动员服用兴奋剂的意愿就越大。

一个已经接受了竞争概念的社会，几乎在经济、军事、生活方式等各个层面都将竞争作为其核心动力。换句话说，竞争和增强是不可分割的［GRU 12b, GRU 13d］，因为从技术角度来看，兴奋剂和增强只是程度上的不同。竞争的压力可能导致首先是"兴奋剂类型"的发展，然后将引向增强的方向。

在美国，作为一个可能的政治目标而创造一个增强社会已经成为一个有争议的话题［COE 08b］。麦克尔·桑德尔（Michael Sandel）［SAN 04］提供了一份美国中产阶级的分析报告，表明增强的想法已经成为其自我理解和日常行为的一部分，尤其是在养育子女方面。特别是，鉴于许多社会正在老化，增强可能是为企业和经济创造竞争优势的合适手段。问题是，我们是否正处于从推崇资本主义式成就的社会向增强社会的过渡阶段：

在这样的政治分析和社会学推理中，社会结构被认为有利于人类增强技术（HET）的传播，而且是可能促进其使用的新趋势，越来越多的情绪和身体状态的病理学和医学化，人类身体的商品化，它作为一种可改进的竞争工具的使用，以及通过第二阶段人类增强技术从根本上改变人类身体的前景，这些都只是相关的一些方面。［COE 09, p.44］

在工作中不断提高自己的表现能力，拥有美丽而强壮的身体，抗压能力强：这些能力［WOL 07］对很多人来说正逐渐上升到议事日程的首位。竞争与能力是密不可分的。因此，在竞争压力下，个人能力的提高成为发展动力的一部分。这是因为，竞争中的每一次成功都是有限的，而且总是受到其他人可能赶上或领先的威胁。增强作为一个没有终极目的（第7.2节）的无限过程，打开了进一步改进的无限螺旋。在这种情况下，竞争和人类技术进步的概念确实是密不可分的。

在自由市场模式下，监管将局限于对市场失灵的副作用的补偿（例如，对责任问题的澄清，如果增强不成功将会发生什么），以及确保分配公平和获取。因此，通过自由主义、无处不在的竞争和技术的进步，似乎存在着支持人类进步的强大力量。这些力量是我们已经在运作的当代社会现实的一部分，应该加以研究和反映，以避免盲目地陷入与上述集群相关的可能问题，例如朝向社会达尔文主义的社会转型。

7.4 | 动物增强

与人类的增强相比，动物的增强是负责任研究与创新辩论中的一个小话题。然而，既然这一章的主张是，增强在负责任研究与创新辩论中是一种"未来密码"，那么至少应该简短地提及一下。本节的重点是关于这个领域的增强的意义问题（基于Grunwald［GRU 12b］和Ferrari等人［FER 10］）。更具体地说，它是关于前伦理（preethical）的挑战，使责任分配的经验和伦理集群（empirical and ethical constellation）变得透明，以便为负责任研究与创新辩论提供结构框架。

动物增强使得几千年来人类利用动物的状况得到了改进，这是人类文明史和人类与自然关系的一部分。育种和保存技术可以追溯到很久之前。遗传学和生物技术扩展了对动物进行技术介入的范围。目前，会聚技术有望使对动物的技术介入远远超出人类[FER 10]。

从语义上讲，增强概念最初在动物身上的应用几乎是微不足道的。但是，仔细检查一下，它确实包含了几个值得注意的问题，可以通过采用上面给出的增强的语义含义来解决："某人根据一个标准来增强某物"，并参照起始情况、标准以及增强的幅度（第7.2.1节）。目前所涉及的增强主体主要是研究人员和相关从业者，他们一方面要对科学需求作出反应，另一方面也要对增强动物的非科学需求作出反应，这些需求主要是由经济力量驱动的。为这些需求负责的人也必须包括在参与动物增强的行动者中，因为他们在很大程度上确定了增强的标准。增强的对象是动物，更具体地说，是动物表现的某些特征。更有趣的是关于增强的标准以及与之相关的动机和目标的问题。

事实上，参与动物增强的行为者总是人类，这一事实表明，我们必须关注动物的人类利益，以找到关于这些增强目标的来源问题的答案。对于动物，不可能获得知情同意，这可能使增强的愿望合法化，或者至少使合法化变得容易。因此，动物增强是人类决策的产物。然而，它们可以在两个方向上找到（这两个方向是非常不同的），并且反映了人类和动物之间的基本不对称[FER 10, GRU 12b]：

——功利主义的观点是基于动物应该被利用或更好地用于人类的动机。由此可见，动物增强必须为人类利用动物的利益服务；

——从倡导的角度来看，人类可能会从动物想象的角度进行争论。动物的增强可能是为了达到与动物利益相关的目标，如减少疼痛。

因此，可以理解动物增强一方面是直接增强动物对人类的效用，另一方面是增强人类利用动物的兴趣。这两个目标都是由人类设定的，但都与不同的规范背景背道而驰。这种二元性构成了研究动物增强相关辩论的基本结构，可以从兽医的作用中看出。通常，动物接受治疗是为了从人类使用造成的健康问题中恢复过来，或者是为了防止人类利益不再被满足的危险。在这里，与人类医学不同的是，这里并没有为了治病而疗伤的风气。由于人与动物的道德和法律地位不同，人类医学与兽医学受到不同的潜在规范条件的制约。兽医学的基本规范结构不同于人类医学的基本规范结构，并可根据各自的国家立法而有所不同。例如，瑞士的宪法中规定了动物尊严的概念，而荷兰的动物保护立法中也规定了动物具有内在价值的概念，但德国法律中没有类似的概念。在法国，动物甚至被认为是东西。分析表明，动物权利越弱，兽医措施的性质就越与动物所有者的欲望和单纯的利益相关［FER 10］。总的来说，我们采取动物增强参考以下规范［GRU 12b］：

——与"习惯"相比，提高动物性能的措施。在"习惯"中，"性能"可以被人类的目的所识别，即用户对动物的兴趣；

——允许或便利人类使用动物的措施。在这些措施中，与没有加强措施的情况相比，动物承受的负担更少或更轻；

——在动物身上创造新的特性的措施，如对疾病的抵抗力，而不仅仅是改善现有的特性或性能，从而构成一种改变。

为了使我们能够谈论增强，必须有一个参考值、一个标准和一个目标。对于动物来说，增强的目标——也因此是测量增强的参考参数——是由效用主导的。然而，由于介入措施可能导致健康和其他问题，增强概念的矛盾心理（第7.3.1节）很快就变得明显起来。根据功利主义的观点，我们不能断言各种增强措施可以自动等同起来，就像想象中的动物利益得到增强一样。无论如何，伦理评估必须始终精确地询问，在何种意义上，对谁来说，改变是一种增强，以及它将出于何种原因被应用。它必须分析和考虑EEE责任概念中的完整系统（第2章）。

从当前和预期的动物增强研究来看，新技术对利用动物有重大影响。因此，增强动物的技巧性和可操控性就增加了，自然影响被减少。突破物种界限的可能性，对动物属性的极端修改，动物实验的增加和强化，以及将人工制品引入生物，使我们有机会从根本上重新考虑我们与动物的关系。人类将自己与动物进行比较和区分，这是他们自我安慰和确定自己角色的决定性因素。在早期的人类历史中，动物、动物形象和动物模仿在魔法和宗教传统中所扮演的核心角色就是一个例证。在相对较新的一神论宗教中，许多关于动物和动物隐喻的规定也具有重要的意义。

由于现代科学技术的发展，第三个因素在这些以动物为导向的自决过程中产生了影响，即机器。笛卡尔对人作为一个自动化机器的解释与动物作为一个非自动化机器的解释是一致的。在当今人工智能和自主技术的视野中，由于先进的机器越来越接近人类，如果我们用我们的认知能力来定义自己，而技术系统可以模仿到更强大的程度，这种关系就会发生变化［GRU 12b，FER 10］。

动物增强的工作目前正在进行，以使机器人格化和动物化。仿生机器人像一名有魅力的工程师一样接近动物，为有效的技术提供解决方案并生产令人着迷的人工制品。然而，在机器人技术的其他领域，类似于人类的机器人正在经历一场令人震撼的复兴（第6章）。在这样的三角关系中，人类、动物和机器之间的传统界限正变得越来越具有渗透性（第7.5节）。

以负责任的方式进行动物增强是一项复杂的挑战。一方面，有社会争议，有哲学和动物伦理学的分析，也有民间团体形式的动物福利组织的努力。另一方面，在科学、农业、体育、军事和娱乐方面，动物的使用者有其具体的利益。这种二元性导致了一系列复杂的争论和行动，它们呈现出多种形式。需要进行分析和论证，以澄清应该如何理解在动物增强领域的"负责任的创新"。

这是否会导致人/动物或动物/技术关系的变化是有争议的［FER 15］。由于人与动物之间的关系具有很强的文化意义，因此有必要对此进行深入的观察。这不是一个真正的伦理学任务，而是人类学、解释学、技术和自然哲学的共同任务。

7.5 ｜ 结论

本章前面部分主要由先前发表的分析材料的组合和凝练构成（见本书的最后章节），现在的任务是得出这本书的适当结论（第1章）。这些结论包括对人、动物和技术（第7.5.1节）之间关系的意义分析，从对当前时期进行诊断的角度来看，对未来影响深远的图景的意义的主张（第7.5.2节），对人类不断变化的自我形象的观察（第7.5.3节），以及关于增强的负责任研究与创新辩论的最后结论（第7.5.4节）。

7.5.1 结论一：人、动物和技术之间边界的消失

人类和动物的增强与二者之间边界的消除紧密相连：生物和

技术之间的传统边界正在日益被超越。这使得传统的生物边界相互渗透，比如在不同物种之间。嵌合体以技术支持的方式出现［FER 10］。电子人作为人与技术的混合体，已经成为人们普遍接受的话题（见第 5 章）［SCH 06］。当比尔·乔伊在他的文章《为什么未来不需要我们》中写道［JOY 00］，当电子人的场景适合构成一种反乌托邦式的愿景时，我们似乎已经习惯了它。出现了电子人俱乐部，而且人们把追求自己的技术化作为一种体现生活方式的活动。身体的技术方面的需求很大，无论是文身还是打孔。人工化成为一种潮流，完全不同于 20 世纪七八十年代那时许多人把天然（naturalness）作为追求的理想。然而，边界正变得模糊，它不仅是生物的技术化，而且是技术的生命化（vitalization），促成了传统边界的超越。越来越多的机器人（第 6章）和人工生命的发展前景［BOL 16］代表了发展的主要方向。

动物与机器之间的关系也有可能出现根本性的转变——以动物与机器杂交的形式出现［FER 10］。这一领域的方法和设想在未来可能会提出这样的问题：强行被改变性状的动物是否能够或应该被视为动物。通过使用动物元素（如大鼠神经元）来控制的机器人，至少也指向了机器和动物之间边界解体的趋势。

让我们在文化传统中了解一下传统的边界是如何变动的。在我们的文化自我形象中根深蒂固的一种有几千年历史的存在秩序是从宗教中流传下来的。例如，在《圣经》的《创世纪》故事中，本体论的秩序建立在创造行为的顺序之上，在这一系列行为的结尾是人。在 20 世纪初，古斯塔夫·马勒（Gustav Mahler）开始了他的第三交响曲，以岩石上的印迹开始，并通过植物、动物、人类和天使来达到爱，这描绘了《旧约》中泛神论的法衣秩序（Old Testament order）。考虑到边界的流动性，这个秩序显然正在瓦解，就像亚里士多德2500年前对自然（自然领域）和人为（人类文化领域）的区分一样。

本体论的分类，当然是对定向、对人的自我形象，对他在自然中的地位的理解，对他与其他自然要素（如动物）的关系都具有决定性作用。一些作者想要保留传统的概念类别，他们仅仅从概念分析上认为不可能有任何人工生命："我们可以否定生命可以像人工制品一样产生的论点，因为聚集不是生长，物理外表也不是本质"。［KAR 06, p.555］然而，由于种种原因，我们必须批判地问，超越生命与技术之间的界限的可能性或不可能是否可以纯粹从概念上判断。至少从辩论的角度来看，它似乎非常大胆地提出一个普遍的断言：这是不可能的。即使"一个生命过程不能被简化成一个化学过程群"［PSA 06, p.594］，我们也不能排除单个功能的连接会产生一个有生命的或类似生命的系统。关于生命和技术边界的超越将达到何种程度，这更可能是一个经验问题，而不是一个概念问题。

与机器人的处境（第6章）相似，科幻文学和电影已经为我们在这里讨论的超越边界做好了一定的准备。然而，这种超越变得熟悉这一事实并不表明存在一种可以用来创造方向的新概念系统。由于伦理和法律上的原因，一个新的系统是必要的，因为本体系统，如概念所表达的，决定了各种要素如何在伦理和法律上被分类，然后分配它们各自的权利和义务。例如，在法律辩论中，人们提出了一个问题：机器人应该被视为物体，还是应该被视为法律主体，类似于动物，甚至类似于小孩子。后两个群体本身不能承担责任，但他们有权利。对他们来说，义务和法律责任问题必须以辩护的方式（advocative manner）解决。

为了说明责任归属问题，让我们假设一个人工猫可以在一个相当于天然猫的功能的实验室中生产出来。例如，它会表现出所有感到舒适和痛苦的迹象。这样的"技术猫"是否有资格受到动物伦理和相关法律法规的保护，还是被当作像机器一样的技术对象？即使这只猫表现出了疼痛的迹象，如果它被虐待，它会"真诚地"遭受痛苦吗？或者疼痛的迹象不是仅仅由软件模拟出来的吗？毕竟，从技术上来说，我们有可能追踪使用哪种算法来规划疼痛的能力。

这背后的问题是，用什么标准来按存在的顺序对对象进行分类。目前，我们可能会直觉地说，猫是猫，因为它是猫的后代，因此受到动物福利规则的保护。另一方面，如果一只猫是在实验室里产生的，那么它就不是猫生的。如果这个物体被认为是符合动物福利规则的猫，那么承认的规则就必须改变：某些性质（如新陈代谢和呼噜）而不是它的祖先将必须成为定义（由猫所生）。

这种在祖先和某些属性之间的分类差异对人类也有深远的影响。例如，人权对所有人都是有效的，因为所有人类都是因为他们的祖先而被识别为人类的，而不是因为他们有某些属性或能力。这是所有法规的基础。即使是那些几乎没有发育特征的人也享有充分的人权。确切地说，这种方法被称为特殊主义，并受到彼得·辛格的批评［SIN 99, SIN 11］。与此相反，格里高尔·沃尔布林（Gregor Wolbring）［WOL 07］批评了残障歧视，这种歧视越来越多地使某些能力的存在成为一个人被完全承认为人类的先决条件。

无论如何，这些简短的评论清楚地说明了传统边界瓦解的影响：我们需要新的概念体系，在旧的系统不再发挥作用时，人类学、道德和法律法规可以建立。这将是一项解释学的任务，它不仅理解自然，而且具有建设性。

7.5.2 结论二：更好地理解当下

这本书的核心主题之一是遥远的未来图景往往对未来意义很少，对现在则多得多。关于增强，迅速形成相应的假设是很可能做到的，对这些假设进行详细的分析和验证当然也是必要的[GRU 13d, GRU 16b]：

（1）可以参照有关增强的辩论爆发的时间点，提出第一个假设。很明显，在更加学术性的先行者的引领下，这场辩论的高潮是在 2000 年之后才出现的。在历史上，一个世纪或一个千年的转折常常与对未来的新的认知联系在一起，尽管它们纯粹是基于十进制系统。无论如何，一波积极的期望似乎正适合新世纪的开始。

然而，这也可以从另一个方向来解释。对增强的高期望也可以是对 20 世纪重大人道主义灾难的恐惧和沮丧反应的表现。后人类主义和超人类主义反复提到人类的道德缺陷。20 世纪的恐惧和启蒙运动[HOR 47]的辩证后果可能也在这些乌托邦中发挥了作用。后人类主义和超人类主义概念的迅速传播可能预示着人文主义的崩溃。

当然，如果是这样的话，那么我们就必须立即指出这些希望本身可能的辩证关系。批判乌托邦的中心论证是乌托邦表现出一种极权主义的倾向，因为一切手段都被允许实现它们，但这个论证也必须自我批判地应用于超人类主义和后人类主义的乌托邦思想中。任何看到人类在技术进步中得到拯救的人，都有可能把任何怀疑、任何批评和任何阻力抛诸脑后。为了避免过去的错误，也有再次犯同样错误的危险〔详见第 7.3.1 节末尾对罗科 / 班布里奇（Roco/Bainbridge）〔ROC 02〕的评论〕。

（2）第二个主题采用了第 7.4.3 节中关于增强社会的表述。按照这本书的主要思想，我想把重点放在人类增强辩论的各个方面，这些辩论可以告诉我们有关我们社会的一些情况及其目前的看法、态度和关切〔GRU 13d〕。关于"增强社会"的想法可能已经成为现实的一部分，迄今为止只在少数出版物中表达过〔COE 08b, WOL 07, COE 09, GRU 13d〕；到目前为止，对人类增强技术的大多数思考都涉及伦理问题和标准，这些问题通常集中在个人层面〔GRE 08〕。

然而，这已经表明（第 7.3.4 节），竞争和增强是相互关联的，它们可能相互强化。如果增强的辩论不是关于人性的未来，而是关于当前社会的不安，那么对竞争在当代社会中的作用的感知将是这一观点的核心。这意味着，许多人对竞争在生活的许多领域，特别是在教育和工作生活中日益增长和占主导地位感到不安：

> 今天，世界各地的大学校园里，学生们达成协议购买和出售处方药如呵混合盐制剂（Adderall，一种治疗注意力缺失以及多动症的药）和利他林（Ritalin，中枢兴奋药），不是为了长高而是为取得更高的成绩，胜过其他同学或显著提高学习能力。〔GRE 08, p.702〕

此外，也可能存在对资本主义的隐性批评，以及对生活中许多领域越来越多的自我剥削的担忧。如果运动的主要宗旨是：你要比你的竞争对手强——甚至强于社会中的所有人，如果人们担心这种情况，那么人类增强的故事不是关于将来可能创造超人而是我们当代社会的竞争。这种转变具有明显的政治爆炸性。它包括这样一个问题：我们是否正在接近一种新的社会类型，其特征是粗糙的社会达尔文主义，以及根据西欧模式建立在团结基础上的福利国家的可能终结？在这方面，似乎有希望从兴奋剂和增强的角度来看待这个世界，最近提交德国联邦议院的一份技术评估报告就证明了这一点：

　　"'增强'这个主题的主要社会和政治相关性并不是因为增强被认为是一种基于科学和技术的'改善人类'的贡献，而是因为提高绩效的药理学介入是'以提高绩效为导向的社会的医疗化'的一部分。"因此，关于这一问题的社会和政治辩论应集中讨论药理学和其他（生物）医疗战略的未来可能的地位，以及在全球化的教育和工作环境中应付绩效目标和需求的措施，以及人口变化的后果。为此目的，我们不应一开始就假定采用旨在使个人和集体业绩最大化的战略，而应考虑中学和大学教育和工作场所的条件，并在适当的情况下调整业绩指标。商业和经济考虑也支持这种方法，至少在中长期内是如此。在这方面，体育运动中使用兴奋剂的例子表明，一个竞赛系统可能会由于对不断提高成绩的无限期待而自我毁灭。[GER 11]

　　因此，问题出现了：我们是否正在经历一个从表现型社会到增强型社会的历史变化，这种变化具有内在的、无限的增强螺旋，包括批评家所认为的自我开发和自我工具化的增加，克嫩

（Coenen）及其同事指出：

> 人们可能会争论说，有越来越多的证据假设：此刻我们正在见证一个转变——从一个以能力为导向的社会，在这个社会里，完成预先设定的任务会得到奖励，到一个增强能力的社会，在这个社会里，在工作中，甚至是私人生活中，任务越来越难以计算和预见，因此对个人来说，最紧迫的任务是竞争性地改进身体先决条件和成功表现的要求。［COE 09, p.45］

如果是这样的话，那么对人们的要求和对他们在这个日益被竞争所主导的世界中取得成功的压力将会增加。与此同时，我们面临的压力将会越来越大，要求我们比竞争对手做得更好，甚至可能会要求使用各种兴奋剂，甚至，如果超过了这一范围，还会要求我们采用增强手段。在这样一个以这种方式发展的世界里，一个人的能力将发挥更大的作用。一种在今天已经可以看到的现象，即能力论的分析［WOL 07］，可以被认为是解释学启蒙的一种形式。

（3）第三个论点会导致矛盾的判断。技术日益渗透到我们与其他物种之中，并以不同的方式改变了这种关系的物质基础（第7.5.1节）。我们可以注意到，一方面，在过去的20年里，动物福利的增加、素食饮食以及反对动物实验的公民参与的增长，使我们更强烈地承认动物是地球上的共居动物。另一方面，在全球化的粮食经济和农业中，不断增加对动物的剥削成为一种传统（第7.4节）。认为动物与我们息息相关与把动物作为我们实现目的的手段这两种观点都在增加。目前，在这些对比观察中还没有明确的发展趋势。我们需要做的是对一些有关人类与动物关系变化的意义的解释学问题进行监控，并且对这些分析进行彻底反思。

这三种可能性在作为未来密码的增强与当前社会的发展之间建立了一种解释关系，当然不是穷尽的。从解释学的角度也许可以找到更多可能的说明。

7.5.3 结论三：将人类的自我形象技术化

技术是人类的产物，但它也有自己的形象。人类在建构性的技术创造中不断地创造自己。在创造的技术中，人类最终会面对自己，正如技术哲学的一个立场所概括的：

> 人类知道自己越来越自由，因为技术已经消灭了所有的自然力量，这样就给了他主宰自己命运的感觉。在我们眼前被创造出来的新人类，为了进入人造的天堂而被正确地修饰、剪裁，这是他为自己所指定的详细而必要的工具的产物——人就是我。[ELL 64, p.227]

这种技术镜像的结果是，它的镜像，即人对自己的镜像，本身随技术进步而变化。人类的形象随着进步而改变[BOT 15]。例如，在发现控制论和计算机之前，不可能将人视为控制论信息处理机器[JAN 96]。来自技术和机器的隐喻，是人类自己用他在头脑中创造的技术创造出来的，悄悄进入了人类对自己的描述。

从这个意义上说，关于增强的辩论的结果可能会进一步激化人类的过时性问题，正如冈特·安德斯（Gunter Anders）[AND

64］在 20 世纪 60 年代就已经指出的那样。人类的技术创造比他
（人）自己——它们（技术）的创造者，拥有越来越多的特征。
例如，目前的一个愿景是自动驾驶，以减少由于人类自身缺陷而
造成的大量事故。汽车电脑不喝酒，也不累，后座上也没有小孩
要照顾；它可以关注一切，这是最低期望［MAU 16］。认为机器
人在很多方面都比我们要好，或者是我们面对自己促成的技术进
步，会产生一种自卑感。虽然我们是技术的创造者，但我们还是
会认识到自身相对于机器人的缺陷。人类正在变成一个有缺陷
的生物，但不同于阿诺德·盖伦（Arnold Gehlen）的说法［GEH
40］。人类因素正在成为一个问题，就连照镜子也能显示出我们
的弱点。这就是一种自我实现机制开始的方式，它可以导致一个
不同类型的增强技术的世界：关于增强所提供的未来可能性的讨
论可能会降低人类的自尊，也可能会增加人类对增强的需求。

　　然而，关于人的自我形象，也有一个问题，那就是他如何在
看了技术的"镜子"后描述自己。它改变了我们谈论自己的语
言。一种描述我们自己的越来越技术化的方式已经进入了我们
的语言，它使用了从工程学和科学中借鉴的技术概念和类比。
例如，有人提出了将人作为建筑工地模型的建议［ACH 06］。这
种语言的技术化可能反映了正在进行的人的归化（naturalization
of man），许多科学家和哲学家都在追求这种归化［ENG 05］。例
如，神经电接口有可能以信息技术［JAN 96］的方式促进关于人
类和大脑的讨论，并将感觉器官解释为传感器，神经解释为数据
线，记忆解释为硬盘，从而推动进一步的技术化。

　　从这个意义上说，人的技术化是由这样一个事实构成的，即
这种对人的技术解释是以人的技术形象的形式建立起来的［GRU

07b 〕。然而，人类的技术建模与人类的技术形象无关，只要这些图像在它们各自的意义和功能范围内，只要它们在各自的目的所施加的限制中得到认可和反映①。当把人的这种技术化形象从它们的使用语境中分开时，我们只能说人的技术化的最初信号被剥离了必要条件和前提，并且进入关于被作为一般意义上而且被认为是绝对的人的形象的讨论中。通过纯粹的技术描述，这个过程将达到一个目标，这个目标将不再为竞争所接受，也不再为其他非技术的人类描述所补充（例如，作为一种政治动物，作为一个社会存在或作为一个交流社区的参与者）。因此，就没有为不从机器的角度理解人类而留下的空间。

将增强视为未来密码的结果，可以从我们如何看待自身中看出。需要诠释学的反思来允许技术进步丰富人类，例如为了中间目的，但不陷入仅仅传播人类的技术形象或协助人类进行统治的危险。必须继续把人看作是一种超越技术的存在，也就是说，人是一种从技术中获益的存在，并且不会在这种技术中迷失自己。

7.5.4 结论四：关于增强的负责任研究与创新辩论

由于负责任研究与创新辩论从前面几节中得出的结论是显而易见的，因此这里只做一个简短的总结就足够了。传统的后果主义观点认为，人类和动物的增强可能会带来美好的未来，但这种观点在分析中几乎没有任何作用。这些事态发展以及后来的持续争论一直是焦点。正是解释学的观点提供了这种知识，甚至在这一术语被用来描述这种活动之前也是如此（例如〔GRU 07a,

---

① 人作为机器或其他技术化物体的形象本身并不构成问题；对于许多在本质上是精确科学的目的而言，使用一个人的技术模型（例如作为一个信息处理系统）是必要的或至少是权宜之计。

WOL 07〕)。

这一转变意味着，有关动物和人类增强的未来世界的观念，相对而言，作为负责任研究与创新争论的对象，将变得不那么重要。与这些观念相伴而生的是责任在另一种不同归因方式下的那些对象（第 2 章）。在增强的情况下，它们表现为下述问题类型：

——人类和社会能承受多少竞争？竞争能促进创造力多久？什么时候会变得具有破坏性？

——传统秩序的变化是如何发生在动物与人、生命与科技的关系中？如何并根据哪些标准建立新秩序？

——我们如何负责任地处理不对称的关系，例如动物和人类之间的关系？

——我们如何在人类和正在发生根本变化的技术集群中处理责任问题？

——我们如何在冲突之间建立平衡，一方面，人类倾向于以一种日益有效的方式利用动物，另一方面，可以更好地对待动物，关心它们。

在这种情况下，动物和人类关系的未来显然只是争论的媒介。它们是当今世界所面临的挑战的表现，而不是未来的挑战。人的自信在其中起着很大的作用。与动物相比，我们是谁？作为技术的创造者，我们是谁？如果传统的边界瓦解，我们想要成为谁？

这些问题不是要马上或近期内对新兴科技的发展作出决策。这些问题都是伦理道德问题：关于道德问题的本体论体系的问题，可以首先提出并加以考虑。它们是负责任研究与创新的一部分。负责任研究与创新不能让自己局限于对技术未来后果的责任，而是必须关注某物如何以及为什么作为技术的结果而构成自己，以及在当代环境中，交流扮演着什么角色。

这个结论表明道德只是游戏的一部分。就像在其他新兴和正在发展中的科学和技术中一样，人类和动物增强的问题在许多方面根本不是具体的伦理问题，而是需要达到社会和人类学上的自我理解。诸如关于人类与动物或人类和技术的关系的发展，以及在这种背景下起作用的技术化趋势，首先需要解释学分析，公共对话和专家论述。因此，关于人类、技术和动物之间关系的争论应该被视为负责任研究与创新的一部分。

7.6 ｜ 作为未来密码的增强

人类生存境况的偶然性的增加，与增强技术有关［GRU 07a］，它既是不确定性的扩大，也是型塑未来的机会的扩大。从被动地接受某事物到认为它是可操纵的，这一转变是技术进步的一个普遍特征。同样，人类影响动物和人类本性的能力也在增加，新的视野和型塑未来的空间将会出现。但同时也存在着识别新的定向形式的挑战，以便能够识别和掌握新开放的空间。关于未来的辩论的目的是探索负责任的途径，利用这些机会，并尽量减少新兴科技开发的风险。解释学的观点也暗示了必须照顾到基本的集群，以确定对机会和风险的识别。

这些争论往往是围绕未来的特定密码展开的［GRU 06］。它们的作用是把我们对未来的期望放在我们当前思想的背景下，去反思它们，去传达我们思考的结果；去审议它们，以便最终使我们能够将结果用于我们当前的行动和决定。这些符号本身的不确定性是实现它们促进社会自我理解功能的前提。

　　由于有关增强的辩论交换着和消解着对人类、技术、自然和社会的未来的普遍社会态度一样，所以它们是超越自身指向未来发展的占位事件（placeholder）。它们是为在相当大范围内讨论社会未来准备的一个占位符。从这个意义上说，增强是未来在今天的标志之一。人口变化、气候变化、预防原则和可持续发展是此类现象的其他突出标志［GRU 08c］，它们每个都关注未来的不同方面：为了可持续发展，例如公平的问题和自然资源的限制；对于气候变化而言，是人类的经营方式和生活方式的脆弱性问题；而对于人口的发展而言，最重要的是繁衍和迁徙的行为。它们的一个共同特征是，在当今世界通过（占位符）方式来探讨协商未来愿景以寻找方向的语境中，它们所具有的催化功能。

　　与仅仅作为未来密码而使用了将近 10 年的纳米技术相比（它的去未来化［LÖS 10］标志着这段时间的结束），增强技术可能会在更长的时间内发挥作用。毕竟，在人类、技术和动物之间不断变化的集群中，这是我们对有关自我理解的意义深远的争论的一种表达。我们并不期望近期就会形成新的稳定的本体论秩序和有关责任、道德以及法律地位分配的相关规定。

第8章 应对气候变化的技术：
气候工程的解释学维度

气候工程的例子，多年来一直是讨论的对象，指的是我们如何处理气候变化，因此它与本书中提到的负责任研究与创新的其他领域非常不同。尽管如此，气候工程也展示出了与负责任研究与创新辩论中类似的挑战，这是因为它与对当下影响深远并且极不确定的技术未来具有相关性。如果关于责任的辩论以后果主义的方式进行，参照气候工程的假定结果，它也会受到认识论颠覆（epistemological nirvana）的威胁（第3章）。从解释学的角度考虑气候工程的技术远景将导致相应的结论。

8.1 | 气候变化和技术的矛盾心理

几十年来，气候变化一直是科学、哲学、公众和政治辩论的一个主要话题。《联合国气候变化框架公约》和于 2015 年在巴黎举行的定期国际气候变化会议是它们在全球层面上最明显的表现。在国家、区域和地方一级，查明原因、承担责任、提出解决办法和执行中的问题已成为社会冲突的常规组成部分。从今天的观点来看，关于气候的辩论可区分为三个阶段［GAR 10a］：

第一阶段——从 20 世纪 70 年代开始，人类对全球环境状况和气候的影响程度令人震惊，在第一阶段中，许多人清楚地认识到，只有减少人类对环境的影响，即他们的生态足迹，才能找到解决办法。在气候问题上，这符合一项战略，即尽可能迅速地减少向大气排放温室气体，并从长远来看完全停止排放。这一战略被称为"减缓"（mitigation）战略。

第二阶段——从 20 世纪 90 年代开始，人们越来越清楚地认识到，减缓的影响过于缓慢，无法在很大程度上阻止气候变化。已经排放到大气中的温室气体，以及未来数年和数十年可能出现的进一步排放，都将导致气候发生重大变化，从长远来看，减缓是成功的。因此，尽管人们竭力避免气候变化，但社会必须为即将到来的气候变化做好准备，比如为日益极端的气象事件做准备，或者对海平面上升采取预防措施。出于这个原因，人们谈到了"适应"（adaption）。

第三阶段——近几年来［CRU 06］，减缓和适应的两重性一直在扩展并形成了一种"三位一体（a triad）"观念。气候工程是一种通过技术手段来对抗气候变化，以保持地球的凉爽的方法（想要了解更多内容，参见［KEI 00］）。这种方法已经引起了极大的政治兴趣［COR 10, ROY 09, CAV 14］，是深入的科学和伦理讨论的对象［BET 12b］。这宣示了气候辩论的新阶段。

因此，气候工程引起了人们的极大关注，因为人们普遍认为气候变化会引起全球重大问题。人们一再指出，气候系统中可能存在"引爆点（tipping points）"，并可能带来灾难性的后果。人们得出的结论是，人类应该通过积极介入气候系统以达到降温效果，为自己做准备，并制定应对气候变化的战略。然而，许多科学家因为无法预测的、危险的和不可逆转的副作用而忽视气候工程，并且反对过高的研究投入和资金投入［ROB 08］。政治家却对有关概念感兴趣，因为它们可以适用于国家和国际环境和气候政策战略。将气候工程作为可接受的工具的先决条件是安全性、经济活力和公众接受。

然而，我们正面临一个不幸的现实。全球气候已经在变化，气候变化的影响可能会超过世界预防和适应气候变化的政治、技术和经济能力。因此，决策者现在应该开始考虑气候工程研究，以便更好地理解哪些技术或方法（如果有的话）是治理我们不断变化的气候的可行的权宜之计，以及哪些会构成不可接受的风险。［GOR 10］

由于参考了在两个方向（支持和反对气候工程）上关于结果的高度不确定的知识，所以该论证的本性及其同时赋予气候政策的高度相关性使得定向问题在一方面来看是紧迫而必须的，但在另一方面来看，想要以后果主义方式实现也是非常困难的（即使不是不可能的话）。因此，对于本书的主旨而言，气候工程是一个合适的案例研究（第 1 章）。

在气候辩论三个阶段的历史背后，隐藏着对科技的不同期望。总的来说，技术和可持续性之间的关系是矛盾的。技术是导致诸如气候变化等可持续性问题的因素之一，但人们也对技术寄予厚望，希望它能解决这些问题。技术既是问题的原因，也是问题的解决方案［GRU 12d］。技术作为一种解决办法的观点在辩论的三个阶段也有不同：

——采用更有效的技术来减少温室气体排放的想法塑造了以减排为代表的方法。这是为了从根本上对抗气候变化，通过使用更好的技术来追踪导致气候变化的原因；

——适应性计划依赖于技术来减轻气候变化的后果，而产生问题的原因在这里没有发挥作用；

——气候工程为这一范围增加了一种新的方法；利用技术手段来对付气候变化本身，而不仅仅是它的后果，通过追踪它的症状而不是它的根源。有人可能会说这是"终端治理（end of pipe）"的方法。

本章的内容，首先对比介绍了以前方法的可能局限性（第8.2节）与气候工程提供的技术选项（第8.3节）。然后在传统的后果主义模式（第8.4节）中考虑气候工程措施所带来的机遇和风险，其局限性可以很快被认识到。这就是提出气候工程的负责任研究与创新辩论中关于责任对象的转移或扩展问题的依据（第3章）。事实上，我们看到，关于气候工程本身的争论——而不仅仅是具体的技术措施——产生的结果在目前具有或者有可能具有重要意义。因此，在负责任研究与创新辩论（第8.5节）中也应讨论这一问题。这就打开了气候工程的解释学维度，总而言之，它提供了在这种情况下重新解释责任律令的理由［JON 84］。

8.2 │ 以往用来寻求解决途径的方法的局限性

自工业革命以来，人类对气候系统的干扰越来越大，特别是使用矿物燃料排放二氧化碳，也包括农业和其他温室气体中甲烷的排放。由人引起的温室气体排放是导致全球变暖的主要原因[IPC 14]，治理方法似乎是显而易见的：为了减少温室气体的排放，通过使用更高效的技术，用可再生能源代替矿物能源载体和选择更可持续的生活方式。无可否认，我们之前的成功充其量只能是差强人意（modest）。在世界范围内，温室气体的排放量继续增加（2012年增加5.8%）。这种趋势将持续很长一段时间，即使"减缓"措施应该能在更大范围内产生影响。重要原因是持续强劲的全球人口的增长，世界上的大部分经济增长会导致更高的能源消耗和排放，减缓战略的不足表现在许多工业化国家和新兴经济体中部分经济快速发展的国家，如中国、印度和巴西以及许多发展中国家[①]。

与此同时，适应战略是必要的这一事实已被接受为理所当然的事情。问题的关键在于应对气候变化，即为海平面上升、极端气象事件的数量和剧烈程度的增加做好准备。今天，值得注意的是，10多年前，在德国公开谈论适应气候变化在政治上是不正确的。人们担心这可能会破坏有系统地实施减缓战略[STE 08]。

然而，如果气候变化超过某些阈值，适应战略也会有局限性。由于看到了"减缓"政策措施在过去几十年里的不作为[②]，全球层面向非矿物能源转变中的惯性，不考虑生态利益的新兴经济体的经济增长以及伴随着能源需求越来越大的地球人口的持续增长，人们对于气候变化可能引发剧烈后果的担心也增加了。正

---

① 当然，从发展的角度来看，这种效果是非常可取的。与此有关的对环境和气候的沉重负担并不是反对迅速发展的理由，而是以更有利于环境的方式进行这种发展的理由。

② 2015年巴黎气候变化大会上备受赞誉的突破仅仅在于共同达成了雄心勃勃的目标。它是否真的是一个突破，我们只有在实施开始后才能知道。

如一些人担心的那样，气候可能会发生变化，可能发生危险和向难以预测的事态发展，例如：

——进一步加速气候变暖引起的夏季北极冰层的融化，因此地球的反照率降低；

——海平面的大面积的快速增长造成的格陵兰岛和南极西部冰盖的融化；

——加速产生的温室气体浓度增加，脱气的甲烷水合物使海底或冻土地区快速解冻。

如果气候超过了临界点（假设但未被证实），这种发展可能会使适应变得越来越困难，甚至是不可能。谨慎地说，积极的，即自我强化的反馈效应可能会导致世界上许多地方的气候条件不再适合人类生存。

如果没有意识到越来越多的人怀疑减缓和适应战略可能不足以使气候保持在适宜生命和人类生存的范围内，就无法理解关于气候工程的争论［BUN 09, ELL 10, GAR 10b］。尽管这只是一个值得关注的问题，并不是可靠的预测，甚至也不是合理的情景，但我们可以理解，甚至在道义上有必要进行预防性考虑，以进一步寻求应对气候变化后果的可能性途径。

8.3 ｜ 作为一种技术选择的气候工程

气候工程作为一种可能的最后手段（last resort）被引入辩论去有意地影响气候系统以冷却地球。如果所有其他遏制气候变化的努力都失败了［CRU 06］，那么这应该是最后的机会（最后手段，ultima ratio）。这是预防论证。为应对气候变化中的紧急情况，将研究和制定气候工程措施。因此，气候工程只适用于这种紧急情况。同时，减缓和适应的努力应继续下去并加强。打个比方，气候工程就像一个灭火器挂在墙上为了应对紧急情况，它的可用性当然不会使防火措施过时。

气候工程与减缓和适应战略在看待气候系统时持有根本不同的观点。在工程师看来，它是一个可以通过工程介入来管理的完整系统。虽然到目前为止，气候变化是工业化和经济增长的意外后果，但现在的目标是确定旨在应对气候变化的有意介入措施。人们正在寻找那些可以被调整的属性，就像一个固定的螺丝一样，以便在技术上用于实现对气候的影响，从而使地球降温。这在概念上有两种不同的方法：

（1）可以增加太阳能反射回太空的能量，使其只有一小部分被地球大气层吸收。从技术上讲，这是可以实现的，例如，通过将小颗粒（气溶胶）定向插入大气层上层，将阳光反射回太空。其他可行的措施包括将街道和屋顶刷成白色。这种措施称为太阳辐射管理（SRM）［LEI 10］。

（2）还可以努力从大气中去除大量的二氧化碳或其他温室气体，并把它们储存在海洋中，或把它们压入地下洞穴，例如天然气储藏所。2009 年，德国的破冰船"极星"号（Polarstern）进行了深度碳出口试验，目的是有针对性地刺激藻类生长，这吸引了媒体的大量关注。然而，更温和的措施，如大规模造林，也属于这种二氧化碳去除策略的范畴（CDRs）［RÖS 10］。

这些选择在许多方面有很大不同。它们的共同之处在于对它们的使用和可能出现的后果高度的无知和不确定。二氧化碳去除措施将大规模使用，尽管如此，其工作进度将非常缓慢。当我们能够知道他们是否有效以及如何工作的时候，如果气候出现紧急情况，可能已经太晚了。因此，大多数的想法都集中在以有针对性的方式改变大气的组成，以便尽快产生冷却效果。最常被提及的话题是科鲁岑（Crutzen）提出的硫选择法［CRU 06］。根据观察，由于强烈的火山喷发，全球气温在数年内都有可测量的降低，这与硫酸盐气溶胶向上层大气的排放有关，可见，自然本身就是一个榜样［LEI 10, p.28ff.］。

第一个模型计算表明，向大气上层注入大约 100 万吨硫酸盐气溶胶可以达到显著的冷却效果。这一过程几乎是立即发生的，这使得这种选择似乎注定要在气候紧急情况下使用。然而，重力会逐渐将气溶胶拉到地面上，使它们在一段时间后，也就是可计算出的几年之后，必须重新注入气溶胶。通过调整气溶胶的浓度可以调节所需冷却的程度。这样一来，就有可能对全球平均气温进行微调。

气溶胶可以由一队飞机撒播。最初的粗略计算是每年数十亿美元，与适应气候变化的估计成本相比，这简直是小巫见大巫。由于尚未解决的法律问题，这一备选办法的执行将面临重重困难。对于一项无疑具有全球影响力的技术，在何种政治层面上可以作出决定，以及应该如何处理利益分歧，目前尚不确定［WIE 10］。

8.4 ｜ 气候工程的机遇和风险

从表面上看，从技术和经济角度来看，硫酸盐的选择似乎是应对气候变化的一个极其简单的解决方案。如果由人类造成的温室气体导致气候变暖，硫酸盐同样可以作为一种合适的解毒剂，利用冷却效应来弥补气候变暖。用灭火器的比喻来说：如果一场火灾发生了，尽管采取了所有的预防措施，那么你需要一个快速运转的灭火器。当避免性策略并不足以使气候保持在一个适宜人类生活的范围内时，或当发生不可预见的可能触发气候变化巨大加速的系统性影响时，由气候工程提供的能够快速起作用的措施，至少在一段有限的时间内，就有可能阻止或帮助减缓灾难性的发展。因此，根据这一点，最好是有气候工程技术可供我们使用，以便我们能够在紧急情况下找到应对措施。

除了气候工程技术［CRU 06］的发展（而非使用）这一核心论证外，人们还提出了其他一些论证［BET 12a, BET 13, OTT 10, SCH 96］。气候工程将增加应对气候变化的选择，为未来几代人提供更多的选择。"次级邪恶论证（lesser evil argument）"是基于这样一种假设：未经控制的气候变化本身比气候工程更加邪恶，即使气候工程本身也会产生意想不到的后果。气候工程，尤其是气溶胶选项，最终将形成一种比艰苦和昂贵的减缓和适应战略经济效率更高、实施更方便的战略举措，一种经济系统的重组甚至是一种生活方式的改变。然而，采用最后一种选择将偏离克鲁岑［CRU 06］认为的气候工程可能只扮演应急技术角色的路线。相比之下，气候系统中预期的技术介入被认为是减缓和适应气候变化的真正替代品［BET 13］。这就概括了关于气候工程潜在可能性的一小部分叙事。

反思气候工程的根本动机是出于对减缓和适应战略可能失败或不足的担忧（第 8.2 节），并且基于预防论证在伦理上也是合理的。然而，即使是被认真对待的"最后手段"的论证，也必须仔细分析其中的风险，并整合到整体评估中。"最后手段"论证并没有为气候工程创造全面的正当性，而只是论证了将其考虑在内的正当性。然而，对可能的负面影响及其与收益平衡的考虑是必要的先决条件。

几十年来，人们普遍承认技术的根本矛盾心理。特别是在环境领域中出现非预期的和经常有问题的副作用是促使建立技术评估的因素之一［GRU 09a］。同样，气候变化也可以被解释为过去 200 年科技经济发展的意外结果。二氧化碳是最主要的温室气体，在使用对全球经济至关重要的矿物能源时不可避免地会产生二氧化碳。虽然减缓气候变化的目的是减少意外后果，从而找到问题的根源，但气候工程在因果链的末端解决了气候变化的症状。从历史上看，对已经出现的损害进行迟来的修复并不罕见。新类型的技术经常被用来应对旧形式的技术带来的意想不到的后果。历史表明，这些新形式通常也会带来意想不到的后果［GRU 09a］。技术进步的驱动力之一是新技术要应对早期技术带来的意外后果。

因此，在气候工程中，也存在一些问题，如意外的后果和风险、它们的具体特征和可能的发展程度。由于我们的知识和认识不足，我们常常无法对此作出最终的判断，但我们还是可以区分以下风险领域（例如气溶胶问题）［BET 13, OTT 10, GRU 11d, ROB 08］：

——预备实验的风险：在我们的科学认识里，为克服缺陷，实验是必要的，至少其中的一些实验必须在真实的大气中进行，并安排足够大的规模，以便能够可靠地从中学习。即使是这些实验，也可能产生不必要的、潜在的大规模后果；

——操作中的风险：气候工程措施的一些建议，如气溶胶的引入，会故意修改大气的成分。例如，在到达地球表面的光线的光谱分布中所产生的微小变化可能引发意想不到的生物效应。或者气溶胶逐渐下沉到地面可能在中长期内造成生态问题。再比如，硫酸盐会导致土壤和水酸化。由于我们不完全了解气候系统，因此也不能排除对气候的意外影响。鉴于一项气候工程措施可能需要维持很长一段时间，因此必须仔细审查这种长期方案；

——长期维护的风险：如果气候工程措施必须要维持到几百年或几千年之后，稳定的政治和经济状况是十分必要的。然而，纵观历史，这绝不符合长时期的规律；

——中止操作的风险：如果全球气候工程系统的操作中断时间较长或完全终止，如资源不足或战争或因为明显的对环境的负面影响，冷却效果会减弱很快，几年后将会有一个快速增长的全球平均气温。届时，大部分人类将面临重大的，甚至可能是灾难性的挑战。拟订全面措施以适应这一局势所需要的时间估计是不可能达到的；

——政治进程中的风险：气候工程需要全球治理，因为它是一项全球技术并对全球产生影响。因为有赢家也有输家，比如在气候变化的政治处理上，可能会有政治冲突，比如当经济实力较强的个别国家急急忙忙地向前推进时，或者当决策因利益不同而受阻时［WIE 10］。

这些关于风险的故事并不代表安全甚至可靠的知识，而是具有思辨性的。它们可以被看作是道德责任的表达，即我们必须考虑我们的行为的长远影响［JON 84］。然而，这些努力的结果在认识论上是不合格的。目前尚不清楚这种机会和风险有多可信、有多可以预期，或者有多大可能。由于我们认识的不足，显然不可能对风险灾害发生的量化概率和产生损害的数量进行责任归属。由于我们对后果的认识不足，对机遇和风险的平衡就会失败。后果主义观点没有为行动提供方向，而是导致了困惑（perplexity）（第 3 章）或意识形态问题。

困惑可以被带至极端。一方面是"最后手段"的争论。让我们假设过去和未来的减缓和适应措施不能使气候保持在可容忍的范围内。无论如何，这个假设的反面是无法证明的。因此，研究气候工程并使其适用将是一项道德责任。放弃气候工程将危及地球上一种人文形式的生命的继续存在，并因此违反了汉斯·尤纳斯的绝对律令［JON 84］。

然而，上述风险也可能导致相反的结论。让我们假设气候工程措施已经被开发出来。其发展将导致减少关于"减缓和适应"的努力。气候变化几乎不会放缓，它实际上可能导致戏剧性的发展。然后，气候工程将被用作一种应急技术。然而，如果过了一段时间后，对生态系统产生了巨大的副作用，那么唯一的选择就是放弃它，冒着随之而来的气温上升的风险，或者接受生态后果严重和进一步升级的风险。在这两种情况下，整个地球上的人类生命都将受到威胁，这是尤纳斯认为必须避免的后果。因此，不开发气候工程是绝对必要的［JON 84］。

其结果是典型的"失语症（aporia）"。按照责任伦理的律令行事，既要求发展气候工程，又要求拒绝追求这一发展。在极端情况下，这代表了后果主义论证的崩溃（第 3 章）。

目前，想要解决这个失语难题是不可能的。我们缺乏关于可能的技术选择、使用条件和对后果的经验和建模知识。从这个角度看，在工程、自然、社会和法律科学方面进行更多的研究似乎是一项合法的任务（如果不是规定任务的话），使我们首先能够评估技术选择。但是，只要考虑到关于机遇和风险的陈述都将具有思辨性这一点，这就是不可能的，那么我们唯一的选择就是寻求其他形式的定向。

8.5 | 气候工程的解释学维度

寻找定向的一种可能是询问气候工程是否具有超越技术及其直接应用的意义。揭示这种意义可以支持负责任研究与创新辩论，而不必以后果主义的方式辩论（第 8.5.1 节）。此外，根据扩展责任主题领域的想法（第 2 章），我们可以诉诸当前关于责任的交流与讨论（第 8.5.2 节）。

8.5.1 气候工程：培根主义的复兴？

主题远远超出这类技术的一些争论在气候工程的辩论中引起了共鸣。气候工程汇集了技术远景的未来、气候的未来，甚至地球的未来以及人与技术之间、人与自然之间关系的未来，它们有一个共同点：都在应对根本性的问题。这些问题的解释和争议性解决方案的明确有助于增加辩论的透明度。因此，这是这些辩论自我启蒙的一个要素。在下文中，这将作为讨论技术进步在实现环境友好型发展方面的作用的一个范例。

技术进步与解决环境危机的关系是矛盾的。一方面，如果没有进一步的技术进步和利用其成果，克服目前的主要环境问题似乎是不可想象的。另一方面，气候变化在很大程度上可归因于过去 250 年的技术进步。早在 1984 年，汉斯·尤纳斯对技术伦理的主要关注并不是针对那些不起作用的技术，例如导致严重事故的技术。相反，他关注的主要问题是由完全正常运转的技术引起的，也就是说，通过一些意外的、某种程度上出乎意料的副作用，这些副作用通常是在很久以后、逐渐地被感觉到。我们今天的处境就像是对这一诊断的确认：气候变化是技术发挥作用的结果，例如内燃机或矿物燃料发电厂。然而，根据艾勒斯／克施纳（Ehlers/Kerschner）［EHL 14］对不同类型的技术爱好者、技术恐惧者和技术官僚对技术作用的看法的分析（按照 Grunwald［GRU 16d］的解释），可能会得出不同的结论：

（1）为了减轻环境负担，技术进步需要放慢或停止，甚至可能逆转。更多的技术显然意味着更多的环境问题，更少的技术将是解决方案，或至少是对其他解决方案有重要贡献。

（2）迄今为止的技术进步可能遵循了错误的或至少是偏见性的（例如，技术经济效率）目标。如果环境友好型发展的目标成为新技术发展的重要组成部分［WEA 00］，未来的技术进步可以以这样一种方式为目标，即它们将有助于解决环境问题而不是与解决环境问题背道而驰。

（3）技术进步也可能〔立场（2）的更激进的版本〕不仅被视为解决方案的一部分，还同时被视为问题的解决方案。必须加快这一进程，以便尽快使人类文明摆脱自然环境的束缚［MAN 15］。

在过去几十年的辩论中，第二个和第三个立场的不同表述和强调基本占了上风，而上面介绍的第一个立场实际上已从人们的视野中消失，至少在公开辩论中是这样。它们的主要思想是，显著提高技术效率，将有可能减少资源消耗和环境污染［VON 09］。

最近，《生态现代主义者宣言》（Ecomodernist Manifesto）［MAN

15〕在这场支持技术作用的辩论中提出了强有力的主张。它没有明确提到气候工程，但很容易想象作者会怎么想。其采用的"生态现代主义（ecomodernism）"一词非常恰当。"生态"的前缀表明，当今严重的生态问题在涉及气候变化时确实得到了认真对待。"现代主义"标签是指克服环境危机的基本方式。这完全是在传统现代主义进步观念的框架内发生的，这种观念最后可以追溯到大卫·休谟（David Hume）和弗·培根，可以被称为"培根主义"〔SCH 93a, OTT 13〕。要实现人类文明与自然最全面的解放和分离，就必须坚持不懈地追求这一启蒙计划。根据作者的观点，环境危机说明到目前为止，这种解放还没有完全实现。相反的结论——就像大多数欧洲环保运动所做的——有必要回头从古典现代化道路开始，生态现代主义给出的信息是，人类不应该停止，然后中途回头，实际上应着重以更快的速度向前发展。

这一立场与许多当代的分析大相径庭，这些分析实际上认为古典现代性的基本前提是造成环境危机的原因之一。他们声称，对自然的纯粹工具性理解、对技术进步解决问题的能力以及对完全控制自然的目标的极大信任导致了对地球的不负责任的开发。因此，继续提倡古典现代主义的方法将是错误的观念〔MEY 84〕。现代性批判的分析至少可以追溯到"启蒙的辩证法"〔HOR 47〕，这导致了对传统现代主义模式的根本修正，例如"反身现代化（reflexive modernization）"〔BEC 92〕或"另类现代性（alternative modernity）"〔FEE 95〕的模式。这些理论的核心是古典现代性所表现出的内在的、辩证的、自我毁灭的结果，其中环境危机就是一个例子。

《生态现代主义者宣言》采取了截然不同的立场，在古典现代性的范式中寻找解决环境问题的方法［GRU 16d］。作者指出，迄今为止所取得的技术进步已经大大减少了人均自然消费量（例如人类赖以生存的面积）。因此，扭转这一趋势（例如，通过替代需要更多土地的粗放农业）是错误的；相反，它需要加速。宣言中表达的理想是人类社会在很大程度上从自然世界中解放出来，独立于自然资源进行组织：

> 加强许多人类活动，特别是农业、能源开采、林业和定居活动，以减少土地的使用和对自然世界的介入，是将人类发展与环境影响脱钩的关键。［MAN 15，p.7］

毫无疑问，气候工程符合生态现代主义者的宣言。从更高的层面来看，气候工程也是一种从自然中解放出来的技术。因此，我们不应该再依赖于气候，而应该通过技术手段来决定我们的气候应该是什么样的。在这种方法中，对技术可行性的信心是坚定的[①]。因此，从培根主义的意义上说，气候工程是一种信念的表达，希望技术进步能解决我们所有的问题。如果这不能立即取得成功，那么——这些作者相信——我们不应该怀疑技术进步的意义，而应该激励我们进一步加速它。因此，气候工程当然也属于那些对技术进步充满信心的人，他们把所有的赌注都押在一张牌上，从而被指责为道德赌徒［GRU 16d］。

---

① 气候工程的早期倡导者之一是爱德华·特勒，他是美国氢弹之父，也是大规模技术和"大科学"方法最杰出的代表之一。康拉德·奥特（Konrad Ott）［OTT 10］表达了这样一个假设：气候工程的概念起源于此背景，并揭示了这种方法背后的某种心态，这并非巧合。

汉斯·尤纳斯［JON 84］已经警告这种把"全体（the whole）"作为赌注的做法，然而这正是生态现代主义者的立场［GRU 16 d］：它完全依赖于技术进步，从而使人类世①（Anthropocene）的未来发展完全建立于这种对技术进步的依赖性，并为可持续的未来开辟道路。然而，如果这种希望没有实现——在经历了技术的意外副作用之后，这确实是一种可能性——可能导致严重的后果。按照汉斯·尤纳斯的说法，"全体"将受到威胁。从尤纳斯的立场来看，生态现代主义者的立场依赖于不合理的前提，并进一步要求加速技术进步。对最后手段的依赖，使得生态现代主义就像一个道德赌徒，把一切都押在一匹马上。

从这个角度来看，气候工程只是对人类可持续发展和人与自然的相互关系进行更深入讨论的一个例子。关于气候工程的辩论可能意味着乐观技术幻想的回归，即几乎完全控制自然。气候工程绝不是对自然过程的温和介入；至少根据太阳辐射管理（SRM）选项［ETC 10］，这将是一次大规模的技术介入。气候工程将"符合自然"［MEY 84］的朴素生活与对自然的最大控制（以气候系统的形式在此表达）进行了对比。在培根主义思想的影响下，人类的力量和控制幻想可能会回归，这意味着从以往曾尝试过但不成功的控制中得到的教训［例如 VAN 99, GRU 09a］再次丢失的危险以及很可能以痛苦的方式重新学习。

8.5.2 扩展责任对象

气候工程的机遇和风险在很大程度上是思辨性的，但除了思

---

① "人类世或称人类纪"一词是荷兰大气化学家、诺贝尔奖获得者P·克鲁岑（Crutzen）提出，是从地质学词汇借用而来，作为地质学时代系统中最新的一个分期的概念。

辨性之外，关于气候工程的科学和政治辩论已经开始［ROY 09，COR 10, CAV 14］。这场辩论与科技愿景未来有关，不管机遇或风险如何，已经产生了真正的后果，即使它们可能还没有完全呈现出来。无论如何，研究项目已经建立，例如德国研究基金会（DFG）的重点项目。这个话题也已经引起了关于气候政策的争论［IPC 14］。

因此，完全是在扩大责任主体领域的意义上（第2章）提出这样一个问题，即从今天正在进行的辩论中可以预料到什么后果？或者也许已经可以观察到什么后果？它们不是气候工程所带来的机遇和风险的认识论结果，而是当今辩论的结果。问题是，这对责任意味着什么。在这一点上，我们必须首先说明的是，当前所讨论的结果维度并不是技术应用的结果而是指一种关于气候工程的依旧非常具有思辨性的辩论的结果，也就是所谓的"道德危机论证（moral hazard argument）"［COR 10, OTT 10, BET 13］。

关于气候工程的交流，尤其是与之相关的尝试，可能会导致人们在追求规避策略时变得不那么认真。在最坏的情况下，其结果可能是在利用矿物能源运输船方面采取"更多相同的"或"照常经营"的态度。为建立可持续能源供应而开展的战略改变可能会受阻。不同的心理和社会经济机制可能会破坏相关气候保护措施。治疗这些"症状"（这里是气候变化），例如使用硫酸盐方案（第8.3节），似乎比解决气候变化的原因要舒服得多，因为这最终意味着整个经济的转变，并在政治和生活方式上设置其他优先事项。用于气候工程研究的资源不能再用于研究其他气候保护措施。气候工程的财政支持甚至可能会产生反对缓解措施的利益集团［BET 13］。然而，如果气候工程的措施不能满足人们对它的期望或产生不可接受的副作用，就可能很快出现一种具有威胁性的情形。由关于气候工程的讨论引发的超越气候问题的最大风险就是有可能激发由对技术解决方案的盲目自信而导致的新一轮的关注缺失，在此之后，将是在某一时刻的猛然醒悟。

很难回答，这是否构成了纯粹的思辨性焦虑，或者气候工程辩论中的交流介入是否已经开始远离减缓和适应战略。显然，这还没有被公开讨论。然而，在相关会议的茶歇时间，恰恰可以反复听到，特别是来自产业和商业代表的声音。诚然，这只是一种没有任何实证有效性的逸事性观察。目前还缺乏能在早期阶段探测到这种可能的知觉转变的科学传感器。

由于气候工程的特点，这种关于气候工程的交流讨论应该以负责任的方式进行，因为从伦理的角度来看，这对当下气候政策发展的介入还是非常细微的（第2章）。然而，问题是这指的是什么责任？对责任的伦理反思会产生什么结果？最后，这方面结果的范围依然是从不确定的到思辨性的。气候工程可能阻碍减缓气候变化的战略，但并不能消除"最后手段"论证的有效性。显然，以负责任的方式进行辩论的律令无一例外地并没有导致关于行动的明确定向。根据透明辩论的要求，有必要澄清前提和意图、在其中进行的调查分析以及其中包含的价值判断，等等。例如，这可以通过对论证和论述的哲学分析来实现［BET 12a］，并与本书中的"旧欧洲（old European）"论证一致，认为自我启蒙是有价值的，也是必要的。

8.6 | 结语：责任律令的解释学延展？

在这一点上，我只简要地提到一个主题，其中的内容将超出本书的范围。人们经常注意到，责任律令［JON 84］恰恰取决于上文所提到的气候工程中的同一个难点（aporia）。在引入"恐惧启迪法（The Heuristics of Fear）"和"对不幸的预测要优先于对善的预测（Prevalence of the Bad over the Good Prognosis）"的文本中，尤纳斯［JON 84］认为行动 A 的纯粹可设想的灾难性后果就足以提出停止行动的要求。然而，这经常导致相同类型的难点。以纯粹可想象性为代表的低阈值作为一种规则，导致对后果的思考，根据这种思考，A 行动的执行和拒绝都可能导致灾难性的后果。因此，行动 A 既应该被执行，也应该被拒绝。这种考虑显然不会使我们更进一步。

其原因是，未来行动的后果的纯设想性并不构成得出结论的适当基础。对后果的纯粹想象式考虑是武断的，并不足以作为得出结论的基础（第 3 章）。问题是，通过引入解释学的观点，是否可以克服责任律令中这一争议性的弱点。

至少，这本书在几个例子中显示了一些东西，即使没有关于其后果的知识，也可以从技术辩论、技术远景未来和关于新技术领域的定义和表征的争论中学习。关于责任反思的主题领域应予以扩展的建议（第 2 章；关于气候工程，第 8.5 节）可以有助于克服责任律令对新技术形式深远影响的限制，以及对当今辩论过程和决策过程的责任的质疑。这将恰好对目前辩论中的自我启蒙和定向作出贡献。人们仍然期望，这将在中期阶段导致负责任地实施和使用未来形式的技术。

第 9 章 解释学评估：
一个跨学科研究计划

为进行负责任研究与创新辩论关于新兴科技归属意义的重要性在前面的章节中已经通过范例说明了。本章将对所学到的一些内容进行简要总结（第 9.1 节）。在这些观察的基础上，本章的主要目标是描述一个解释学评估的研究计划，该研究计划可以服务于已被证明的启蒙需求。在对解释学的方法作了一些介绍性的评论之后（第 9.2 节），本章的主要部分致力于发展一些新的解释学研究视角，用以研究关于新兴科技及其后果的意义归属过程的创造和交流。这些视角涉及科学、人文学科以及适当的方法论。最后（第 9.4 节），通过回顾写作这本书的五个最初动机（第 1.1 节），得出一个简短的结论。

9.1 ｜ 把归属新兴科技意义的过程本身作为责任对象

本书提出的重要观点（根据我自己的评估）是，在负责任研究与创新关于新兴科技发展的辩论中责任范围的扩展。作为对我们熟悉的观点——我们所关注的新兴科技的可能未来结果要作为责任的对象的补充，在更上游的地方还有重要的责任对象：那些创造了新兴科技的社会、伦理、经济或者文化意义以及因此而使得各个新兴科技方向本身成为负责任研究与创新论题的意义归属和归属活动。在非常早期的发展阶段的意义归属对任何负责任研究与创新辩论来说都是处于最上游的。

考虑到为新兴科技意义归属的两种机制（这里并不假定不能有任何其他机制）：（1）技术远景在科学与工程重大突破及其进步方面和人类与社会的未来方面架起桥梁。（2）定义和表征这些新发展，以便更好地了解其特殊性和新颖性。这两种类型的意义归属机制都可以用简单行动理论来解释，正如第2章中所写：

——意义归属是一些行动：它们有追求具体目标和目的的"创作者"；技术的未来和定义都不是自发产生的，而是在社会过程中或由单个创造者群体创造的；

——意义归属是基于对如下问题的诊断和评估：为什么目标的实现或预期后果的出现会有望成为现实；

——意义归属通过利用某些手段而实现：文本、对话、叙事、图表、图像、艺术作品、电影，等等。

意义归属是对现实世界的介入并且有可能产生某种程度上，有意或无意的后果。它们不仅有助于实现目标，也有可能意味着意外风险。

因此，意义的创造和归属不仅可以成为责任的对象，就像任何行动一样，也应该被视为责任的对象。这种责任范围扩展的主要论点是，对即将到来的负责任研究与创新辩论而采取的那些有意义的行动具有重要意义。正如案例研究（第5—8章）显示的那样，为新兴科技归属意义可能会严重影响负责任研究与创新的辩论。在很大程度上，这些辩论讨论的是前面阶段所归属的意义的后果和含义，特别是通过将正在进行的研究与社会或人类未来的推断联系起来。意义归属先于并因此影响了随后的负责任研究与创新辩论，例如通过意义归属来确定什么被认为是可能从新兴科技中出现的机遇，什么被认为是风险［RIP 07］。

这里的责任对象，不是负责任研究与创新关于新兴科技辩论最常讨论的对象，即当前的新兴科技发展在未来某个时间点可能产生的后果，而是创造、交流和审议特定的各个新兴科技发展方向的意义的过程。这些都发生在目前，而且已经产生了后果和影响，因此应明确作出责任评估和反思。

特别是，意义归属也可能产生风险。一个具体的风险是新技术的过度销售，这通常与挫折（frustration）风险有关。若干年之后，高承诺和高预期的愿景和表征有可能被视为推销科学、获得政治和资金支持的媒介。虽然"归属新兴科技意义"的最初任务往往是为了在科学和社会中创造魅力和动力，但一段时间后可能会出现反弹，导致人们对科学的失望和不信任。其他可能的风险已经提到过了（第3.3.1节）。特别是，技术远景未来的矛盾心理可以从几个案例研究中体会到："巨大的变革潜力伴随着巨大的焦虑。"［NOR 04, p.4］还有一种风险是，通过技术远景未来和（或）科学管理者和科学家为了他们自己的利益进行游说而创造的新兴科技的表征，这使社会性负责任研究与创新辩论具有了被预先决定的风险。这将促进一种特殊的技术统治（technocracy）［HAB 68］，并成为民主协商的障碍。

在规范的雄心勃勃的民主协商制度下［BAR 84］，为新兴科技归属意义必须服从民主辩论，因为意义归属的后果可能会影响到整个社会（第1章）。因此，其前提条件必须得到满足，这样才可以开展信息透明的民主辩论，其结果也才可能产生真正的影响。特别地，这也意味着为新兴科技归属意义的责任不能简单地交给科学家或科学系统，因为他们只是民主社会的一部分［HAB 68, ROR 98］。相反，在民主协商中，有一个重要的假设，即其他行动者的早期参与意味着科学和社会之间有共同的责任。正是这种共同责任经常引起争议性的辩论（合成生物学的例子，参见［MAU 06, GRU 12e, GRU 14c］），因为科学责任和社会责任之间没有预先确定的界限。相反，"共同责任"的边界，或者换句话说，"共同责任"的解释，将是正在进行的辩论、审议和谈判的结果。暂且不论精确划定的边界和特定情况下的合作，新兴科技意义的归属和辩论必须服从于"共同"责任（"co-"responsibility）——这与本书（第2章）中提出的负责任研究与创新辩论中责任范围的扩展密切相关。

解释学分析和评估将有助于澄清那些没有被已有的看待新兴科技可能未来结果的后果主义方式所涵盖的责任问题（第3章）。他们应该为关注新兴科技意义归属的使能性和赋权性的民主辩论的实践目标服务，要么通过技术远景未来，要么通过定义和表征。实现这些期望需要恰当的方法和方法论观念。

9.2 ｜ 解释学方法

创造和传播那些新兴科技意义归属的过程以及它们在政治、科学和社会中产生的结果的澄清工作必须要面对由各种各样问题导致的多样性需求。以下是一些例子：

——意义的归属是如何通过大众媒体或专家网络传播交流的？

——在每一个话题的历史和文化背景下，对新兴科技的某种意义归属意味着什么？

——参照新兴科技（纳米技术或合成生物学）的情况，一件艺术作品传递了什么样的信息呢？

——科学家或者科学经理人是如何为新兴科技创造意义的呢？在把技术－科学的进步和人类与社会的未来等各个视角整合到一起的过程中哪些方面的考虑起到了主要作用？

——市民社会组织创造了哪些竞争性意义［ETC 03, ETC 10, FRI 06］，其基础是什么？

——为什么一些意义胜过了其他意义以及为什么其他意义一点影响都没产生就消失了？

——为什么一些愿景取得了统治地位并且调动了大量的研究资助，而其他的则在毫无明显结果的情况下再次消失？

——为什么一些愿景消失之后又出现了而且在一段时间的潜伏之后产生重要影响？

问题和语境之间的差异性太大以至于不能够在此采用统一的方法论。相反，要回答这些问题和其他问题，并理解潜在的过程，需要完整的解释学程序。这些方法首先包括（但肯定不限于）经验方法、重构方法、社会科学方法、哲学方法、历史方法、语言学方法以及艺术历史方法。在第9.3节中，我将指出一些关于新兴科技的方法、学科和解释学问题之间的典型联系。在这一点上，让我首先提供一个总体概述。

"解释学"一词源于19世纪的哲学，最初的主题是对《圣经》等经典文本的理解。这显然与理解新兴科技的意义是完全不同的。他们的共同点在于"想要理解的"愿望。这个愿望可以在不同的抽象层次上实现。首先，在新兴科技的辩论与海德格尔（Heidegger）、伽达默尔（Gadamer）或利科（Ricoeur）的哲学方法之间似乎存在着某些特定的联系。因此，用保罗·利科（Paul Ricoeur）［RIC 81, NIL 99］的叙事解释学来澄清关于新兴科技意义的讨论和交流过程似乎是很有道理的，这在很大程度上是通过叙事形成的。第二，关于人类自我重建的程度和方式的人类学问题在纠结于增强的意义的时候也出现了，对于增强，人类需要在关系到自身本质的根本问题上表明立场［GUT 02］。然而，这些类型的方法只能满足澄清新兴科技的意义归属的一小部分期望。它们必须辅以对丰富的实证内容进行的社会科学或语言学分析［GRA 15］。总的来说，我们可以对跨学科意义上理解的解释学三种论证模式加以区分［GRA 15］：

——在经验模式中，关键是要澄清意义创造、归属和交流的事实进程，不仅要追问这些过程的踪迹和有关新兴科技意义的要素的可能迁移，还要追问这些进程消失的可能性或者他们可能的发展和转换空间；

——在说明模式中（interpretative mode），其任务是说明在负责任研究与创新语境下根据经验得出的结果，并根据责任的概念，把它们与文化、历史和知识发展联系起来，并澄清它们包括什么和不包括什么；

——在规范性模式中，问题就来了：如何根据商谈伦理和民主协商的标准评价在经验中得出的结论，在什么地方可以对意义归属的事实进程及其结果进行合理的评判，以及可以根据什么论证提出什么样的改进措施。

当谈论的是解释学评估时，显然已超出了单纯研究的含义。与技术评估［GRU 09a］、风险评估和可持续性评估的概念类似，解释学评估的要点是基于现有知识的评估。因此解释学评估有一个评价的方面，为此，它把上面提到的论证模式整合成一个连贯的图像。技术评估所获得的经验可以在这里使用［BÖH 15］，特别是在分析复杂行动领域的行动者、论述和政策方面。

准确地说，从负责任研究与创新关于新兴科技辩论的解释学观点来看，在意义和作用归属过程所使用的工具特别引人注意。相关文本如《生态现代主义者宣言》［MAN 15］，合成生物学上的《伊卢利萨特声明（Ilulissat Statement）》［ILU 07］，ETC 小组要求暂停纳米技术［ETC 03］或其他关于科学、科学政策或游说以及大众媒体向公众报道的无数文本当然对意义归属具有特别重要的作用。这些文本通常包含图像、科学图表和数据，它们可以提供理解的具体途径以及单个文本无法展示的效果。与此相关的还有民众意见和意识形态的影响。此外，意义归属进一步通过"行动"来实现，即对正在进行的实践进行介入，例如通过民间社会团体的运动［ETC 03, FRI 06］。口语虽然也是一种文本（不是书面的），但也属于行动范畴，在这种情况下，意在表现和效果的语用学的目的是说服他人。还有一些特殊对象，可以象征性地表示新兴科技特征，比如原子和分子世界的纳米技术图像［NOR 03, LÖS 06］，或者将合成生物学的技术获取置于自然语境的 DNA 双螺旋结构等符号。现在作为娱乐产业的科幻电影所提供的有关未来机器人的各种可能性正在超越其作为娱乐媒介的作用，从而使我们为机器人伙伴的常态化作出准备（第6章）。电视上的科学节目等纪录片不仅为我们提供了信息，也为我们提供了对新兴科技各个领域的说明性思考（interpretative considerations）。例如，他们比较新兴科技和现有的技术形式，或者将其与自然模型进行比较。然而，比较就需要将相同点、不同点以及比较的局限性加以解释学分析。这并不是为了解释我们经常争论的在什么条件下可以对什么进行比较的问题。

在关于新兴科技的负责任研究与创新辩论中，对文本和其他工具进行解释学解码的学科和方法的选择必须与既定期望保持一致。如果目标是理解文本，那么理解艺术对象需要不同的方法。要理解复杂的交流过程，需要语言学［FEL 13］、哲学［MIT 97］、社会学话语分析（sociological discourse analysis）［KEL 11b］或解释学。某种学科方向或方法的选择必须根据其与引导知识追求的利益（interest）诉求相关的可行性来定。这里有必要对社会科学和语言学中具有经验主义思想的话语分析传统开放解释学，而这实际上是与它近年来的发展相一致的［GRA 15，p.200］。

9.3 ｜ 新兴科技意义的显现：解释学评估

虽然在前几章中已经广泛论证了负责任研究与创新辩论对新兴科技意义创造和归属的重要性，但很少论及解释学研究和评估的恰当方法论。在本节中，我们选择了一种过程性方法来构造用以揭示新兴科技意义呈现过程的观点。这种方法以新兴科技的技术远景未来的"传记（biography）"及其定义和表征为依据，旨在揭示它们从交流到结论的建构过程的动态性（本节紧跟［GRU 14b］中提出的建议，并进一步扩展，以使解释学方法更加具体）。

9.3.1 意义归属的动态性

未来主义的愿景以及新兴科技的定义和表征都是社会建构的——人为的并且没有被意识到的（第 3 章）。它们是由个体创作者、团队、记者、科学家和科学管理者创造和传播的，或者来自于科学界的对话，或者来自于科学和社会各界。他们通过不同渠道进行传播交流，期刊、网络、大众媒体，研究应用，专家小组，有关政策咨询的伦理、法律与社会影响（ELSI）或技术评估（TA）项目。其中的一些，没有得到响应，将"死"在这些交流过程中并迅速消失，而另一些将"生存下来"，激发行动者和相应群体支持或反对这些愿景——无论哪种情况，这个故事都将继续［SEL 08］。只有少数的愿景，甚至更少的被提议的定义会通过大众媒体传达给公众从而对公众辩论和社会认知或态度产生真正的影响。其他一些愿景可能进入政治领域，导致政治决策（例如关于研究资助的决策）并且可能在只产生了一个重大影响后就消失了。例如，太空飞行的历史充满了技术远景式的承诺，这些承诺经常会失败，但仍会继续存在。关于人类在火星或人工空间站上定居的故事都属于那些经久不衰的故事之列。

关于本卷中所引用的案例，有一些明显的例子：分子组装者愿景［DRE 86］是美国国家纳米技术中心（NNI）"一个原子一个原子地塑造世界"计划［NNI 99］的推动者之一，该计划是第一个关于纳米技术的大型资助项目（第 5 章）。诺贝尔奖得主理查德·斯莫利（Richard Smalley）［SMA 01］参与了一场激烈的辩论之后，组装者愿景迅速消失，而对纳米技术的政治支持依旧稳定。关于气候工程的叙事（第 8 章），包括关于人类介入全球大气系统的规模的一些惊人的提议，还没有在研发资助或在公开辩论中得到更多关注。与纳米技术的早期反应［ETC 03］及其引起的公众共鸣相比，尽管所提出的介入措施的深度令人难以置信，尽管公民社会组织（CSOs）进行了介入［ETC 10］，但气候工程领域的情况似乎有所缓和。如何解释这些差异以及从更好的理解中能学到什么？另一个有趣的例子是在一段时间后对具体领域理解的"复兴"。20 世纪 70 年代，随着计算机科学和控制论的建立，人们对人工智能产生了很高的期望，并对其未来进行了广泛的技术远景展望。这些愿景在随后的几十年消失了，但近年来又重新进入到公众和科学辩论（第 6 章）。不管是当前的还是以后的机器人常规化问题显然已经由早期关于人工智能和机器人的辩论以及很早就开始关注这一领域的科幻电影和文学作品铺垫好了。斯坦利·库布里克（Stanley Kubrick）的电影《2001：太空漫游》（2001: A Space Odyssey, 1968）就是早期著名的例子之一。

因此，我们在不同的新兴科技领域看到了不同的动态，它们通过不同的意义形成"传记"［GRO 16］并通过不同的技术远景［SEL 08］影响社会辩论。我认为，值得花时间去更好地理解关于新兴科技正在进行的和未来的负责任研究与创新辩论。理解必须要超越仅仅对所发生的事情的描述，而要揭示潜在的机制和相关性。

技术远景未来的这些不同的、动态的"传记"以及新科技的表征，可以用新兴科技的新近发展作为案例来分析。这有助于加深对新兴科技意义归属问题的社会动态性的理解，也有助于加深对那些有关意义归属叙事的创造和出现过程的理解。通过考察它们的文化和历史根源［COE 10］以及哲学背景（见合成生物学的情况［GRU 16a］），还可以以一种扩展的方式分析它们。因此，我们可以把创造新兴科技的意义——技术远景未来以及新兴科技的表征——作为发生在科学以及科学与社会接口的正在进行的交流过程的一部分。在这一过程中，具体的意义归属〔比如纳米机器人［DRE 86］、大脑芯片（第 7 章）〕以其自身随着时间变化而显示的某种动态性"传记"或"生命周期"作为必要的催化剂。

关于未来主义愿景和表征的"传记"以及它们的动态性至今仍未被很好地理解［SEL 08］。科技愿景的整个"生命周期"，从建构到交流、评价、研讨、影响，由此引发了大量的研究问题，而这些问题只有通过跨学科的思考才能得到回答。类似地，通过定义和表征归属新兴科技意义的动态性也似乎是一个有趣的研究课题。在新兴科技开发的早期阶段，在多少有些差异的描述之间常常存在竞争（第 4 章）。经过一段时间后，一些提议通常被细化分类，另一些则可能合并，而只有少数"赢家"留下来，并形成对正在审议中的新兴科技的主导理解。这些过程一次又一次地发生在完全不同的领域，如纳米技术（第 5 章），合成生物学，护理机器人或赛博—物理系统（cyber-physical systems）。一种比较性分析可能会有助于澄清这些过程及其动态性。

研究技术远景未来和表征的"传记"及其潜在动态性的主要目标将是对围绕新兴科技意义创造和交流过程产生更多的知识和更深刻的见解。通过不同的交流渠道研究它的产生和交流以及它对政策领域和有关公共传播和辩论的其他领域的决策可能产生的影响，还包括实证研究和重建性理解。在这一知识的基础上，应发展用以改进交流实践并使其更加透明的创新形式［SIU 09］。这有助于将有前景的科学常规化（以纳米技术为例，参见［GRU

10b］），将对新出现的科学和技术的认识从"希望和炒作"结构或纯粹的期望［VAN 93］转变为多少"脚踏实地"的和渐进性的认识。

这个领域的结构从一个微不足道的想法开始，这个想法来自于对技术远景未来和社会建构的表征的诊断［GRU 12a, GRU 13a］。它们的创作者可以是个人，如科幻小说的作者，也可以是某些群体，如研究机构或公众参与的预测过程。它们总是追求具体的目的，例如支持政治决策，使公众对有问题的科技发展敏感，动员对研究的支持，为区域发展创造前景，引入某些区别，识别新事物（特别是可能具有破坏性的那些），对潜在问题在早期阶段提出警告，等等。为了达到这些目标，我们将运用适当的方法来构建未来和澄清其特征。这些手段的应用是对现实世界的介入，可能会产生一些影响——预期到的影响，但也可能有其他影响。

从行动理论的角度看，意义归属活动（技术远景未来和表征）导致了解释学分析的可理解的结构。重点考虑的对象显然是为新兴科技归属意义的创造和交流过程。这一方面包括理解它们的起源和建构（第9.3.3节），另一方面也包括理解它们在交流过程中的传播以及这些过程的后果（第9.3.4节）。

9.3.2 新兴科技的意义：理解起源和过程

因为意义是创造出来的，所以理解其建构过程和语境以及所涉及的背景条件和潜在的诊断和评估也很重要。技术远景未来作为意义归属的工具是由高度多样化的组成部分构成的建构物（第3章）：来自不同来源和不同质量的科学知识，幻想和猜测，期望和焦虑，诊断和观点，生活世界的知识，特设性假设，相关性的估计，"其他条件不变"等更多条件。新兴科技的定义和表征建立在已有的通常是学科性描述的基础上，但又超出了这些：常常在不明确的操作模式下使用模糊的论证［SCH 03］。对意义归属的解释学分析扩展到澄清这个各种材料组成的模糊网络，也扩展到对如下过程的重建：将许多材料组成一个关于审议中的新兴科技领域的连贯叙事的过程。这个解释学的澄清包括［GRU 14b］：

——行动者群体的分析[①]：哪些行动者——个人和群体，如项目组、研究所或协会——属于创作者？他们带来了哪些视角？他们追求的动机是什么？他们对技术和社会之间的关系有什么想法？他们对科技进步的总体立场是什么？可以将他们分配给哪些语境、网络、政治集团、压力集团等？

——目标的重建：为什么以及为了什么目标设计了一个特定的技术未来？一个定义的提议会带来什么？这一目标的选择背后有什么样的诊断、价值观甚至是利益？不同的行动者是否有不同的、可能相互冲突的目标和目的？

——对创造的重构：在构建技术远景未来和为定义框定建议时，必须就所追求的目标和为达到目标而确定的适当手段作出许多决定。特别是，构建具有技术远景未来时需要一些要素（例如背景数据、假设和相关性估计），以及将它们组合成连贯的未来图景的过程。确定这些决定和假设的原因，以及潜在的诊断和价值，对于理解技术远景未来和表征所归属新兴科技的意义有很大的作用。这个过程的结果，即与特定的新兴科技开发相关联的技

---

① 这个问题与 EEE 责任的经验维度密切相关（见第 2 章和［GRU 14c］）。

术未来，或者将新兴科技领域归属相应意义的建议，当然取决于构建过程中作出的决定；

——对除了文本以外的其他工具的使用进行重构：它们是为了什么目的而被挑选出来的，它们将揭示哪些信息（第 9.3.3 节）？

——对进行前期步骤时所依据的潜在预设条件进行重构，即那些据以设计各个技术远景未来以及制定定义的基本假设和前提。这些是使充分解释这些意义归属过程成为可能的基本元数据（metadata）。

这些步骤有助于理解如何和为什么具体的意义被归属新兴科技的发展，以及如何和为什么选择了具体的措施，比如技术远景未来还有定义和表征的建议，以及为什么选择了具体的工具。这种意义的归属是与创作者的不同背景和诊断相关的，与价值观和利益相关，与各个意义归属主体给出的原因和目的相关。因此，正如我们在案例研究（第 5—8 章）中看到的那样，新兴科技的意义归属通常是有争议的，这并不奇怪。

从这一考虑中还可以清楚地看到，这些争议不能仅仅通过科学辩论来解决。由于价值观、利益和未来社会应该或不应该是什么样子的图景的参与，确定新兴科技的意义不是一项科学任务，而是必须让利益相关者、公民和政策制定者参与进来。关键不在于科学的未来，而在于人类和社会的未来。因此，为新兴科技的发展归属意义的提议是当今社会辩论和讨论的催化剂或媒介［GRU 12a］。解释学分析提供了更好地理解不同意见的起源和根源、诊断和潜在认知的可能性，从而促成一种更为明智和更为开明的民主辩论。

因此，解释学启蒙的方法在民主方面尤其重要，因为技术未来和定义将对科学政策和公共辩论产生重大影响（第 1.3 节和［GRU 13a］）。它们通常最初是由科学家或科学管理者创造的，他们相信进步，对技术的态度常常是欢欣鼓舞的。找出这些潜在的规范态度，并将其作为负责任研究与创新辩论中的元数据，将有助于我们更好地评估各个技术远景未来和新兴科技领域的特征，以避免隐藏的技术统治偏见。

社会科学话语分析的技巧（techniques）是特别适合这种分析的［KEL 10，KEL 11b］。话语和行动者分析一方面可以揭示立场、诊断、评价和论点与行动者和利益相关者之间的联系。为了重构新兴科技的技术未来和表征产生的过程，可以采用适当的社会定性研究方法。由于这些技术未来是由科学机构创造的（例如基于模型的能源场景），社会科学实验室研究的方法也可以应用。科学哲学的重建技巧也有助于澄清起源过程，并将技术未来分解成它们的组成部分。这种将技术未来整合到原始组件中的解构过程（能源未来参见［GRU 11c, DIE 14］）有助于更好地理解，因为构建过程的结果对所选组件的响应非常敏感。因此，人们关注的焦点转移到为什么选择某些组件（例如一些假设）而不是其他组件的原因上。从隐喻的角度来说，我们可以说这种解释学的解构彻底揭开了科技未来的神秘面纱，并将它们带到了现实中。然而，这种去神秘化正是民主辩论发挥作用的必要条件。

9.3.3 新兴科技的意义：理解内容

正如我们在案例研究中看到的那样，技术远景未来指的是遥远的未来，通常是几十年后的未来，在技术和文化、人类行为、个人和社会问题方面表现出革命性的特征。当然，理解这些新兴科技的未来以及当前提出的表征（正是这些表征使那些未来成为可能）的内容是解释学定向的关键。意义归属的内容包括对其认知要求、规范性要求以及历史文化背景的认识。要用解释学的方法来揭示这些维度，首先要问的是科技未来的表现形式和交流方式。这些形式——文本、叙事、图表、图画、艺术等等——都是综合解释学分析（a comprehensive hermeneutic analysis）这一分支的审查对象。

在关于新兴科技领域的辩论中，我们可以找到各种各样的文本，在这些文本中，有许多关于未来的表征和定义被传达出来（参见第5—8章，其中有很多对这些文本的引用）。有很多关于未来世界的故事，在这些故事中，驱动力来自于技术的进步和新兴科技的发展。儒勒·凡尔纳（Jules Verne）、斯坦尼斯劳·莱姆（Stanislaw Lem）和迈克尔·克莱顿（Michael Crichton）等知名作家已经把这种努力变成了自己的一种体裁，即科幻文学。在新兴科技领域中，必须提到雷·库兹韦尔（Ray Kurzweil）和埃里克·德雷克斯勒（Eric Drexler）周围的未来学家，他们也发表过重要的文章。最近关于人类增强辩论的开创性文件也是文本形式的［ROC 02］。类似比尔·乔伊（Bill Joy）［JOY 00］和吉恩·皮埃尔·迪皮伊（Jean-Pierre Dupuy）［DUP 04］这样的反向愿景（Counter-visions）也以文本形式出现。毫无疑问，带有叙事、争论、期望和恐惧的文本是研究关于技术未来以及如何表征新兴科技和如何确定其新颖性的解释学分析时的重要对象。

第二种有效的形式包括生动的表现形式和其他艺术形式［SCH 16］。在纳米技术的早期阶段，那些看似具有未来性的图像在激发兴趣和激发魅力方面发挥了重要的作用，这毫无争议

［STO 00，NOR 03］。大量的图像——例如显示有神经义肢或半机械人的人类——被用于关于人类增强的公共讨论。合成生物学尤其激发了电影制作人参与艺术辩论的兴趣。电影人还从人工智能和机器人技术中汲取灵感，将它们变成关于未来世界的奇幻故事。这种形式的科技愿景通过不同的渠道到达受众，而不是通过文本。它可能在公众的认知中扮演着重要的角色。阐释艺术媒介，如绘画或电影所传递的信息及其伴随的矛盾心理，也是解释学的任务。

更具科学性的一些技术未来采用的另外两种表现形式，即图表和表格。虽然在新兴科技领域很难找到它们，但在其他领域它们是标准格式，比如能源场景［GRU 11c］。通常情况下，这些图表中的某些发展是按时间尺度绘制的。在关于超人类主义、后人类主义和技术奇点的辩论中，有时也会用到图表［KUR 05］来绘制知识的增长与时间的关系，并且非常生动地展示了所投射的奇点。虽然这类图像也可以以文本的形式呈现，但与在一种图像表示中，信息一眼就能被识别出来的效果是完全不同的。理解这样的图表意味着——在科学图表的情况下——理解潜藏的量化的通常被表述为数学形式的模型。在其他情况下，例如在奇点，图表的特征具有相当的说明性和隐喻性，这些图表不仅仅是科学报告，更是图像。

在所有这些（可能还有其他）技术未来和其他关于新兴科技可以帮助实现什么的想法的表述中，都有关于所使用元素的起源和历史的问题。在文本叙述方面，可以运用语言学或文化科学中常见的解释学方法。就艺术形式而言，我们可以类比地追问所选择的风格化手段（stylistic devices）的起源，就像我们可以追问将其他领域的意义和内涵通过类比形式向新兴科技领域转移一样。通常，这种转移也隐含地传递了意义和联想的直观属性，而只有对后者的解释才有可能使它们成为一场容易理解的辩论的对象。

对技术未来的特征和定义的解释学分析应该有助于更好地理解这些意义归属的起源和根源。它包括揭示通常构成规范态度和价值分配背景的基本文化因素。麦克纳顿（Macnaghten）等人［MAC 10, VON 10］给出了这种类型分析的一个例子。其中一个发现是，文化叙事，如"打开潘多拉的盒子"和"小心你想要的"，在关于愿景的公众辩论和关注（在这个案例中是关于纳米技术的）中形成了深层次的认知模式。在合成生物学中，不仅是像培根式的人类对自然的完全统治这样的宏大叙事起了作用，而且人类文明与自然的和谐的叙事［GRU 16a］也深深植根于欧洲思想史。科学文化和文学研究可以帮助发现这些模式，并阐明意义和背景。显然，这些辩论和问题也具有历史意义。研究过去不同时代的科技愿景的产生、传播和利用，可以帮助我们识别出在特定时期占据主导地位的各个主流的时代精神。这种识别有助于反思各个占主导地位的时代精神模式所印刻的倾向性，并纠正基于这些模式的替代性选择和观点。这一领域需要在文化科学、历史和语言研究等领域进行跨学科研究，其中每个学科都可以采用自己的方法。

对技术未来和其他进行意义归属的实体的分析的解释学转向也使人们能够联系到完全不同的反思传统。保罗·利科的"叙事解释学（narrative hermeneutics）"［RIC 81］指的是海德格尔和胡塞尔，并将人类学的焦点放在了叙事人（homo narrans）上［NIL

99〕。一边正讲述着关于未来的、关于正在进行的和令人着迷的故事，但同时却把奇异的科学发展理解为人类的一个人类学上的本质属性〔RAD 11，GRA 15〕。它（解释学）被理解为一种属于人类的关于解释的反思性艺术，即与一种以未来为首位的存在主义叙事相联系〔GRA 15，p.201〕。它所处理的——完全是本卷中所提出的分析的意义——是一种方法，允许从当前关于未来的故事领域中提取方向，而不尝试预期或预测未来。

9.3.4 新兴科技的意义：理解扩散及其影响

不同技术未来之间的交流以及对新兴科技定义的不同提议及其新颖性的交流，构成了对正在进行的交流的介入。这可能会引发一场新的辩论，并影响决策，甚至可能独立于各个一致的、合理的或有科学依据的未来〔GRU 07a〕。乔治·奥威尔（George Orwell）的小说《1984》、罗马俱乐部关于 1972 年以来《增长极限》的报告（The report of The Club of Rome on The Limits of Growth）的出版，都是此类现象的常见例证。正是这种介入主义的特点导致了自我实现或自我毁灭预言的众所周知的效果〔MER 48, WAT 85〕。它指出了与新兴科技意义的创造和交流命题相关的特殊责任。在关于技术的社会辩论中有关技术未来的游戏，无论是警告还是希望，还是关于新兴科技的革命性和破坏性描述的陈述，相应地也是一场与特定技术未来相联系的有关价值、利益和意图的力量游戏。介入可以包括故意影响社会情绪或政治决策的一个或另一个方向。因此，技术未来可能在社会辩论中具有重要作用。因此，了解参与各方的动机和利益是获得全面理解的一个重要方面（第 9.3.2 节）。

技术远景未来以及通过表征来理解新兴科技的那些建议所起

到的是媒介作用,在不同的层次和行动者之间展开辩论并在此形成最终的意见或决策〔GRU 12a, GRU 13a〕。这适用于关于技术的社会辩论,例如涉及未来能源供应时,适用于政治决策过程,例如促进研究以及安排技术进一步研究和发展的议程(第1.3.2节)。关于新兴科技意义归属的真正影响的话题涵盖了很多子话题,可以通过提出以下问题来描述〔GRU 14b〕:

——在对有前景的科学技术的总体进行治理中,技术远景未来和其他意义归属活动对政治家和其他参与者有什么影响?

——这些意义归属的元素(比如技术远景未来)的哪些方面、性能和属性对公众舆论形成和政治决策过程有重要影响?

——愿景如何进入社会的其他子系统,如经济系统、政治系统或文化机构〔如教育或大众娱乐(电影和书籍)〕?

——对于新兴科技的未来叙事和表征是如何被潜在用户吸收和消化的?

——在公开辩论中,技术远景未来和新兴科技表征是如何被感知、沟通和使用的?这些交流的影响是什么?

——特别是,技术远景未来和新兴科技表征如何以及在多大程度上构造了公众辩论,影响了有关风险或机遇的决策,并决定了技术的接受或拒绝?

——随着时间的推移,技术远景未来和新兴科技表征是如何发展的,如何通过使用它们而受到影响,又如何在与相互竞争的建议的相互作用中得到改进?

——科学政策咨询(即议会制技术评估〔GRU 09a〕和专家小组)作为将学术意义从学术领域转移到政治领域的中介渠道的作用如何〔GRU 13a〕?

为了回答有关意义归属过程的介入性"传记"及其传播和交流的后果的问题，采用涵盖了各种方法的跨学科程序似乎是明智的。实证社会科学可以通过使用媒介分析或社会学话语分析并且生成各个行动者集群的地图或模型，以澄清技术未来和新兴科技表征的交流过程。政治学，尤其是治理的研究，可以分析意义归属如何影响政治决策过程，例如通过政治咨询的方式。这样，就可以完整地描绘出"传记"中关于如何归属新兴科技意义的不同建议。例如，它应包括向社会不同领域的扩散过程、技术未来的迁移、意义和看法的相关转变、相关过程的后果（例如社会看法和政治决策过程的后果）以及在适当情况下，各个技术未来在辩论中消失的过程。

鉴于过去 15 年的经验，可以认为，比较方法特别具有对新知识的话语权。例如，它们可以相互比较新兴科技各个领域的含义，确定其共同特征和区别，并追问原因。例如，在案例研究中，在纳米技术的发展历史（第 5 章）和机器人的发展历史（第 6 章）之间有一个明显的结构性差异。虽然纳米技术最初似乎是最卓越的颠覆性技术，需要通过意义归属来努力实现常规化，但实际上机器人已经被科幻文学和电影提前实现了常规化。甚至在机器人以这种方式进入社会之前，它们就已经具有了预期的功能和意义。

比较研究也可能在文化或宗教方面产生有趣的见解。众所周知，技术和技术进步的关系取决于文化倾向和传统。在一个日益全球化的世界中，有一些问题肯定是与之相关的，其中包括这种依赖性如何反映在关于新兴科技的意义的辩论中，其中的跨文化冲突和差异将在这一联系中呈现出来，还包括我们如何应对这种依赖性。

9.4 | 反思与结语

对于如何在实证研究的基础上进行解释学的评估，以及如何进行解释学的研究，可以帮助我们理解新兴科技意义的创造和传播，从而得出结论。这种理解本身并不是目的。在这种背景下，总是存在这样一个问题，关于如何更好地理解这些进程，以透明、知情、反思的和民主的方式型塑现在和未来的新兴科技。在这一点上，我要提醒大家一下第1章给出的五个起点或假设：

——新兴科技的意义归属在新兴科技的辩论、各自的审议过程和争论中起着重要作用；负责任研究与创新辩论的主题不是新技术本身，而是归属它们的社会技术意义；

——技术远景未来和其他类型的未来叙事构成了归属新技术意义的主要媒介；它们通常不能预测未来的发展，只能推动当前和正在进行的辩论和争论，形成意见并在当下作出决策；

——关于新兴科技的定义和表征的争论不仅与科学和技术有关，而且与它们的伦理和社会意义也有很大关系，因此应该包括在意义显现的解释学启蒙中；

——社会和决策者的定向是必要的，因为意义归属可能在今天已经产生了重大后果，尽管对未来可能产生的后果缺乏认识；

——解释学的观点将调查和解释新兴科技的意义归属过程，以增加透明度，希望民主协商和基于论证的推理能从中受益。

在此基础上，我认为责任对象的扩展需要超越后果主义对新兴科技未来影响的观点。这是本书（第2章）的中心信息。然而，如果认为在负责任研究与创新辩论中也应该处理为新兴科技创造和交流意义的行动，那么就会出现一些问题，比如与这种扩展相对应的对象集群问题。在 3E 责任模型（第 2 章，[GRU 14c]）的背景下，结合经验、伦理和认识论的要素，责任集群包括许多行动者和行动者群体，这一点已经很清楚。除了新兴科技的研究人员以外，其中还包括了公民组织、资助机构、议会成员、来自技术评估和应用伦理学的专家、公民、利益相关者以及更多的人，这取决于各个领域的背景。正是由于这个原因，我们必须谈到共同责任，然而，必须首先阐明这一责任（见合成生物学 [GRU 12e, GRU 14c]）。

书中研究的一些主要结果和从中得出的结论是：

——新兴科技意义之间的冲突为负责任研究与创新辩论做好了准备。例如，在谈论它们的伦理考虑之前，它们决定了什么是机遇，什么是风险。因此，道德问题本身不是问题。争议在于如何提出道德问题；

——这些关于意义的辩论（伦理讨论之前）的核心要素一方面是技术远景未来，另一方面是新兴科技的定义和表征；

——在负责任研究与创新辩论中，意义归属是在上游运动中能够达到的最极端的点。它不能更进一步了，因为只有意义归属构成了负责任研究与创新辩论的关注对象；

——因此，关于意义的争论产生了真正的影响，不应该被低估。它们远远超出了工艺和特征部分的内容，这正是它们必须成为责任辩论的对象的原因；

——科林格里奇困境 [collingridge dilemma][COL 80, LIE 10] 因为责任范被扩展以涵盖意义归属的当前后果而被悬置（suspended）。那种认为我们对遥远的后果所知甚少，因而不能提供定向的论证不适用于这种责任形式；

　　——关于新兴科技意义的辩论不只属于工程师和科学家。它们需要社会的积极参与，正是因为它们揭示了有关未来或当今价值的深远思想；

　　——解释学的分析和评价有可能澄清关于意义的对立意见的产生和交流的过程，澄清它们之间的交流和竞争，从而为民主辩论提供关于意义归属的认识论的、认知的、历史的、文化的和伦理的背景。

　　最后，问题依然存在：从这样的研究和评估中可以学到什么？在任何情况下，都不可能期望得到传统决策支持意义上的决策者的直接支持。学习只能有助于更好地理解辩论的心理、文化、社会或哲学背景提出的选择和论点，以及围绕着正在审议的新兴科技交流和辩论的叙述。将备选方案的隐含背景和叙事方式明确化，可能有助于更好、更透明地将所考虑的备选方案嵌入到哲学、文化和伦理背景中。它通过提供更全面的"大图景"，为民主协商中的理性推理和辩论服务，从而使各个新兴科技领域能在更广阔的图景中占有一席之地。

参考文献

［ACA 12］ACATECH, Deutsche Akademie der Technikwissenschaften (ed.), *Technikzukünfte: Vorausdenken–Erstellen–Bewerten*, Springer, Heidelberg, 2012.

［ACA 16］ACATECH, Deutsche Akademie der Technikwissenschaften, "Mit Energieszenarien gut beraten", available at: www.acatech.de, 2016.

［ACH 06］ACH J., POLLMANN A. (eds), *Nobody is Perfect: Baumaßnahmen am menschlichen Körper. Bioethische und ästhetische Aufrisse*, transcript, Bielefeld, 2006.

［ALB 13］ALBERT-LUDWIGS-UNIVERSITÄT FREIBURG, "Engineering life. Project description", available at: https://www.igm.uni-freiburg.de/forschung/projektdetails/SynBio (ELSA), 2013.

［ALL 07］ALLHOFF F., LIN P., MOOR J. *et al.* (eds), *Nanoethics: the Ethical and Social Implications of Nanotechnology*, Wiley, 2007.

［AND 64］ANDERS G., *Die Antiquiertheit des Menschen*, C.H. Beck, Munich, 1964.

［ASF 99］ASFOUR T., BERNS K., DILLMANN R., "The Humanoid Robot ARMAR", *Second International Symposium in Humanoid Robots*

(HURO'99), pp.174–180, 1999.

[BAI 04] BAIRD D., NORDMANN A., SCHUMMER J. (eds), *Discovering the Nanoscale*, IOS Press, Amsterdam, 2004.

[BAL 03] BALL P., "Nanoethics and the purpose of new technologies", available at: http://www.philipball.co.uk/images/stories/docs/pdf/Nanoethics.pdf, 2003.

[BAR 84] BARBER B.R., *Strong Democracy: Participatory Politics for a New Age*, University of California Press, Berkeley, 1984.

[BEC 92] BECK U., *Risk Society: Towards an Alternative Modernity*, Sage Publications Ltd., London, 1992.

[BEC 93] BECHMANN G., "Ethische Grenzen der Technik oder technische Grenzen der Ethik?", *Geschichte und Gegenwart. Vierteljahreshefte für Zeitgeschichte, Gesellschaftsanalyse und politische Bildung*, vol. 12, pp.213–225, 1993.

[BEC 07] BECHMANN G., DECKER M., FIEDELER U. *et al.*, "TA in a complex world", *International Journal of Foresight and Innovation Policy*, vol. 1, pp.4–21, 2007.

[BEL 97] BELL W., *The Foundations of Futures Studies. Human Science for a New Era: History, Purposes, and Knowledge*, Transaction Publication, NJ, 1997.

[BEL 02] BELTON V., STEWART T., *Multi Criteria Decision Analysis: an Integrative Approach*, Wolters Kluwer, Boston, 2002.

[BEN 05] BENNER S.A., SISMOUR A.M., "Synthetic biology", *Nature Reviews/Genetics*, vol. 6, pp.533–543, 2005.

[BER 10] BERGMANN M., JAHN T., KNOBLOCH T. *et al.*, *Methoden transdisziplinärer Forschung*, Campus Verlag, 2010.

［BES 13］BESSANT J., "Innovation in the twenty-first century", in OWEN R., BESSANT J., HEINTZ M. (eds), *Responsible Innovation: Managing the Responsible Emergence of Science and Innovation in Society*, Wiley, 2013.

［BET 12a］BETZ G., "The case for climate engineering research: an analysis of the 'arm the future' argument", *Climatic Change*, vol. 111, no. 2, pp.473–485, 2012.

［BET 12b］BETZ G., CACEAN S., *Ethical Aspects of Climate Engineering*, KIT Scientific Publishing, Karlsruhe, 2012.

［BET 13］BETZ G., "Climate engineering", in GRUNWALD A. (ed.), *Handbuch der Technikethik*, Metzler J.B., 2013.

［BIJ 94］BIJKER W., LAW J. (eds), *Shaping Technology/Building Society*, MIT Press, Cambridge, MA, 1994.

［BIS 06］BISHOP P., HINES A., *Thinking about the Future: Guidelines for Strategic Foresight*, Social Technologies, 2006.

［BLO 34］BLOCH E., *Das Prinzip Hoffnung*, vol. 1, Suhrkamp, 1985.

［BMB 02］BMBF, *Standort best immung: Nanotechnologie in Deutschland*, Bundesministerium für Bildung und Forschung, Berlin, 2002.

［BÖH 14］BÖHLE K., BOPP K., "What a vision: the artificial companion–a piece of vision assessment including an expert survey", *Science, Technology & Innovation Studies (STI Studies)*, vol. 10, no. 1, pp.155–186, 2014.

［BÖH 15］BÖHLE K., "Desorientierung der TA oder Orientierungsgewinn? Einige Anmerkungen zum Vorschlag, die TA hermeneutisch zu erweitern", *Technikfolgenabschätzung–Theorie und Praxis*, vol. 24, no. 3, pp.91–97, 2015.

[BOL 16] BOLDT J., *Synthetic Biology: Metaphors, Worldviews, Ethics, and Law*, Springer, Heidelberg, 2016.

[BÖR 16] BÖRNER F., NIERLING L., *Chancen und Risiken mobiler und digitaler Kommunikation in der Arbeitswelt*, Büro für Technikfolgenabschätzung beim Deutschen Bundestag, Berlin, 2016.

[BOS 03] BOSTROM N., *The Transhumanist FAQ*, available at: http://www.nickbostrom.com/views/transhumanist.pdf, World Transhumanist Association, Oxford University, 2003.

[BOT 15] BOTIN L., "The technological construction of the self: techno-anthropological readings and reflections", *Techné: Research in Philosophy and Technology*, vol. 19, no. 2, pp.211–232, 2015.

[BRO 00] BROWN J., RAPPERT B., WEBSTER A. (eds), *Contested Futures. A Sociology of Prospective Techno-Science*, Ashgate Publishing, Burlington, 2000.

[BUN 09] BUNZL M., "Researching geoengineering: should not or could not?", *Environmental Research Letters*, vol. 4, p.045104, 2009.

[CAM 79] CAMHIS M., *Planning Theory and Philosophy*, Law Book Co of Australasia, London, 1979.

[CAR 12] CARVALKO J., *The Techno-Human Shell–a Jump in the Evolutionary Gap*, Sunbury Press, 2012.

[CAU 02] CAULLER L., PENZ A., "Artificial brains and natural intelligence", in ROCO M.C., BAINBRIDGE W.S. (eds), *Converging Technologies for Improving Human Performance*, Kluwer Academic Publishers, Dordrecht, 2002.

[CAV 14] CAVIEZEL C., REVERMANN C., *Climate Engineering*, TAB-Arbeitsbericht Nr. 159, Büro für Technikfolgen-Abschätzung beim

Deutschen Bundestag, Berlin, 2014.

〔CHA 78〕CHADWICK G., *A Systems View of Planning*, Pergamon Press, Oxford, 1978.

〔CHA 97〕CHADWICK R.F., *Encyclopedia of Applied Ethics*, Academic Press, London, 1997.

〔CHR 01〕CHRISTALLER T., DECKER M., GILSBACH J.M. *et al.*, *Robotik: Perspektiven für menschliches Handeln in der zukünftigen Gesellschaft*, Springer, Berlin, 2001.

〔CHU 68〕CHURCHMAN C.W., *The Systems Approach*, Dell Publishing, New York, 1968.

〔COE 08a〕COENEN C., *Konvergierende Technologien und Wissenschaften. Der Stand der Debatte und politischen Aktivitäten zu 'Converging Technologies'*. TAB-Hintergrundpapier Nr. 16, Büro für Technikfolgen-Abschätzung beim Deutschen Bundestag, Berlin, 2008.

〔COE 08b〕COENEN C., "Von der Leistungs- zur Leistungssteigerungsgesellschaft?", *TAB- Brief*, Büro für Technikfolgen-Abschätzung, Berlin, no. 33, pp.21–27, 2008.

〔COE 09〕COENEN C., SCHUIJFF M., SMITS M. *et al.*, Human Enhancement, European Parliament, Brussels, 2009.

〔COE 10〕COENEN C., "Deliberating visions: the case of human enhancement in the discourse on nanotechnology and convergence", in KAISER M., KURATH M., MAASEN S. *et al.* (eds), *Governing Future Technologies: Nanotechnology and the Rise of an Assessment Regime*, Springer, Dordrecht, 2010.

〔COE 13〕COENEN C., SIMAKOVA E., "STS policy interactions, technology assessment and the governance of technovisionary sciences", *Sci-*

ence, Technology & Innovation Studies (STI Studies), vol. 9, no. 2, pp.3–20, 2013.

［COG 06］COGEM, Synthetische Biologie. Een onderzoeksveld met voortschrijdende gevolgen. COGEM signalering CGM/060228-03, available at: www.cogem.net/index.cfm/ nl/publicaties/publicatie/synthetische-biologie-een-onderzoeksveld-met-voortschrijdende- gevolgen, 2006.

［COL 80］COLLINGRIDGE D., *The Social Control of Technology*, Pinter, London, 1980.

［COL 03］COLVIN V., "Responsible nanotechnology: looking beyond the good news", available at: http://www.eurekalert.org/context.php?context=nano & show=essays & essaydate=1102, 2003.

［COR 10］CORNER A., PIDGEON N., "Geoengineering the climate: the social and ethical implications", *Environment*, vol. 52, no. 1, pp.24–37, 2010.

［CRU 06］CRUTZEN P., "Albedo enhancement by stratospheric sulfur injections: a contribution to resolve a policy dilemma?", *Climatic Change*, vol. 77, pp.211–220, 2006.

［DAU 07］DAUTENHAHN K., "Socially intelligent robots: dimensions of human–robot interaction", *Philosophical Transactions of the Royal Society B: Biological Sciences*, vol. 362, no. 1480, pp.679–704, 2007.

［DAV 09］DAVIES S., MACNAGHTEN M., KEARNES M., "Reconfiguring responsibility: deepening debate on nanotechnology", available at: http://dro.dur.ac.uk/6399/1/ 6399.pdf?DDD14+dgg1mbk, 2009.

［DEC 97］DECKER M., *Perspektiven der Robotik. Überlegungen zur Ersetzbarkeit des Menschen*, Graue Reihe, no. 8, Europäische Akademie, Bad Neuenahr-Ahrweiler, 1997.

［DEC 06］DECKER M., "Eine Definition von Nanotechnologie: Erster Schritt für ein interdisziplinäres Nanotechnology Assessment", in NORDMANN A., SCHUMMER J., SCHWARZ A. (eds), *Nanotechnologien im Kontext*, Akademische Verlagsgesellschaft, Berlin, 2006.

［DEC 11］DECKER M., DILLMANN R., DREIER T. *et al.*, "Service robotics: do you know your new companion? Framing an interdisciplinary technology assessment", *Poiesis & Praxis*, vol. 8, pp.25–44, 2011.

［DEC 12］DECKER M., GUTMANN M. (eds), *Robo-and Information Ethics: Some Fundamentals*, LIT Verlag, Vienna, 2012.

［DEC 13］DECKER M., "Robotik", in GRUNWALD A. (ed.), *Handbuch Technikethik*, Metzler, Stuttgart, 2013.

［DER 16］DERECTIC I., SORGNER S. (eds), *From Humanism to Meta-, Post- and Transhumanism?*, Peter Lang, 2016.

［DEV 06］DE VRIEND H., *Constructing Life: Early Social Reflections on the Emerging Field of Synthetic Biology*, Rathenau Institute, The Hague, 2006.

［DEW 22］DEWEY J., *Human Nature and Conduct*, Modern Library, New York, 1922.

［DIE 14］DIECKHOFF C., APPELRATH H., FISCHEDICK M. *et al.*, "Zur Interpretation von Energieszenarien", available at: www.acatech.de, 2014.

［DRE 86］DREXLER K.E., *Engines of Creation–the Coming Era of Nanotechnology*, Oxford University Press, 1986.

［DUP 04］DUPUY J.P., GRINBAUM A., "Living with uncertainty: toward the ongoing normative assessment of nanotechnology", *Techné: Research in Philosophy and Technology*, vol. 8, pp.4–25, 2004.

［DUP 05］ DUPUY J.P., "The philosophical foundations of nanoethics: arguments for a method", *Lecture at the Nanoethics Conference*, University of South Carolina, 2–5 March 2005.

［DUP 07］ DUPUY J.P., "Complexity and uncertainty: a prudential approach to nanotechnology", in ALLHOFF F., LIN P., MOOR J. *et al.* (eds), Nanoethics. *The Ethical and Social Implications of Nanotechnology*, Wiley, 2007.

［DUR 87］ DURBIN P., LENK H. (eds), *Technology and Responsibility*, Reidel Publishing, Dordrecht, 1987.

［ECE 08］ EC–European Commission, Commission Recommendation on a code of conduct for responsible nanosciences and nanotechnologies research, 2008/424 final, European Commission, Brussels, 7 February 2008.

［ECE 12］ EC–European Commission, ICT–information and communication technologies: work programme 2013, Publications Office of the European Union, Luxembourg, available at: http://cordis.europa.eu/fp7/ict/home_en.html, 2012.

［ECE 13］ EC–European Comission, FET flagships: frequently asked questions. Memo, Brussels, available at: http://cordis.europa.eu/fp7/ict/programme/fet/flagship/doc/press28 jan13-02_en.pdf, 28 January 2013.

［EGE 05］ EGE–European Group on Ethics in Science and New Technologies, "Opinion on the ethical aspects of ICT implants in the human body", Opinion no. 20, European Commission, Brussels, 2005.

［EHL 14］ EHLERS M.H., KERSCHNER C., "Attitudes towards technology: dominant technological optimism and challenges for the degrowth alternative Conference Paper", *Degrowth Conference Leipzig,* available at: https://co-munity.net/conference2014/ scientific-papers/3528, 2–6 September

2014.

［ELL 64］ELLUL J., *The Technological Society*, Vintage, New York, 1964.

［ELL 10］ELLIOTT K.C., "Geoengineering and the precautionary principle", *International Journal of Applied Philosophy*, vol. 24, no. 2, pp.237–253, 2010.

［END 16］ENDLAGER KOMMISSION–KOMMISSION LAGERUNG HOCH RADIOAKTIVER ABFALLSTOFFE, Verantwortung für die Zukunft – ein faires und transparentes Verfahren für die Auswahl eines nationalen Endlagerstandorts. Final report, available at: https://www.bundestag.de/endlager/, 2016.

［ENG 05］ENGELS E.M., HILDT E. (eds), *Neurowissenschaften und Menschenbild*, Mentis, Paderborn, 2005.

［ENR 10］ENRHES, "Engineered nanoparticles: review of health and environmental safety", available at: http://www.nanowerk.com/nanotechnology/reports/reportpdf/report133.pdf, 2010.

［ETC 03］ETC GROUP, "The big down. Atomtech: technologies converging at the nanoscale", available at: http://www.etcgroup.org, 2003.

［ETC 10］ETC GROUP, "Geopiracy: the case against geoengineering", available at: https://www.cbd.int/doc/emerging-issues/etcgroup-geopiracy-2011-013-en.pdf, 2010.

［FAR 04］FARAH M.J., ILLES J., COOK-DEEGAN R. *et al.*, "Neurocognitive enhancement: what can we do and what should we do?", *Nature Reviews Neuroscience*, vol. 5, pp.421–425, 2004.

［FEE 95］FEENBERG A., *Alternative Modernity*, University of California Press, Los Angeles, 1995.

[FEL 13] FELDER E., SCHOBER-PENZ A., SEEBACHER K., *Kommunikation und Politik: Sprechen–verstehen–handeln*, Neckar-Verlag, Villingen-Schwenningen, 2013.

[FER 10] FERRARI A., COENEN C., GRUNWALD A. *et al.*, *Animal Enhancement. Neue technische Möglichkeiten und ethische Fragen*, Bundesamt für Bauten und Logistik BBL, Bern, 2010.

[FER 12] FERRARI A., COENEN C., GRUNWALD A., "Visions and ethics in current discourse on human enhancement", *Nanoethics*, vol. 6, no. 3, pp.215–229, 2012.

[FER 15] FERRARI A., PETRUS K. (eds), *Lexikon der Mensch-Tier-Beziehungen*, Bielefeld, 2015.

[FEY 59] FEYNMAN R.P., "There's Plenty of Room at the Bottom", *Annual Meeting of the American Physical Society*, California Institute of Technology, 12 December, available at: http:www. zyvex.com/nanotech/ feynman.html, 1959.

[FIE 10] FIEDELER U., COENEN C., DAVIES S.R. *et al.* (eds), *Understanding Nanotechnology: Philosophy, Policy and Publics*, Akademische Verlagsgesellschaft, Heidelberg, 2010.

[FLE 02] FLEISCHER T., "Technikfolgenabschätzungen zur Nanotechnologie – Inhaltliche und konzeptionelle Überlegungen", *Technikfolgenabschätzung–Theorie und Praxis*, vol. 11, no. 3/4, pp.111–122, 2002.

[FLE 08] FLEISCHER T., GRUNWALD A., "Making nanotechnology developments sustainable: a role for technology assessment?", *Journal of Cleaner Production*, vol. 16, pp.889–898, 2008.

[FOU 88] FOUCAULT M., "Technologies of the self", in MARTIN L., GUTMANN H., HUTTON P.(eds), *Technologies of the Self*, University of

Massachusetts Press, 1988.

［FRI 06］FRIENDS OF THE EARTH, "Nanomaterials, sunscreens, and cosmetics: Small ingredients, big risks", available at: http://www.foe.org/sites/default/files/final_USA_ web.pdf, 2006.

［FUN 93］FUNTOWICZ S.O., RAVETZ J.R., "The emergence of post-normal science", in VON SCHOMBERG R. (ed.), *Science, Politics and Morality*, Springer, 1993.

［GAL 07］GALERT T., MERKEL R., BOER G. *et al.*, *Intervening in the Brain: Changing Psyche and Society*, Springer, Berlin, 2007.

［GAN 03］GANNON F., "Nano-nonsense", *EMBO Reports*, available at: http://onlinelibrary.wiley.com/doi/10.1038/sj.embor.7400014/full, vol. 4, p.1007, 2003.

［GAR 10a］GARDINER S.M., JAMIESON D., CANEY S. (eds), *Climate Ethics: Essential Readings*, Oxford University Press, 2010.

［GAR 10b］GARDINER S.M., "Is 'arming the future' with geoengineering really the lesser evil? Some doubts about the ethics of intentionally manipulating the climate system", in GARDINER S.M., JAMIESON D., CANEY S. (eds), *Climate Ethics: Essential Readings*, Oxford University Press, 2010.

［GEE 02］GEE D., GREENBERG M., "Asbestos: from 'magic' to malevolent mineral", in HARREMOES P., GEE D., MACGARVIN M. *et al.* (eds), *The Precautionary Principle in the 20th Century: Late Lessons from Early Warnings*, Sage, 2002.

［GEH 40］GEHLEN A., *Der Mensch, seine Natur und seine Stellung in der Welt*, Junker und Dünnhaupt, Berlin, 1940.

［GER 08］GERLINGER K., PETERMANN T., SAUTER A., *Gendop-*

ing: Wissenschaftliche Grundlagen und Anwendungsperspektiven, TAB-Arbeitsbericht Nr. 124, Büro für Technikfolgen-Abschätzung beim Deutschen Bundestag, Berlin, English summary available at: www.tab-beim-bundestag. de/en/publications/books/gerlinger-etal-2009-124.html, 2008.

〔GER 11〕GERLINGER K., SAUTER A., PETERMANN T., *Pharmakologische Interventionen zur Leistungssteigerung als gesellschaftliche Herausforderung*, TAB-Arbeitsbericht Nr. 143, Büro für Technikfolgen-Abschätzung beim Deutschen Bundestag, Berlin, English summary available at: www.tab-beim-bundestag.de/en/publications/books/sage-2011-143. html, 2011.

〔GIA 16〕GIANNI R., *Responsibility and Freedom: the Ethical Realm of RRI*, ISTE Ltd, London and John Wiley & Sons, New York, 2016.

〔GIE 14〕GIESE B., PADE C., WIGGER H. *et al.* (eds), *Synthetic Biology: Character and Impact*, Springer, Heidelberg, 2014.

〔GOO 54〕GOODMAN N., *Fact, Fiction and Forecast*, Harvard University Press, Cambridge, MA, 1954.

〔GOR 10〕GORDON B., "Geoengineering in the U.S. Congress", *Speech at the EPTA Conference*, London, October 2010.

〔GRA 15〕GRANSCHE B., *Vorausschauendes Denken: Philosophie und Zukunftsforschung jenseits von Statistik und Kalkül*, Bielefeld, 2015.

〔GRE 08〕GREELY H., SAHAKIAN B., HARRIS J. *et al.*, "Towards responsible use of cognitive- enhancing drugs by the healthy", *Nature*, vol. 456, pp.702–706, 2008.

〔GRI 00〕GRIN J., GRUNWALD A. (eds), *Vision Assessment: Shaping Technology in 21st Century Society*, Springer, Berlin, 2000.

〔GRI 13〕GRINBAUM A., GROVES C., "What is 'responsible' about responsible innovation? Understanding the ethical issues", in OWEN R., BESSANT J., HEINTZ M. (eds), *Responsible Innovation: Managing the Responsible Emergence of Science and Innovation in Society*, Wiley, 2013.

［GRO 16］GROVES C., HENWOOD K., SHIRANI F. *et al.*, "The grit in the oyster: using energy biographies to question socio-technical imaginaries of 'smartness'", *Journal of Responsible Innovation*, vol. 3, pp.4–25, 2016.

［GRU 99］GRUNWALD A., "Technology assessment or ethics of technology? Reflections on technology development between social sciences and philosophy", *Ethical Perspectives*, vol. 6, pp.170–182, 1999.

［GRU 00］GRUNWALD A., *Handeln und Planen*, Fink, Munich, 2000.

［GRU 05］GRUNWALD A., "Nanotechnology – a new field of ethical inquiry?", *Science and Engineering Ethics*, vol. 11, pp.187–201, 2005.

［GRU 06］GRUNWALD A., "Nanotechnologie als Chiffre der Zukunft", in NORDMANN A., SCHUMMER J., SCHWARZ A. (eds), *Nanotechnologien im Kontext*, Akademische Verlagsgesellschaft, available at: http://www.joachimschummer.net/books/nanotechnologien-im-kontext/inhalt.pdf, Berlin, pp.49–80, 2006.

［GRU 07a］GRUNWALD A., "Converging Technologies: visions, increased contingencies of the conditio humana, and search for orientation", *Futures*, vol. 39, no. 4, pp.380–392, 2007.

［GRU 07b］GRUNWALD A., JULLIARD Y., "Nanotechnology –steps towards understanding human beings as technology?", *NanoEthics*, vol. 1, pp.77–87, 2007.

［GRU 08a］GRUNWALD A., "Ethical guidance for dealing with unclear risk", in WIEDEMANN P., SCHÜTZ H. (eds), *The Role of Evidence in Risk Characterization. Making Sense of Conflicting Data*, Wiley-VCH, Weinheim, 2008.

［GRU 08b］GRUNWALD A., "Nanotechnology and the precautionary principle", in JOTTERAND J. (ed.), *Emerging Conceptual, Ethical and Policy Issues in Bionanotechnology*, Springer, Berlin, 2008.

［GRU 08c］GRUNWALD A., "Working towards sustainable development in the face of uncertainty and incomplete knowledge", in NEWIG J., VOß J.-P., MONSTADT J. (eds), *Governance for Sustainable Development. Coping with Ambivalence, Uncertainty and Distributed Power*, Routledge, Abingdon, 2008.

［GRU 09a］GRUNWALD A., "Technology assessment: concepts and methods", in MEIJERS A. (ed.), *Philosophy of Technology and Engineering Sciences*, North-Holland, Amsterdam, 2009.

［GRU 09b］GRUNWALD A., "Vision assessment supporting the governance of knowledge–the case of futuristic nanotechnology", in BECHMANN G., GOROKHOV V., STEHR N. (eds), *The Social Integration of Science. Institutional and Epistemological Aspects of the Transformation of Knowledge in Modern Society*, Sigma, Berlin, 2009.

［GRU 10a］GRUNWALD A., "From speculative nanoethics to explorative philosophy of nanotechnology", *NanoEthics*, vol. 4, no. 2, pp.91–101, 2010.

［GRU 10b］GRUNWALD A., HOCKE-BERGLER P., "The risk debate on nanoparticles: contribution to a normalisation of the science/society relationship?", in KAISER M., KURATH M., MAASEN S. *et al.* (eds), *Governing Future Technologies: Nanotechnology and the Rise of an Assessment Regime*, Springer, Dordrecht, 2010.

［GRU 11a］GRUNWALD A., "Responsible innovation: bringing together technology assessment, applied ethics, and STS research", *Enterprise and Work Innovation Studies*, vol. 7, pp.9–31, 2011.

［GRU 11b］GRUNWALD A., "Ten years of research on nanotechnology and society–outcomes and achievements", in ZÜLSDORF T.B., COENEN C., FERRARI A. *et al.* (eds), *Quantum Engagements: Social Reflections of Nanoscience and Emerging Technologies*, Akademische Verlagsgesellschaft, Heidelberg, 2011.

［GRU 11c］GRUNWALD A., "Energy futures: diversity and the need for assessment", *Futures*, vol. 43, pp.820–830, 2011.

［GRU 11d］GRUNWALD A., "Der ingenieurtechnische Blick auf das Weltklima", in MARING M. (ed.), *Fallstudien zur Ethik in Wissenschaft, Wirtschaft, Technik und Gesellschaft*, KIT Scientific Publishing, Karlsruhe, 2011.

［GRU 12a］GRUNWALD A., *Technikzukünfte als Medium von Zukunftsdebatten und Technikgestaltung*, KIT Scientific Publishing, Karlsruhe, 2012.

［GRU 12b］GRUNWALD A., *Responsible Nano (bio) technology. Philosophy and Ethics*, Panstanford Publishing, Singapore, 2012.

［GRU 12c］GRUNWALD A., "Can robots plan, and what does the answer to this question mean?", in DECKER M., GUTMANN M. (eds), *Robo-and Information Ethics. Some Fundamentals*, LIT, Zürich/Berlin, 2012.

［GRU 12d］GRUNWALD A., "Sustainability assessment of technologies–an integrative approach", in GHENAI C. (ed.), *Sustainable Development–Energy, Engineering and Technologies–Manufacturing and Environment*, InTech (open access), 2012.

［GRU 12e］GRUNWALD A., "Synthetische Biologie: Verantwortungszuschreibung und Demokratie", in BOLDT J., MÜLLER O., MAIO G. (eds), *Leben schaffen? Philosophische und ethische Reflexionen zur Synthetischen Biologie*, Mentis, Paderborn, 2012.

［GRU 13a］GRUNWALD A., "Techno-visionary sciences: challenges to policy advice", *Science, Technology and Innovation Studies*, vol. 9, no. 2, pp.21–38, 2013.

［GRU 13b］GRUNWALD A.,"Einleitung und Überblick", in GRUNWALD A. (ed.), *Handbuch Technikethik*, Metzler, Stuttgart, 2013.

［GRU 13c］GRUNWALD A., "Modes of orientation provided by futures studies: making sense of diversity and divergence", *European Journal of Futures Studies*, vol. 15, no. 30, 2013.

［GRU 13d］GRUNWALD A., "Are we heading towards an 'Enhancement Society'?", in HILDT E., FRANKE A.G. (eds), *Cognitive Enhancement. An Interdisciplinary Perspective*, Springer, Dordrecht, 2013.

［GRU 14a］GRUNWALD A., "Responsible research and innovations: an emerging issue in research policy rooted in the debate on nanotechnology", in ARNALDI S., FERRARI A., MAGAUDDA P. *et al.* (eds), *Responsibility in Nanotechnology Development*, Springer, Dordrecht, 2014.

［GRU 14b］GRUNWALD A., "The hermeneutic side of responsible research and innovation", *Journal of Responsible Innovation*, vol. 1, pp.274–291, 2014.

［GRU 14c］GRUNWALD A., "Synthetic biology as technoscience and the EEE concept of responsibility", in GIESE B., PADE C., WIGGER H. *et al.* (eds), *Synthetic Biology: Character and Impact*, Springer, Heidelberg, 2014.

［GRU 16a］GRUNWALD A., "Synthetic biology: seeking for orientation in the absence of valid prospective knowledge and of common values", in HANNSON S.O., HIRSCH HADORN G. (eds), *The Argumentative Turn in Policy Analysis, Logic, Argumentation & Reasoning*, Springer, Heidelberg, 2016.

［GRU 16b］GRUNWALD A., "What does the debate on (post) human futures tell us? Methodology of hermeneutical analysis and vision assessment", in HURLBUT J.B., TIROSH-SAMUELSON H. (eds), *Perfecting Human Futures: Transhuman Visions and Technological Imaginations*, Springer, Wiesbaden, 2016.

［GRU 16c］GRUNWALD A., "Neue Utopien: Ist Technik die Zukunft des Menschen?", in ÖZMEN E. (ed.), *Über Menschliches: Anthropologie zwischen Natur und Utopie*, Mentis, Münster, 2016.

［GRU 16d］GRUNWALD A., "Diverging pathways to overcoming the environmental crisis: eco-modernism, techno-optimism, and degrowth", *Journal of Cleaner Production*, forthcoming, 2016.

［GUS 14a］GUSTON D.H., FISHER E., GRUNWALD A. *et al.*, "Responsible innovation. Motivations for a new journal", *Journal of Responsible Innovation*, vol. 1, no. 1, pp.1–8, 2014.

［GUS 14b］GUSTON D.H., "Understanding 'anticipatory governance'", *Social Studies of Science*, vol. 44, no. 2, pp.218–242, 2014.

［GUT 02］GUTMANN M., NEUMANN-HELD E., GRUNWALD A. (eds), *On Human Nature. Anthropological, Biological, and Philosophical Foundations*, Springer, Berlin, 2002.

［GUT 12］GUTMANN M., RATHGEBER B., SYED T., "Action and

autonomy. A hidden dilemma in artificial autonomous systems", in DECKER M., GUTMANN M. (eds), *Robo-and Information Ethics: Some Fundamentals*, LIT, Vienna, 2012.

[GUT 15] GUTMANN M., DECKER M., KNIFKA J., *Evolutionary Robotics, Organic Computing and Adaptive Ambience*, LIT, Vienna, 2015.

[HAB 68] HABERMAS J., *Technik und Wissenschaft als Ideologie*, Suhrkamp, 1968.

[HAB 88] HABERMAS J., *Theorie des kommunikativen Handelns*, Suhrkamp, 1988.

[HAB 01] HABERMAS J., *Die Zukunft der menschlichen Natur: Auf dem Weg zur liberalen Eugenetik?*, Suhrkamp, 2001.

[HAN 06] HANSSON S.O., "Great uncertainty about small things", in SCHUMMER J., BAIRD D. (eds), *Nanotechnology Challenges: Implications for Philosophy, Ethics and Society*, World Scientific Publishing Company, Singapore, pp.315–325, 2006.

[HAN 16] HANSSON S.O., "Evaluating the uncertainties", in HANSSON S.O., HIRSCH HADORN G.(eds), *The Argumentative Turn in Policy Analysis, Logic, Argumentation & Reasoning*, Springer, Heidelberg, 2016.

[HEM 65] HEMPEL C.G., *Aspects of Scientific Explanation and other Essays in the Philosophy of Science*, Sage, New York/London, 1965.

[HEN 07] HENNEN L., GRÜNEWALD R., REVERMANN C. *et al.*, *Hirnforschung*, TAB-Arbeitsbericht Nr. 117, Büro für Technikfolgen-Abschätzung beim Deutschen Bundestag, Berlin, 2007.

[HOO 04] HOOK C., "The techno sapiens are coming", *Christianity Today Magazine*, January vol. 48, no.1, pp.36–40, 2004.

[HOR 47] HORKHEIMER M., ADORNO T.W., *Dialektik der*

Aufklärung: Philosophische Fragmente, Querido, Amsterdam, 1947.

［HUR 06］HURLEY P.J., "Language: meaning and definition", in HURLEY P.J. (ed.), *A Concise Introduction to Logic*, Wadsworth, Australia, 2006.

［HUR 16］HURLBUT J.B., TIROSH-SAMUELSON H. (eds), *Perfecting Human Futures. Transhuman Visions and Technological Imaginations*, Springer, Wiesbaden, 2016.

［IAT 16］IATRIDIS K., SCHROEDER D., *Responsible Research and Innovation in Industry: the Case for Corporate Responsibility Tools*, Springer, Heidelberg, 2016.

［IHD 09］IHDE D., *Postphenomenology and Technoscience: the Peking University Lectures*, SUNY Press, State University of New York, 2009.

［ILU 07］ILULISSAT STATEMENT 2007, "Synthesizing the future. A vision for the convergence of synthetic biology and nanotechnology", available at: http://media.rozhlas.cz/_binary/ 00565044.pdf, 2007.

［IPC 14］INTERNATIONAL PANEL ON CLIMATE CHANGE (IPCC), "Climate change 2014 synthesis report: summary for policymakers", available at: https://www.ipcc.ch/pdf/ assessment-report/ar5/syr/AR5_SYR_FINAL_SPM.pdf, 2014.

［IRR 05］IRRGANG B., *Posthumanes Menschsein? Künstliche Intelligenz, Cyberspace, Roboter, Cyborgs und Designer-Menschen – Anthropologie des künstlichen Menschen im 21. Jahrhundert*, Franz Steiner, Stuttgart, 2005.

［JAH 12］JAHN T., BERGAMNN M., KEIL F., "Transdisciplinarity: between mainstreaming and marginalization", *Ecological Economics*, vol. 79, pp.1–10, 2012.

［JAH 15］JAHNEL J., "Conceptual questions and challenges associated with the traditional risk assessment paradigm for nanomaterials", *Nanoethics*, vol. 9, no. 3, pp.261–276, 2015.

［JAN 96］JANICH P., "Kulturalistische Erkenntnistheorie statt Informationismus", in HARTMANN D., JANICH P.(eds), *Methodischer Kulturalismus: Zwischen Naturalismus und Postmoderne*, Suhrkamp, 1996.

［JAN 01］JANICH P., *Logisch-pragmatische Propädeutik*, Velbrück, Weilerswist, 2001.

［JAN 12］JANICH P., "Between innovative forms of technology and human autonomy: possibilities and limitations of the technical substitution of human work", in DECKER M., GUTMANN M. (eds), *Robo-and Information Ethics: Some Fundamentals*, LIT, Wien, 2012.

［JAS 15］JASANOFF S., KIM S.H. (eds), *Dreamscapes of Modernity: Sociotechnical Imaginaries and the Fabrication of Power*, University of Chicago Press, 2015.

［JOE 01］JOERGES B., "Technik – das Andere der Gesellschaft?", in ROPOHL G. (ed.), *Interdisziplinäre* Technikforschung, Hanser, Munich, 2001.

［JOH 15］JOHNSON B.D., "21st Century Robot", available at: www.21stcenturyrobot.com, 2015.

［JON 84］JONAS H., *The Imperative of Responsibility: In Search of an Ethics for the Technological Age*, University of Chicago Press, 1984.

［JOT 08］JOTTERAND F., "Beyond therapy and enhancement: the alteration of human nature", *Nanoethics*, vol. 2, pp.15–23, 2008.

［JOY 00］JOY B., "Why the future does not need us", *Wired Magazine*, pp.238–263, 2000.

[KAI 10] KAISER M., KURATH M., MAASEN S. *et al.* (eds), *Governing Future Technologies. Nanotechnology and the Rise of an Assessment Regime*, Springer, Dordrecht, 2010.

[KAM 73] KAMLAH W., *Philosophische Anthropologie: Sprachkritische Grundlegung und Ethik*, Bibliographisches Institut, Mannheim, 1973.

[KAR 06] KARAFYLLIS N.C., "Biofakte: Grundlagen, Probleme und Perspektiven", *Erwägen Wissen Ethik* (EWE), vol. 17, no. 4, pp.547–558, 2006.

[KAR 09] KARAFYLLIS N.C., "Fact or fiction? A critique on vision assessment as a tool for technology assessment", in SOLLIE P., DÜWELL M. (eds), *Evaluating New Technologies*, 2009.

[KEI 00] KEITH D.W., "Geoengineering the climate: history and prospect", *Annual Review of Energy and the Environment*, vol. 25, pp.245–284, 2000.

[KEI 07] KEIPER A., "Nanoethics as a discipline?", *The New Atlantis: a Journal of Technology & Science*, vol. 16, pp.55–67, 2007.

[KEL 10] KELLER R., "Wissenssoziologische Diskursanalyse", in KELLER R., HIRSELAND A., SCHNEIDER W. *et al.* (eds), *Handbuch Sozialwissenschaftliche Diskursanalyse, Bd. 1: Theorien und Methoden*, VS, Wiesbaden, 2010.

[KEL 11a] KELLER R., "The sociology of knowledge approach to discourse (SKAD)", *Human Studies*, vol. 34, no. 1, pp.43–65, 2011.

[KEL 11b] KELES D., MÖST D., FICHTNER W., "The development of the German energy market until 2030: a critical survey of selected scenarios", *Energy Policy*, vol. 39, pp.812–825, 2011.

[KIN 97] KINNEBROCK A., *Künstliches Leben: Anspruch und*

Wirklichkeit, Oldenbourg, Munich, 1997.

［KNA 78］KNAPP H.G., *Logik der Prognose*, Karl Alber, Freiburg/ Munich, 1978.

［KNI 94］KNICK M., SCHLEGEL C., ILLMANN J., "AMOS: Selbständige Generierung bedeutsamer Wahrnehmungsklassen durch ein autonomes System", in LEVI P., BRÄUNL T. (eds), *Autonome mobile Systeme*, Springer, Berlin, 1994.

［KÖC 08］KÖCHY K., NORWIG M., HOFMEISTER G. (eds), *Nanobiotechnologien: Philosophische, anthropologische und ethische Fragen*, Karl Alber, Freiburg, 2008.

［KOL 12］KOLLEK R., DÖRING M., "Science- und/oder Technology-Assessment? TA-Implikationen der komplexen Beziehung zwischen Wissenschaft und Technik: Einführung in den Schwerpunkt", *Technikfolgenabschätzung–Theorie und Praxis*, vol. 21, no. 2, pp.4–9, 2012.

［KRO 08］KROHN W., "Learning from case studies", in HIRSCH HADORN G., *Handbook of Transdisciplinary Research*, Springer, 2008.

［KUR 05］KURZWEIL R., *The Singularity is Near: When Humans Transcend Biology*, Viking, New York, 2005.

［KUR 06］KURATH M., MAASEN S., "Toxicology as a nanoscience? –Disciplinary identities reconsidered", *Particle and Fibre Toxicology*, vol. 3, p.6, 2006.

［KUR 10］KURATH M., "Negotiating nano: from assessing risks to disciplinary transformations", in KAISER M., KURATH M., MAASEN S. et al. (eds), *Governing Future Technologies: Nanotechnology and the Rise of an Assessment Regime*, Springer, Dordrecht, 2010.

［LAT 87］LATOUR B., *Science in Action: How to Follow Scientists and*

Engineers through Society, Harvard University Press, 1987.

［LAU 06］LAURENT L., PETIT J.C., "Nanosciences and their convergence with other technologies: new golden age or apocalypse?", in SCHUMMER J., BAIRD D. (eds), *Nanotechnology Challenges: Implications for Philosophy, Ethics and Society*, World Scientific Publishing Company, Singapore, 2006.

［LBN 06］LAWRENCE BERKELEY NATIONAL LABORATORY (LBNL), "Synthetic Biology", available at: www.lbl.gov, 2006.

［LEI 10］LEISNER T., MÜLLER-KLIESER S., "Aerosolbasierte Methoden des Climate Engineering: Eine Bewertung", *Technikfolgenabschätzung–Theorie und Praxis*, vol. 19, no. 2, pp.25–32, 2010.

［LEN 93］LENK H., *Interpretationskonstrukte: Zur Kritik der interpretatorischen Vernunft*, Suhrkamp, Frankfurt, 1993.

［LEN 07］LENK H., *Global TechnoScience and Responsibility*, LIT, Berlin, 2007.

［LIE 10］LIEBERT W., SCHMIDT J., "Collingridge's dilemma and technoscience", *Poiesis & Praxis*, vol. 7, pp.55–71, 2010.

［LIN 73］LINDBLOM C.E., "The science of 'muddling through'", in FALUDI A. (ed.), *A Reader in Planning Theory*, Pergamon Press, Oxford, 1973.

［LIN 03］LINDGREN M., BANDHOLD H., *Scenario Planning–the Link between Future and Strategy*, Palgrave Macmillan, Hampshire/New York, 2003.

［LIN 12］LIN P., ABNEY K., BEKEY G.A. (eds), *Robot Ethics: the Ethical and Social Implications of Robotics*, MIT Press, Cambridge, MA, 2012.

[LOR 87] LORENZEN P., *Lehrbuch der konstruktiven Wissenschafts-theorie*, Bibliographisches Institut, Mannheim, 1987.

[LÖS 06] LÖSCH A., "Antizipation nanotechnischer Zukünfte: Visionäre Bilder als Kommunikationsmedien", in NORDMANN A., SCHUMMER J., SCHWARZ A. (eds), *Nanotechnologien im Kontext*, Akademische Verlagsgesellschaft, Berlin, 2006.

[LÖS 10] LÖSCH A., "Visual dynamics: the defuturization of the popular 'nano-discourse' as an effect of increasing economization", in KAISER M., KURATH M., MAASEN S. *et al.* (eds), *Governing Future Technologies. Nanotechnology and the Rise of an Assessment Regime*, Springer, Dordrecht, 2010.

[LUH 90] LUHMANN N., "Die Zukunft kann nicht beginnen: Temporalstrukturen der modernen Gesellschaft", in SLOTERDIJK P.(ed.), *Vor der Jahrtausendwende: Berichte zur Lage der Zukunft*, Suhrkamp, Frankfurt, 1990.

[MAC 10] MACNAGHTEN P., DAVIES S.R., KEARNES N., "Narrative and public engagement: some findings from the DEEPEN project", in VON SCHOMBERG R., DAVIES S.R. (eds), Understanding Public Debate on Nanotechnologies, European Commission, Brussels, 2010.

[MAI 15] MAINZER K., "Life as machine? From life science to cyberphysical systems", in GUTMANN M., DECKER M., KNIFKA J. (eds), *Evolutionary Robotics, Organic Computing and Adaptive Ambience*, LIT, Vienna, 2015.

[MAN 15] The Breakthrough Institute, "An ecomodernist manifesto", available at: http://www.ecomodernism.org/, 2015.

[MAR 67] MARCUSE H., *Der eindimensionale Mensch*, Hermann

Luchterhand, Neuwied/Berlin, 1967.

［MAR 08］MARCINKOWSKI F., KOHRING M., FRIEDEMANN A. *et al.*, *Risikowahrnehmung beim Thema Nanotechnologie: Analyse der Medienberichterstattung für den Analysezeitraum 1/2006 – 6/2007*, BfR, Berlin, 2008.

［MAU 06］MAURER S., LUCAS K., TERREL S., *From Understanding to Action: Community Based Options for Improving Safety and Security in Synthetic Biology*, University of California, Berkeley, CA, available at: http://citeseerx.ist.psu.edu/viewdoc/download? doi=10.1.1.132.8678&rep=rep1&type=pdf, 2006.

［MAU 16］MAURER M., GERDES J.C., LENZ B. *et al.* (eds), *Autonomous Driving. Technical, Legal and Social Aspects*, Springer Open, Heidelberg, 2016.

［MEI 12］MEISTER M., "Investigating the robot in the loop: technology assessment in the interdisciplinary research field service robotics", in DECKER M., GUTMANN M. (eds), *Robo-and Information Ethics: Some Fundamentals*, LIT, Vienna, 2012.

［MER 48］MERTON R., "The self-fulfilling prophecy", *The Antioch Review*, vol. 8, no. 2, pp.193–210, 1948.

［MEY 84］MEYER-ABICH K.M., *Wege zum Frieden mit der Natur: Praktische Naturphilosophie für die Umweltpolitik*, Beck, Munich, 1984.

［MIT 74］MITTELSTRASS J., *Die Möglichkeit von Wissenschaft*, Suhrkamp, Frankfurt, 1974.

［MIT 97］MITTELSTRASS J. (ed.), *Enzyklopädie Philosophie und Wissenschaftstheorie*, vol. 1, J.B. Metzler, Stuttgart, 1997.

［MIT 97］MITTELSTRASS J. (ed.), *Enzyklopädie Philosophie und*

Wissenschaftstheorie, vol. 1, J.B. Metzler, Stuttgart, 1997.

［MNY 03］MNYUSIWALLA A., DAAR A.S., SINGER P.A., "Mind the gap: science and ethics in nanotechnology", *Nanotechnology*, vol. 14, pp.9–13, 2003.

［MON 15］MONIZ A., "Robots and humans as co-workers? The human-centred perspective of work with autonomous systems", in GUTMANN M., DECKER M., KNIFKA J. (eds), *Evolutionary Robotics, Organic Computing and Adaptive Ambience*, LIT, Vienna, 2015.

［MUN 02］MUNICH RE., "Nanotechnology–what is in store for us?", available at: http://www.anet.co.il/anetfiles/files/241M.pdf, 2002.

［NAC 02］NACHTIGALL W., *Bionik: Grundlagen und Beispiele für Ingenieure und Naturwissenschaftler*, Springer, Berlin, 2002.

［NAN 04］NANOFORUM, "4th Nanoforum report: benefits, risks, ethical, legal, and social aspects of nanotechnology", available at: http://www.nanowerk.com/nanotechnology/ reports/reportpdf/report3.pdf, 2004.

［NAT 06］NATIONAL RESEARCH COUNCIL, *A Matter of Size: Triennial Review of the National Nanotechnology Initiative*, National Academies Press, Washington, D.C., 2006.

［NIL 99］NILES J.D., *Homo Narrans: the Poetics and Anthropology of Oral Literature*, University of Pennsylvania Press, Philadelphia, 1999.

［NNI 99］NATIONAL NANOTECHNOLOGY INITIATIVE (NNI), "National nanotechnology initiative", Washington, available at: www.ncbi. nlm.nih.gov/books/NBK220670/, 1999.

［NOR 03］NORDMANN A., "Shaping the world atom by atom: Eine nanowissenschaftliche WeltBildanalyse", in GRUNWALD A. (ed.), *Technikgestaltung zwischen Wunsch und Wirklichkeit*, Springer, Berlin, 2003.

［NOR 04］NORDMANN A., "Converging Technologies–Shaping the Future of European Societies. High level expert group 'Foresighting the New Technology Wave", available at: http://www. philosophie.tu-darmstadt.de/media/institut_fuer_philosophie/diesunddas/nordmann/cteks.pdf, 2004.

［NOR 07a］NORDMANN A., "If and then: a critique of speculative nanoethics", *NanoEthics*, vol. 1, no. 1, pp.31–46, 2007.

［NOR 07b］NORDMANN A., "Entflechtung – Ansätze zum ethisch-gesellschaftlichen Umgang mit der Nanotechnologie", in GAZSÓ A., GRESSLER S., SCHIEMER F. (eds), *Nano: Chancen und Risiken aktueller Technologien*, Springer, Vienna, 2007.

［NOR 08］NORDMANN A., "Philosophy of 'nanotechnoscience'", in SCHMID G. (ed.), *Nanotechnology. Principles and Fundamentals*, Wiley, Weinheim, 2008.

［NOR 09］NORDMANN A., RIP A., "Mind the gap revisited", *Nature Nanotechnology*, vol. 4, pp.273–274, 2009.

［NOR 10］NORDMANN A., "A forensics of wishing: technology assessment in the age of technoscience", *Poiesis & Praxis: International Journal of Technology Assessment and Ethics of Science*, vol. 7, no. 1, pp.5–15, 2010.

［NOR 14］NORDMANN A., "Responsible innovation, the art and craft of future anticipation", *Journal of Responsible Innovation*, vol. 1, no. 1, pp.87–98, 2014.

［NWO 16］DUTCH ORGANIZATION OF RESEARCH (NOW), "Homepage of the MVI program", available at: www.nwo.nl/en/research-and-results/programmes/responsible+innovation, 2016.

［OTT 10］OTT K., "Argumente für und wider 'Climate Engineering':

Versuch einer Kartierung", *Technikfolgenabschätzung–Theorie und Praxis*, vol. 19, no. 2, pp.32–43, 2010.

［OTT 13］OTT K., "Natur und Technik", in GRUNWALD A. (ed.), *Handbuch Technikethik*, Metzler, Stuttgart, 2013.

［OWE 13a］OWEN R., BESSANT J., HEINTZ M. (eds), *Responsible Innovation: Managing the Responsible Emergence of Science and Innovation in Society*, Wiley, Chichester, 2013.

［OWE 13b］OWEN R., STILGOE J., MACNAGHTEN P. *et al.*, "A framework for responsible innovation", in OWEN R., BESSANT J., HEINTZ M. (eds), *Responsible Innovation: Managing the Responsible Emergence of Science and Innovation in Society*, Wiley, Chichester, 2013.

［PAD 14］PADE C., GIESE B., KOENIGSTEIN S. *et al.*, "Characterizing synthetic biology through its novel and enhanced functionalities", in GIESE B., PADE C., WIGGER H. *et al.* (eds), *Synthetic Biology: Character and Impact*, Springer, Heidelberg, 2014.

［PAS 04］PASCHEN H., COENEN C., FLEISCHER T. *et al.*, *Nanotechnologie: Forschung und Anwendungen*, Springer, Berlin, 2004.

［PER 07］PEREIRA A.G., VON SCHOMBERG R., FUNTOWICZ S., "Foresight knowledge assessment", *International Journal on Foresight and Innovation Policy*, vol. 3, pp.53–75, 2007.

［PHO 03］PHOENIX C., TREDER M., "Applying the precautionary principle to nanotechnology", available at: http://www.crnano.org/Precautionary.pdf, 2003.

［PIC 71］PICHT G., *Prognose, Utopie, Planung*, Klett, Stuttgart, 1971.

［POH 06］POHL C., HIRSCH HADORN G., *Gestaltungsprinzipien für die transdisziplinäre Forschung: Ein Beitrag des td-net*, Oekom, Munich,

2006.

[POL 95] POLLOCK J.L., *Cognitive Carpentry*, MIT Press, Bradford, 1995.

[POP 57] POPPER K., *Die offene Gesellschaft und ihre Feinde*, Mohr, Tübingen, 1957.

[POP 89] POPPER K., *Logik der Forschung*, Mohr, Tübingen, 1989.

[PRE 10] PRESIDENTIAL COMMISSION, "Recommendations on synthetic biology", Washington, 2010.

[PSA 06] PSARROS N., "Diskussionsbeitrag", *Erwägen Wissen Ethik (EWE)*, vol. 17, pp.594–596, 2006.

[RAD 11] RADIKOVIC Z., Hermeneutik der Zukunft, PhD Thesis, University of Stuttgart, 2011.

[RAD 13] RADKAU J., HAHN L., *Aufstieg und Fall der deutschen Atomwirtschaft*, Oekom, Munich, 2013.

[RAM 07] RAMMERT W., *Technik–Handeln–Wissen*, Springer VS, Wiesbaden, 2007.

[RES 98] RESCHER N., *Predicting the Future: an Introduction to the Theory of Forecasting*, SUNY Press, Albany, NY, 1998.

[RIC 81] RICOEUR P., *Hermeneutics and the Human Sciences: Essays on Language, Action and Interpretation*, University Press London, Cambridge, 1981.

[RIP 95] RIP A., MISA T., SCHOT J. (eds), *Managing Technology in Society*, Pinter, London, 1995.

[RIP 07] RIP A., SWIERSTRA T., "Nano-ethics as NEST-ethics: patterns of moral argumentation about new and emerging science and technology", *NanoEthics,* vol. 1, pp.3–20, 2007.

［ROA 08］ROACHE R., "Ethics, speculation, and values", *NanoEthics*, vol. 2, no. 3, pp.317– 327, 2008.

［ROB 08］ROBOCK A., "20 reasons why geoengineering may be a bad idea", *Bulletin of the Atomic Scientists*, vol. 64, no. 2, pp.14–18, 2008.

［ROC 02］ROCO M.C., BAINBRIDGE W.S. (eds), *Converging Technologies for Improving Human Performance*, National Science Foundation, Arlington, VA, 2002.

［ROR 98］RORTY R., *Truth and Progress. Philosophical Papers*, Stanford University Press, 1998.

［RÖS 10］RÖSCH C., ACHTERNBOSCH M., SCHIPPL J. *et al.*, "Climate engineering light. Natürliche Prozesse der CO2-Speicherung", *Technikfolgenabschätzung–Theorie und Praxis*, vol. 19, no. 2, pp.43–52, 2010.

［ROY 09］ROYAL SOCIETY, *Geoengineering the Climate: Science, Governance and Uncertainty*, Royal Society, London, 2009.

［SAN 04］SANDEL M., *The Case Against Perfection*, The Atlantic, Boston, 2004.

［SAU 11］SAUTER A., GERLINGER K., *Pharmakologische Interventionen zur Leistungssteigerung als gesellschaftliche Herausforderung*, TAB-Arbeitsbericht Nr. 143, Büro für Technikfolgen-Abschätzung beim Deutschen Bundestag, Berlin, 2011.

［SAU 16］SAUTER A., ALBRECHT S., VAN DOREN D. *et al.*, *Synthetische Biologie–die nächste Stufe der Bio-und Gentechnologie*, TAB-Arbeitsbericht Nr. 164, Büro für Technikfolgen-Abschätzung des Deutschen Bundestages, Berlin, 2016.

［SCH 71］SCHÜTZ A., "Das Wählen zwischen Handlungsentwürfen", in DER S. (ed.), *Gesammelte Aufsätze, vol. 1: Das Problem der sozialen Wirklichkeit*, Nijhoff, The Hague, 1971.

[SCH 81] SCHÜTZ A., *Der sinnhafte Aufbau der sozialen Welt*, Suhrkamp, Frankfurt, 1981.

[SCH 87] SCHWEMMER O., *Handlung und Struktur*, Suhrkamp, Frankfurt, 1987.

[SCH 93a] SCHÄKFER L., *Das Bacon-Projekt*, Suhrkamp, Frankfurt, 1993.

[SCH 93b] SCHLACHETZKI A., "Künstliche Intelligenz und ihre technisch-physikalische Realisierung", in VEREIN DEUTSCHER INGE-NIEURE (ed.), *Künstliche Intelligenz: Leitvorstellungen und Verantwortbarkeit*, VDI Verlag, Düsseldorf, vol. 17, 1993.

[SCH 95] SCHLEGEL C., ILLMANN J., "AMOS: Beherrschung vielfältiger Anforderungen durch dynamische Kombination und Konfiguration einfacher Mechanismen", in DILLMANN R., REMBOLD U., LÜTH T. (eds), *Autonome mobile Systeme*, AMD 95, Springer, Berlin, 1995.

[SCH 96] SCHNEIDER S., "Geoengineering: could or should we do it?", *Climatic Change*, vol. 33, no. 3, pp.291–302, 1996.

[SCH 03] SCHMID G., DECKER M., ERNST H. *et al.*, *Small Dimensions and Material Properties, A Definition of Nanotechnology*, Graue Reihe, no. 35, European Academy Bad Neuenahr-Ahrweiler, available at: www.ea-aw.de/fileadmin/downloads/Graue_ Reihe/GR_35_Nanotechnology_112003.pdf, 2003.

[SCH 06] SCHMID G., ERNST H., GRÜNWALD W. *et al.*, *Nanotechnology–Assessment and Perspectives*, Springer, Berlin, 2006.

[SCH 08] SCHMIDT J.C., "Unbestimmtheit der Nanotechnologie.

Über Kontrolle der (und in der) Nanotechnologie", in KÖCHY K., NORWIG M., HOFMEISTER G. (eds), *Nanobiotechnologien: Philosophische, anthropologische und ethische Fragen*, Karl Alber, Freiburg, 2008.

［SCH 09］SCHÖNE-SEIFERT B., ACH J.S., TALBOT D. *et al.* (eds), *Neuro-Enhancement: Ethik vor neuen Herausforderungen*, Mentis, Paderborn, 2009.

［SCH 13］SCHNEIDEWIND U., SINGER-BRODOWSKI M., *Transformative Wissenschaft. Klimawandel im deutschen Wissenschafts-und Hochschulsystem*, Metropolis, Marburg, 2013.

［SCH 16］SCHMIDT M., "Art-Science", available at: www.markusschmidt.eu/?page_id=12, 2016.

［SEL 07］SELIN C., "Expectations and the emergence of nanotechnology", *Science, Technology and Human Values*, vol. 32, no. 2, pp.196–220, 2007.

［SEL 08］SELIN C., "The sociology of the future: tracing stories of technology and time", *Sociology Compass*, vol. 2, pp.1878–1895, 2008.

［SIE 06］SIEP L., "Die biotechnische Neuerfindung des Menschen", in ABEL G. (ed.), *Kreativität: Akten des XX. Deutschen Kongresses für Philosophie*, Meiner, Hamburg, pp.306–323, 2006.

［SIN 99］SINGER P., *Ethics into Action: Henry Spira and the Animal Rights Movement*, Melbourne University Press, 1999.

［SIN 09］SINGH R.K., MURTY H.R., GUPTA S.K. *et al.*, "An overview of sustainability assessment methodologies", *Ecological Indicators*, vol. 9, no. 2, pp.189–212, 2009.

［SIN 11］SINGER P., *Practical Ethics*, Cambridge University Press, 2011.

［SIU 09］SIUNE K., MARKUS E., CALLONI M. *et al.*, "Challenging futures of science in society, report of the MASIS Expert Group", European Commission, Brussels, 2009.

［SLA 95］SLAUGHTER R., *The Foresight Principle: Cultural Recovery in the 21st Century*, Adamantine Press, London, 1995.

［SLA 05］SLAUGHTER R., The knowledge base of futures studies, available at: http://richardslaughter.com.au/?page_id=1103, 2005.

［SMA 01］SMALLEY R.E., "Of chemistry, love and nanobots", *Scientific American*, vol. 285, pp.76–77, 2001.

［SPE 79］SPENCER-BROWN G., *Laws of Form*, Bohmeier, New York, 1979.

［STA 70］STACHOWIAK H., "Grundriß einer Planungstheorie", Kommunikation, vol. 6, no. 1, pp.1–18, 1970.

［STA 13］STAHL B., EDEN G., JIROTKA M., "Responsible research and innovation in information and communication technology: identifying and engaging with the ethical implications of ICTs", in OWEN R., BESSANT J., HEINTZ M. (eds), *Responsible Innovation: Managing the Responsible Emergence of Science and Innovation in Society*, Wiley, Chichester, pp.199–218, 2013.

［STO 00］STORRS HALL J., "Utility fog. The stuff that dreams are made of", in CRANDALL B.C. (ed.), *Nanotechnology: Molecular Speculations on Global Abundance*, MIT Press, Cambridge, MA, 2000.

［STE 01］STEUSLOFF H., "Roboter, soziale Wesen, ...", in KORNWACHS K. (ed.), Conference Report, Gesellschaft für Systemforschung, Karlsruhe, 2001.

［STE 04］STEHR N., *The Governance of Knowledge*, Sage, London,

2004.

［STE 08］STEHR N., VON STORCH H., "Anpassung und Vermei-
dung oder von der Illusion der Differenz", *GAIA*, vol. 17, pp.19–24, 2008.

［SWI 04］SWISS RE., *Nanotechnologie*: Kleine Teile–große Zukunft?,
Springer, Zurich, 2004.

［SYK 13］SYKES K., MACNAGHTEN P., "Responsible innovation
– opening up dialogue and debate", in OWEN R., BESSANT J., HEINTZ
M. (eds), *Responsible Innovation: Managing the Responsible Emergence of
Science and Innovation in Society*, Wiley, Chichester, 2013.

［SYN 05］SYNBIOLOGY, "Synbiology: an analysis of synthetic biol-
ogy research in Europe and North America", European Commission Frame-
work Programme 6, Reference Contract 15357 (NEST), available at: http://
synbiosafe.eu/project/synbiology/, 2005.

［SYN 11］SYNTH-ETHICS, "Ethical and regulatory issues raised by
synthetic biology", available at: http://ethicsandtechnology.eu/projects/ethi-
cal_and_regulatory_issues_raised_ by_synthetic_biology/, 2011.

［TEN 07］TEN HAVE H. (ed.), *Nanotechnologies, Ethics and Politics*,
UNESCO, Paris, 2007.

［THE 04］THE ROYAL SOCIETY AND THE ROYAL ACADEMY
OF ENGINEERING, *Nanoscience and Nanotechnologies: Opportunities and
Uncertainties*, Clyvedon Press, London, 2004.

［TOR 13］TORGERSEN H., "TA als hermeneutische Unternehmung",
Technikfolgenabschätzung–Theorie und Praxis, vol. 22, no. 2, pp.75–80,
2013.

［VAN 93］VAN LENTE H., Promising technology. The dynamics
of expectations in technological developments, PhD Thesis, University of

Twente, Enschede, 1993.

［VAN 97］VAN EINDHOVEN J., "Technology assessment: product or process"?, *Technological Forecasting and Social Change*, vol. 54, pp.269–286, 1997.

［VAN 99］VAN LAAK D., *Weiße Elefanten: Anspruch und Scheitern technischer Großprojekte im 20. Jahrhundert*, Deutsche Verlags-Anstalt, Stuttgart, 1999.

［VAN 01］VAN DE POEL I., "Investigating Ethical Issues in Engineering Design", *Science And Engineering Ethics*, vol. 7, pp.429–446, 2001.

［VAN 09］VAN DE POEL I., "Values in engineering design", in THAGARD P., WOODS J., MEIJERS A. (eds.), *Philosophy of Technology and Engineering Sciences*, Amsterdam, available at: http://store.elsevier.com/ Philosophy-of-Technology-and-Engineering- Sciences/isbn-9780080930749/, vol. 9, pp.973–1006, 2009.

［VAN 13a］VAN DEN HOVEN J., "Value sensitive design and responsible innovation", in OWEN R., BESSANT J., HEINTZ M. (eds), *Responsible Innovation: Managing the Responsible Emergence of Science and Innovation in Society*, Wiley, Chichester, 2013.

［VAN 13b］VAN DER BURG S., SWIERSTRA T. (eds), *Ethics on the Laboratory Floor*, Palgrave Macmillan, Hampshire, 2013.

［VAN 14a］VAN DER BURG S., "On the hermeneutic need for future anticipation", *Journal of Responsible Innovation*, vol. 1, no. 1, pp.99–102, 2014.

［VAN 14b］VAN DEN HOVEN J., DOORN N., SWIERSTRA T. *et al.* (eds), *Responsible Innovation 1: Innovative Solutions for Global Issues*, Springer, Dordrecht, 2014.

［ VER 06 ］ VERRUGGIO G., OPERTO F., "Roboethics: a bottom-up interdisciplinary discourse in the field of applied ethics in robotics", *International Review of Information Ethics*, vol. 6, pp.3–8, December 2006.

［ VON 05 ］ VON SCHOMBERG R., "The precautionary principle and its normative challenges", in FISHER E., JONES J., VON SCHOMBERG R. (eds), *The Precautionary Principle and Public Policy Decision Making*, Edward Elgar, Cheltenham, 2005.

［ VON 07 ］ VON SCHOMBERG R., From the ethics of technology towards an ethics of knowledge policy & knowledge assessment. A working document from the European Commission Services, January 2007, Brussels, available at: http://ec.europa.eu/research/science-society/ document_library/ pdf_06/ethics-of-technology-knowledge-policy_en.pdf, 2007.

［ VON 10 ］ VON SCHOMBERG R., DAVIES S. (eds), *Understanding Public Debate on Nanotechnologies*, European Commission, Brussels, 2010.

［ VON 12 ］ VON SCHOMBERG R., "Prospects for technology assessment in a framework of responsible research and innovation", in DUSSELDORP M., BEECROFT R. (eds), *Technikfolgen abschätzen lehren: Bildungspotenziale transdisziplinärer Methoden*, Springer, Wiesbaden, 2012.

［ VON 13 ］ VON SCHOMBERG R., "A vision of responsible research and innovation", in OWEN R., BESSANT J., HEINTZ M. (eds), *Responsible Innovation: Managing the Responsible Emergence of Science and Innovation in Society*, Wiley, Chichester, 2013.

［ VOS 06 ］ VOSS J.P., BAUKNECHT D., KEMP R. (eds), *Reflexive Governance for Sustainable Development*, Edward Elgar, Cheltenham, 2006.

［ WAE 14 ］ WAELBERS K., SWIESTRA T., "The family of the future: how technologies lead to moral change", in VAN DEN HOVEN J., DOORN

N., SWIESTRA T. *et al.* (eds), *Responsible Innovation 1: Innovative Solutions for Global Issues*, Springer, Dordrecht, 2014.

［WAT 85］WATZLAWICK P., "Selbsterfüllende Prophezeiungen", in DER S. (ed.), *Die erfundene Wirklichkeit*, PIPER, Munich/Zurich, 1985.

［WEA 00］WEAVER P., JANSEN L., VAN GROOTVELD G. *et al.*, *Sustainable Technology Development*, Greenleaf Publishing, Sheffield, 2000.

［WEB 46］WEBER M., "Politics as a vocation", in GERTH H., WRIGHT MILLS C. (eds), *From Max Weber: Essays in Sociology*, Oxford University Press, Oxford, 1946.

［WEB 07］WEBSTER A., "Crossing boundaries: social science in the policy room", *Science, Technology and Human Values*, vol. 32, pp.458–478, 2007.

［WEN 12］WENDEMUTH A., BIUNDO S., "A companion technology for cognitive technical systems", in ESPOSITO A., ESPOSITO A.M., VINCIARELLI A. *et al.* (eds), *Cognitive Behavioral Systems*, Springer, Berlin, 2012.

［WER 00］WERNET A., *Einführung in die Interpretationstechnik der Objektiven Hermeneutik*, Leske + Budrich, Opladen, 2000.

［WIE 10］WIERTZ T., REICHWEIN D., "Climate Engineering zwischen Klimapolitik und Völkerrecht: Status quo und Perspektiven", *Technikfolgenabschätzung–Theorie und Praxis*, vol. 19, pp.17–21, 2010.

［WIK 16a］WIKIPEDIA, "Industry 4.0", available at: https://en.wikipedia.org/wiki/ Industry_4.0.

［WIK 16b］WIKIPEDIA, Artificial human companion, 2016.

［WIL 06］WILLIAMS E., FRANKEL M.S., Good, better, best: the human quest for enhancement, Summary Report of an Invitational Workshop, Convened by the Scientific Freedom, Responsibility and Law Program, American Association for the Advancement of Science, available at: https://www.aaas.org/sites/default/files/migrate/uploads/HESummaryReport. pdf, 1–2 June 2006.

[WOL 08a] WOLBRING G., "The politics of ableism", *Development*, vol. 51, no. 2, pp.252–258, 2008.

[WOL 08b] WOLBRING G., "Why NBIC? Why human performance enhancement?", *The European Journal of Social Science Research*, vol. 21, pp.25–40, 2008.

[WOL 08c] WOLBRING G., "Oscar Pistorius and the future nature of Olympic, Paralympic and other sports", *SCRIPT-ed*, available at: http://www.academia.edu/170036/Oscar_Pistorius_ and_the_Future_Nature_of_ Olympic_Paralympic_and_Other_Sports, vol. 5, no. 1, pp.140–160, 2008.

[WOO 14] WOODHOUSE E., Science, *Technology and Society*, University Readers, San Diego, 2014.

[ZÜL 11] ZÜLSDORF T.B., COENEN C., FERRARI A. *et al.* (eds), *Quantum Engagements: Social Reflections of Nanoscience and Emerging Technologies*, AKA GmbH, Heidelberg, 2011.